スタッフに「辞める！」と言わせない介護現場のマネジメント

第3版

できる介護職を守り育てる現場管理者の実践マニュアル

Tanaka Hajime 田中 元

自由国民社

はじめに

深刻化する介護スタッフの「燃え尽き」「離職」を防げ！

現在、わが国は、高齢者人口の増加とともに、若年人口の減少という二つの課題が同時に進行しています。当然、社会保障制度のあり方も大きな分岐点を迎えています。

国が進める社会保障制度改革では、令和7（2025）年を一つのターニングポイントとした「地域包括ケアシステムの構築」を旗印に掲げています。これからの介護サービスを展開するうえでも、この「地域包括ケアシステム」のビジョンを抜きにして語ることはできない時代となりました。

地域包括ケアシステムでは、「どんなに重度化しても、住み慣れた地域で暮らし続けることができるしくみ」が語られます。言葉自体には高い理想が描かれているものの、それを叶えるためには、財政との均衡が常に問題となります。そのさじ加減を間違えれば、現場への負担がさらに高まることになりかねません。

都道府県の推計によれば、2025年度の介護人材の必要数は約245万人。2016年度の約190万人という数字と照らした場合、年間約6万人ずつの介護人材を確保しなければならない計算となります。

ただでさえ現場の負担が高まるなかで、人材の数的にもこれだけの上乗せを求められることになれば、現場レベルでの大胆な改革は避けて通ることはできません。それは、介護現場における人材マネジメントのあり方も継続的かつ根本的に見直す必要があることを意味します。

今後必要となる見直しの方向性を、具体的に述べると以下のようになります。

●介護現場での中重度者の割合が圧倒的に高まるなかで、利用者の個別状況をいかに確実かつ迅速にキャッチできるか。それによって、現場のケアの負担が急速に高まることをいかに防ぐか。

●中重度の認知症の人も増え続けるなかで、BPSDの改善に向けた質の高いケアを早期から実施できる体制を築き、職員の「燃え尽き」などを抑える環境が作れるかどうか。

●人材不足に対応するために、国は（外国人人材、中高年人材を含めた）人材参入のすそ野を拡大したり、ICT等のハイテク活用を進めたりしているが、それらの施策を円滑に受け入れる土壌が築けるかどうか。

●右記の3点に取り組んでいくうえで、現場のチームワークをいかに整え、「今、自分たちがなすべきこと」を明確にしつつ、着実に実行していくことができるかどうか。

●これらの取り組みを「職場風土」として定着させることにより、職員一人ひとりが中長期的なキャリアをしっかりと積み、また、それを次世代の人材にも確実に伝えていくことができるかどうか。

しかしながら、これらを実現していくうえでのハードルは、ますます高まろうとしています。国は介護保険の費用対効果を高めるべく、利用者の自立支援・重度化防止に向けたインセンティブ導入などを図ろうとしていますが、そのためのマネジメントも同時並行で進めなければならないという厳しさがあります。

ちなみに、本書は、現場における介護人材の不足が高まり始めた平成24年度に、いかに「燃え尽き」「離職」を防ぐかというニーズに応えるために編んだものです。そのポイントは以下のとおりです。

●燃え尽きを防ぐための「人材の育て方」をどのように体系化していくか
●そのうえで、実際に現場で生じる「職員の心と身体の負担」にどう向き合っていくか
●この向き合いのなかで、燃え尽きの兆候をいかに察知し、防止するしくみをいかに整えるか
●以上の3点について、法人組織としてどのように取り組んでいけばよいか

ただし、先に述べたように、本書発刊当時から状況がさらに厳しさを増しています。まして現場のケアを担う若い労働力人口が減っていくなかでは、さらに難しい舵取りが必要となるでしょう。

そうした時代背景をくんだうえで、最新の制度改正情報なども加味しつつ、本書のリニューアルを図ることとなりました。これまでと同様、多くの介護現場の方々とお付き合いさせていただくなかで得られたヒントをもとに、業界全体で共有しやすいようにまとめています。

厳しいなか、少しでも明日の介護現場を支える人材育成に活かしていただければ幸いです。

２０１９年５月

介護福祉ジャーナリスト　田中　元

序章 今、介護現場ではどんな「燃え尽き」が発生している？

CONTENTS

第3章 離職申し出編 「辞めたい」と相談を受けたときの現場リーダーの対応

CONTENTS

第5章 チーム内人間関係編
スタッフ間、対利用者・家族の人間関係を上手に調整する

第7章 現場実務編 離職率を下げるための現場実務の進め方

序章

今、介護現場では どんな「燃え尽き」が 発生している?

00-01

スタッフの燃え尽きパターン①

昨日までいきいき仕事の新人➡突然「行方知れず」

特養ホームに入職した20歳の新人A君。最初の1週間、集合研修と現場をラウンドしてのOJTではとても明るく、はじめて会う同僚にもジョークを飛ばすほどでした。基本的な接遇もできているし、業務態度も前向き。「いい新人が入ったな」と、研修指導を担当していた介護課長は目を細めていました。

そして、現場のユニットの一つに配属となりましたが、相変わらず活き活きと業務をこなしています。利用者とも積極的にかかわり、すぐに打ち解けている様子です。

リーダーは「ちょっと**張り切りすぎ**かな？」とは思いましたが、「若いから、これくらい飛ばしても大丈夫だろう」と一抹の不安をすぐに払しょくしました。

たった3日で退職！　実は前職も同様のケースが……

そして現場配属3日目、なぜかA君が現れません。**電話にも出ない**ので、心配になったリーダーは彼の家を訪ねました。しかし、不在なのか応答がありません。

リーダーが現場に戻ってみると、介護課長から「A君の親御さんから連絡があった」と報告が。聞くと「どうもこの仕事には向かないので、本人が退職する意思を示している」

張り切りすぎ

「張り切る」というのはポジティブである半面、はじめての現場業務への不安を「勢いで払しょくする」という気持ちが現れていることもある。

電話にも出ない

若者にとっての基本的なコミュニケーションツールである携帯電話は、逆に言えば「その時々の心理状況」を最もよく表す。電話に出ないというのは、コミュニケーション拒否というより、強い迷いの現れであることも多い。

理想と現実のギャップが埋められない

ヤル気ばりばり
やっぱやめた
なんか違うんスよ
自分の描く輝かしいビジョン
現場の現実
このギャップがなかなか埋められない
「溝埋めスキル」が育たないまま次々と転職

とのこと。「あれだけ現場に打ち解けている感じだったのに、なぜ？」とリーダーはキツネにつままれたような気分です。介護課長も首をひねっています。

「やはり、初日から張り切りすぎたのか？」と考え、彼の経歴を見直しました。

すると、前職の別業界も1週間以内に退職していることがわかったのです。

自分のビジョンと現場の現実に少しでもズレがあると、すぐにその仕事を離れてしまう――そうした若者がいるという話をリーダーは聞いたことがあります。

見た目の「やる気」だけで判断せず、本人の職業ビジョンと現場業務のすり合わせにもっと気を配らないといけない……そう考えたリーダーは、介護課長と相談、採用面接や最初の新人研修のあり方を見直すことを模索しています。

面接時のポイント①

応募者の頭のなかにある「介護現場のイメージ」について、できるかぎり具体像を引き出す質問を。例えば、「利用者が穏やかに過ごせる時間をつくりたい」とするなら、「具体的に、どのように？」と切り込んでいく。具体的なイメージがあれば、「うちはこんなケアをしている」と披露することで、すり合わせが図れる。具体的なイメージが応募者からなかなか出てこない場合は、事前のビジョンとのズレが生まれやすいので注意したい。

00-
02

スタッフの燃え尽きパターン②
「明るい」「誰にでも好かれる」人気者↓なぜか「うつで退職」

グループホームに勤務して3カ月のBさん（28歳）。とにかく感情表現が豊かな人で、笑うとできるエクボがかわいく、利用者の間でも人気者でした。

このホームの入居者は現在6人。少し前まで7人でしたが、Bさんをとても慕っていた一人が**誤嚥《ごえん》性肺炎**を起こして入院、今は介護医療院に移っています。

その人の退所が決まったときBさんはとても落ち込んでいましたが、しばらくするとまた元の明るいキャラクターに。ホーム長も「立ち直りは早い」という評価でした。

やがて一人の新しい入居者Fさんが入ってきました。ずっと在宅で介護を受けていたのですが、BPSDが著しく、スタッフやほかの入居者にきつい言葉を投げかけます。

明るかったBさんの様子が一変。「不眠が続く」との訴えも

Fさんを穏やかにするには……ホーム長は「Bさんが集中的にFさんの対応に当たれば、あのキャラクターなのだから本人も穏やかさを取り戻すのではないか」と考えました。

翌日からBさんが四六時中Fさんの横につき、常に笑みを絶やさないようにしつつ、粘り強くFさんの言葉に耳を傾けました。心なしかFさんの言動が穏やかになってきたのを

誤嚥性肺炎
誤嚥性肺炎からすぐに「経管栄養」へというケースは徐々に少なくなってきたが、経口復帰のためのプログラムに向け、介護・看護の連携による強い体制づくりが求められる。

キャラクターだけでは大役は務まらない

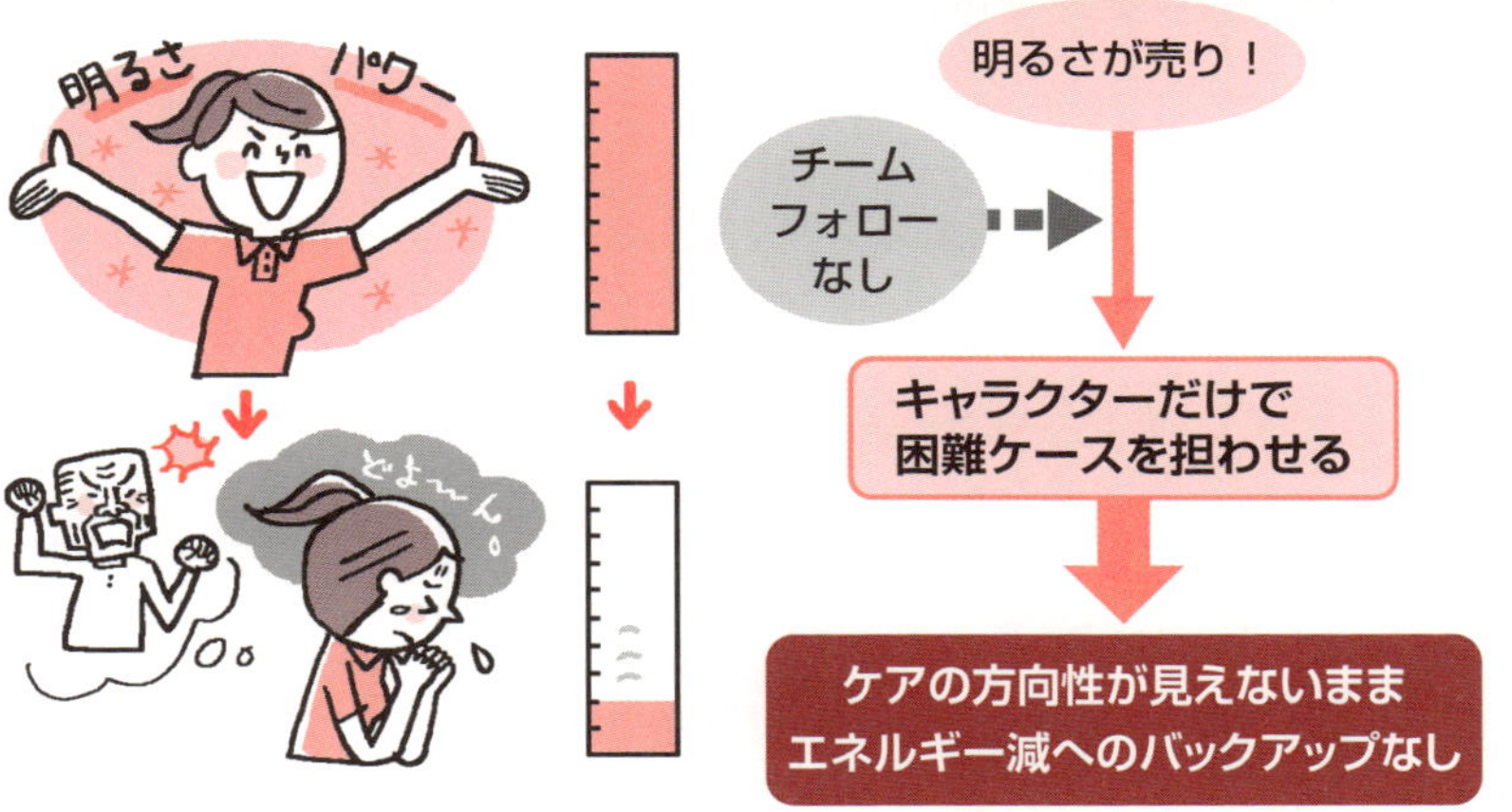

見て、ホーム長は「やはりBさんに任せておけば安心」と納得したのです。

ところが、数週間たって、Bさんの様子が何となく変です。同僚とちょっとしたことで口げんかをし、ときには涙ぐんでしまいます。本人のセールスポイントである笑顔も見られなくなり、心配したホーム長が尋ねてみると「**不眠**も続いている」といいます。

ホーム長は「これはうつ病の始まりかもしれない」と、Bさんに心療内科の受診を勧めました。しかし、本人は「大丈夫です」というばかり。

ある日、とうとうBさんは出勤できなくなり、退職して療養に専念することになりました。ホーム長は、「BさんにFさんのことを任せきりにしたのがいけなかったのだろうか」と、今でも悔やんでいます。

不眠
うつ病の初期傾向として、最も現れやすい症状の一つが不眠。ある施設では、スタッフとの定期的な面談に際し、「眠れているかどうか」を最初に確認するという。

特に留意したい対応策
第1章3
第2章1、2、3、6

00-03

スタッフの燃え尽きパターン③

面接で「弱い立場の人を守りたい」↓虐待疑惑で現場を去る

老人保健施設に30代の現場経験者Cさんが入職してきました。特養ホームや通所施設での経験があり、介護福祉士資格も取得しています。

採用時、施設長は「**たびたびの転職**」の背景が気になりました。しかしながら、面接において「この仕事で大切なのは、弱い立場にある利用者の人権を守ること」という本人の言葉を聞き、「ここまでしっかりした考えをもっている人なら大丈夫」と採用を決めました。

現場では、年下のスタッフの面倒見もよかったのですが、しばらくは若いほかのスタッフと一緒に現場の一員としてがんばってもらうことにしました。

Cさんが夜勤に入ってから、利用者の様子に異変が見られるように……

1カ月ほどたったときのことです。施設長のもとに、Cさんが配属されているフロアのリーダーDさんがやや深刻な表情で相談に訪れました。

「実は、ちょっとフロアのご利用者の様子が変なのですが……」というDさん。そのフロアというのは、中重程度の認知症の人が主に入所しているフロアです。

聞くと、「一部の利用者の意欲の落ち込みが大きく、スタッフが声をかけても何となく

たびたびの転職
若い人材が転職の意向を示すサイクルとして、3日、3カ月、3年という「3」のタイミングがよく語られる。転職グセがついている人材であれば、特にこのタイミングでコーチング等の仕掛けを図っていくことが必要だ。

口にする理想論だけを鵜呑みにしない

おどおどしている。しかも、そのうちの一人の腕に**つねられたようなあざ**が……」と言います。施設長はすぐに「虐待」を想像しました。そうしたシーンを目撃したスタッフはいないのかと問いただすと、今のところ心当たりはないと口にします。

その後、あるスタッフによれば、居室でおむつ交換をしているCさんが利用者を怒鳴っている声を聞いたといいます。確かに利用者がおどおどし始めたのは、入職後にCさんが夜勤に入ってからだとか。施設長は、採用面接時のCさんの言葉を思い出して、にわかには信じられないおももちでした。「まさか、あのCさんが……」

そこで、施設長はCさんと面談。本人は虐待疑惑を否定したのですが、その翌週に突然退職してしまったのです。結局、真相はわからないままとなりました。

つねられたようなあざ
身体的虐待というと「叩く」「殴る」という行為を想像しがちだが、「つねる」「熱い湯でやけどを負わせる」「わざと薬を過剰投与する」などといった、大きなアクションではないが甚大な被害をおよぼす行為も見られる。さまざまな可能性を頭に入れたうえでの被害状況のチェックが求められる。

特に留意したい対応策
第4章1、3、5、6、7、8

00-04

スタッフの燃え尽きパターン④

「お年寄りと話すのが好き」➡「接する時間ない」と離職

通所介護事業所に40代の女性、Eさんが入職してきました。**地域の認知症カフェ**でボランティアをしていた経験があり、とにかく「お年寄りと話すのが好き」と言います。

この事業所では、「質の高いケアを目指すためには、まずしっかり記録を書くことが重要」という組織目標があります。また、入職から間もないスタッフに対しては、リスクマネジメントのための研修・委員会への出席を義務づけています。

ところが、Eさんは記録を書くのが苦手。同僚には「人を支えるのが仕事なのに、なぜデスクワークのようなことをやらなければならないの!?」と愚痴をもらしました。

記録作成の重要性をまったく理解しないまま、現場を去る

入職して1カ月、Eさんは相変わらず記録を書くのに四苦八苦しています。自分ではブログを開設するなどしていますが、仕事上の公式の文章を書く経験はほとんどなかったそうです。何も書けずに、じっと考え込むEさんの姿が目立ちました。

ある日、現場の介護課長のもとにEさんがやってきて、「記録を書く業務や委員会運営などから外してほしい」と訴えました。介護課長は、「記録も委員会運営も大切な介護業

地域の認知症カフェ
行政や包括主催のものだけでなく、地域で活動するNPO法人などが開くケースなども増えている。また、こうしたカフェ以外でも「高齢者の居場所づくり」の姿も多様化しつつある。自主事業について、その質をチェックする仕組みも求められる。

介護業務のイメージが固まっている

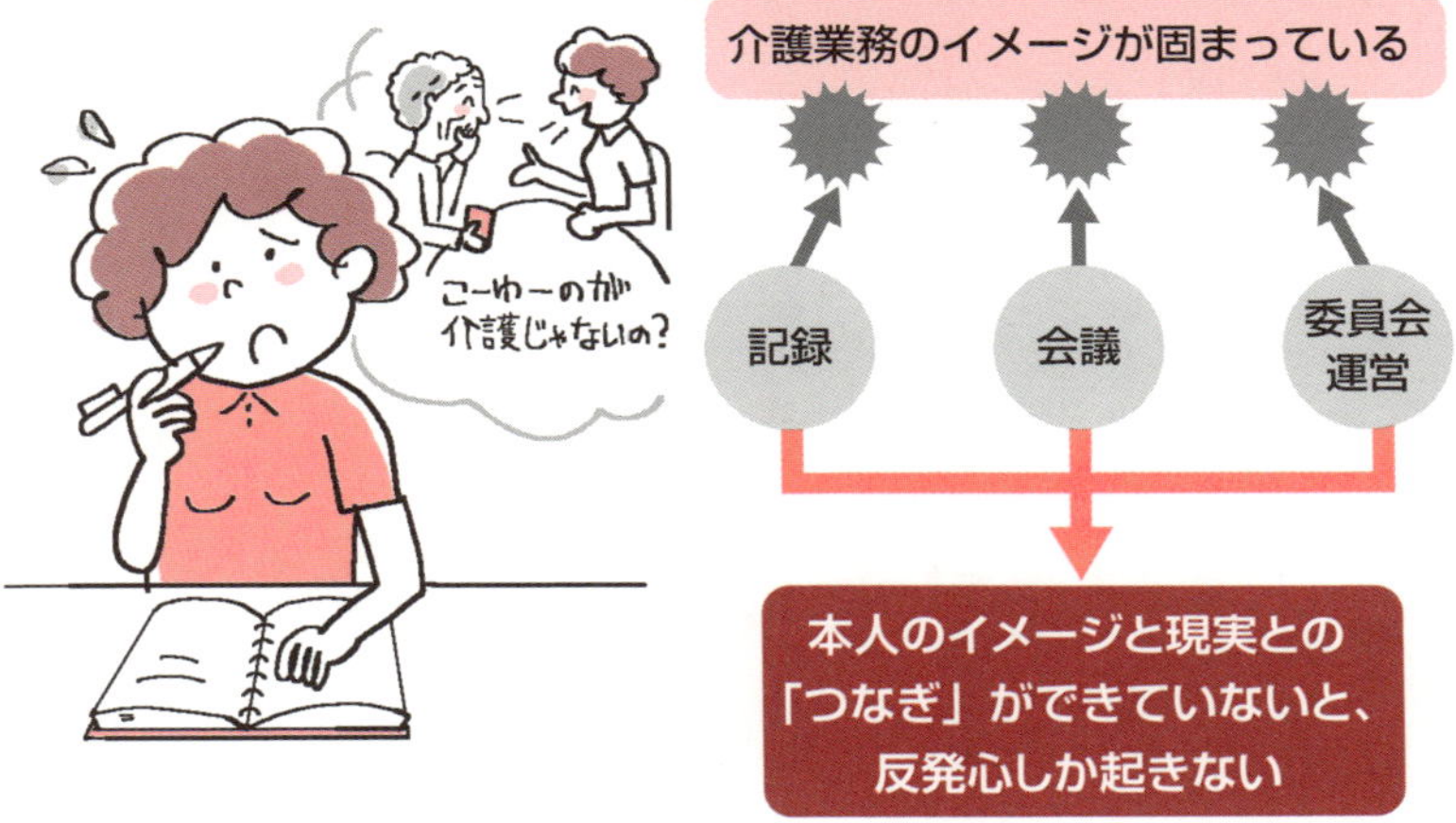
こーゆーのが
介護じゃないの？
介護業務のイメージが固まっている
記録
会議
委員会
運営
本人のイメージと現実との
「つなぎ」ができていないと、
反発心しか起きない

務の一つだし、全員がやっていることなのだから、それはできない」と諭しました。

次の日、Eさんから介護課長あてのメールが届きました。内容は「この職場では、自分のやりたい介護業務ができない」だから「辞めます」というものでした。

メールで退職届を寄せてくるのにも驚きましたが、「記録作成」の重要性をまったく理解していない言葉に、介護課長はショックを受けました。

課長はEさんに連絡をとりましたが、退職の意思は結局ひるがえりませんでした。

これから入職してくる人のなかにも、Eさんのような考えの持ち主がいるかもしれない。そのときはどうやって納得させればいいのだろうか——課長はあれこれと説得の手立てを考えていますが、なかなかいい考えが浮かんできません。

メールで退職届
退職届を郵便やメールで送ってくるケースについて、「介護保険が始まる前から一定の割合で見られる」と語る現場管理者。「こうなると、引き止めるタイミングさえつかみにくいので、最初のマナー研修で『退職願を出す際のマナー』でもやらないとダメかな」と苦笑いする。

特に留意したい対応策
第2章1、2
第3章3
第7章2、3

00-05

スタッフの燃え尽きパターン⑤
「人と接する仕事に魅力」と前向き➡景気回復で他業界へ

そろそろまた増えてくるかもしれない――消費増税の後から景気がぱっとしないなか、特養ホームの事務長は、人材確保計画を立案しながら思いを巡らしました。

「増えてくるかも」というのは、別の業界から**介護現場に転職**してくる人のことです。大手ＩＴ企業のお膝元であるこの地域では、景気が悪化するたびに、前職が「プログラマー」という応募者が増えました。事務長は、その頃のことを思い出していたのです。

それは、平成13年に**ＩＴ業界**においてバブルがはじけた直後のことです。当時35歳だった男性Ｇさんが、施設職員として応募してきました。やはり前職はプログラマーでした。

「ＰＣより人」の動機にたがわぬ働きぶりだったが……

施設長面接に同席した事務長は、彼の口から「この業界に転職してきた動機」を聞きました。彼が口にしたのは、「ずっとパソコンと向き合う仕事をしてきましたが、やはり自分には日々人と接する業務が向いていると思ったもので……」という言葉でした。

「パソコンよりも人」という動機は「よくある話だな」とは思ったものの、業務のＩＴ化を進めていた施設としては、こうした経験者も必要になるという判断がありました。

介護現場に転職
平成27年度の制度改正により、介護人材確保などを目的とした地域医療・介護総合確保基金が設けられた。これを使い、「介護現場で働きながら介護職員初任者研修などが受けられる」ことを売りにした介護雇用プログラムなどの拡充が図られている。

ＩＴ業界
医療や介護の現場における多職種連携などを進めるべく、ＩＣＴやＡＩを活用した業務改革が進められており、ＩＴ業界からの人材ニーズは高まりつつある。

介護業界への入職の理由は何か

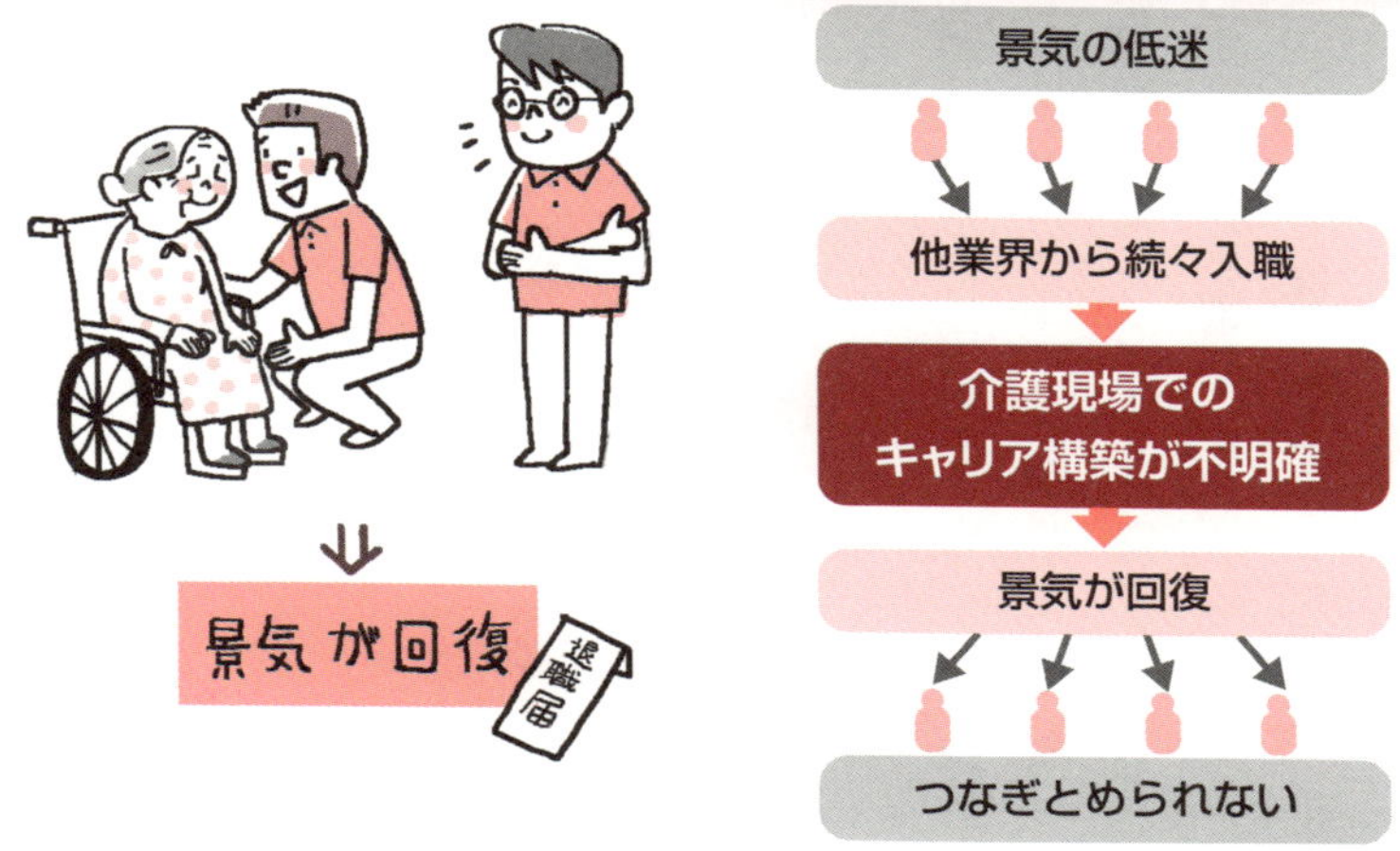
景気が回復
退職届
景気の低迷
他業界から続々入職
介護現場での
キャリア構築が不明確
景気が回復
つなぎとめられない

Gさんの入職が決まり、その働きぶりは思った以上に優れていました。前職でもチームをまとめていた経験があり、現場マネジメントもしっかりしています。また、業務のIT化に向けたアドバイスを求めると、期待通りの働きをこなしてくれました。

ところが、何ら離職の前触れなど見せなかったGさんは、突然退職願を出してきたのです。表向きの理由は「家庭の事情から」ということでしたが、あとで人づてに聞いたところ、景気が回復するやいなや再びIT業界に戻ってしまったとのことです。

「いくら口では、パソコンより人と言っていても、いつかは元の業界に戻りたいという気持ちがあるんだな」と事務長は実感しました。それ以降、面接では「この現場でどんなキャリアを積みたいか」をより具体的に掘り下げるようにしたといいます。

面接時のポイント②

応募者に対し、「この現場でどんな仕事がしたいか？」というだけでなく、「将来的にこの業界でどのように成長していきたいのか？」という自分自身の中長期的ビジョンを尋ねたい。他業界（特に景気によって浮上が期待できる業界）から転職してきた人材の場合、先行きのビジョンが十分に培われていないと、元の業界に再び舞い戻るリスクが潜んでいる。

特に留意したい対応策

第2章4、9
第3章3

00-06

スタッフの燃え尽きパターン⑥
現場を支える有望な人材⬇「囲い込み」で大手へ転職

小規模ながらも「手厚い個別ケア」が評判を集めているJデイサービス。その現場を、立ち上げ以来5年間支えてきたのが、今年28歳になるH君でした。大変勉強熱心で、自らすすんで認知症介護実践者研修なども受けるほど。それゆえ、認知症ケアについての技能レベルだけでなく、部下の育成能力も一目置くものがあります。法人代表も、「彼が現場を育ててくれている」という思いがありました。

下がる基本報酬、増える負担…小規模法人を襲う厳しさ

問題は、法人自体が小さいゆえに、H君の活躍に十分応えるだけの昇給になかなか着手できないことです。その厳しさに輪をかけたのが、平成27年度の介護報酬改定でした。**小規模型のデイサービス**は、その基本報酬が8～9％にも達する引き下げとなりました。その際に**認知症加算**や中重度ケア加算などが設けられましたが、これらを取得しなければ、事業所の経営自体が揺らぎかねない状況に追い込まれてしまいます。

右記の加算を取得するうえでは、利用者の重度者要件もクリアしなければなりません。当然、現場の対応は厳しさを増します。といって、加算を取得しなければ、**従事者の給与**

小規模型のデイサービス
制度改正により、小規模型デイは、平成28年度より市町村指定の地域密着型サービスへと移行した。もともと、中規模以上の事業所に比べて収支差率が低く、人件費を上げにくい構造がある。

認知症加算
平成27年度報酬改定で、通所介護に創設された加算。中重度の認知症利用者を一定程度受け入れるほか、認知症にかかる各種専門研修の修了者などを置くことが要件となっている。

厳しい報酬改定で「人手不足の二極化」が進む

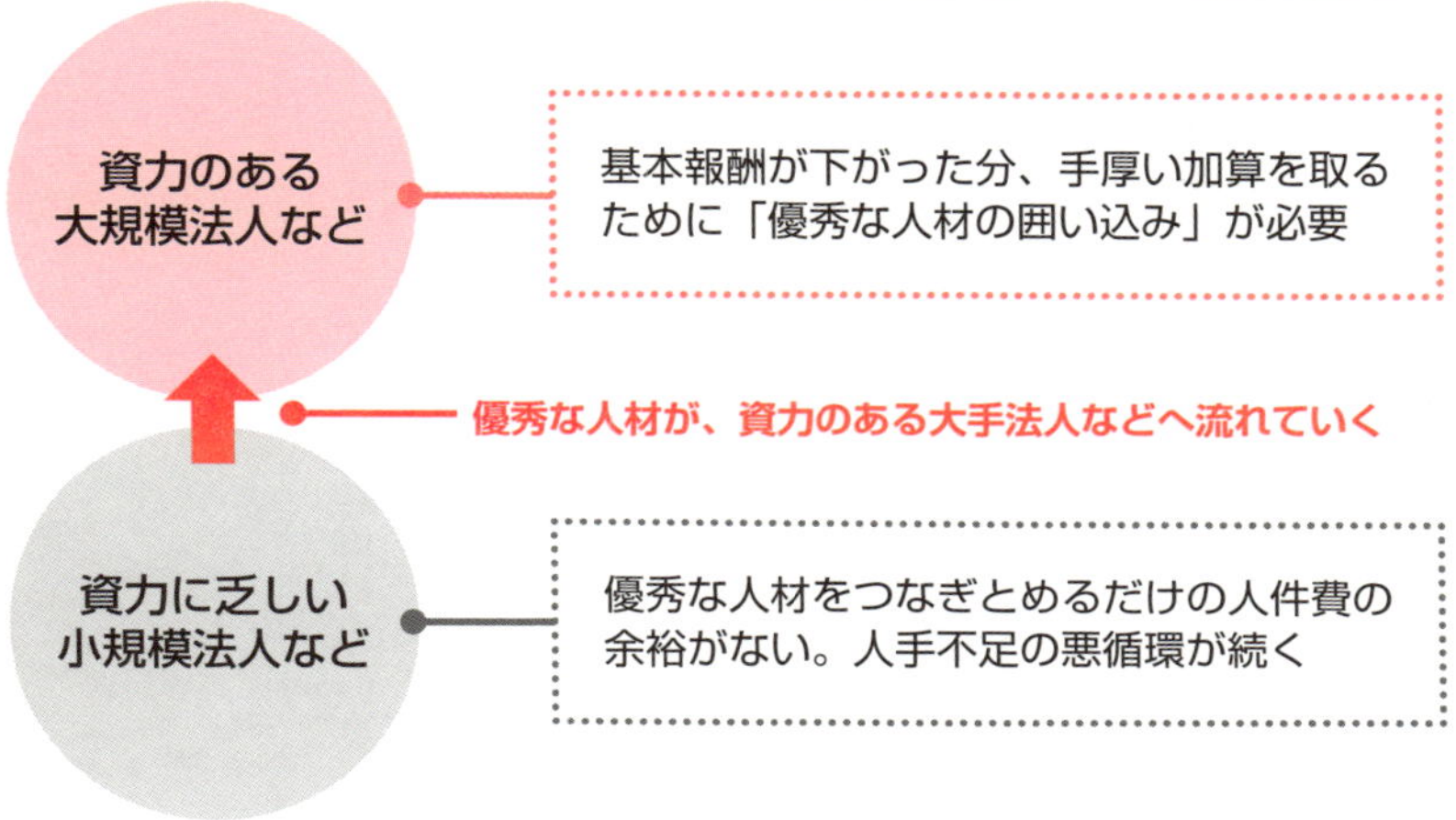
資力のある
大規模法人など
基本報酬が下がった分、手厚い加算を取るために「優秀な人材の囲い込み」が必要
優秀な人材が、資力のある大手法人などへ流れていく
資力に乏しい
小規模法人など
優秀な人材をつなぎとめるだけの人件費の余裕がない。人手不足の悪循環が続く

を上げることもままなりません。介護職員処遇改善加算は手厚くなりましたが、負担増に耐えるH君の労力に報いるだけの昇給にはなかなか至りません。

そうしたある日、H君は苦渋の表情で、「他法人への転職」を申し出たのです。聞けば、地域の大手法人が事業規模を拡大するため、特にH君のようなキャリアのある（加えて加算の人員要件に合致する）人材を集めようとしているということでした。「本当は、この思い入れのある職場でずっと働き続けたい」と打ち明けるH君。しかし、彼は間もなく結婚を控え、家族を養うという責務を負わなければなりません。

法人代表は、彼に今までの業績を感謝しつつ、転職希望を受け入れました。「うちのような弱小法人は、人材確保がますます厳しくなる」と厳しさをかみしめています。

従事者の給与

厚労省が実施した「平成30年度介護従事者処遇状況等調査」によれば、通所介護事業所で（平成30年度に）「給与等を引き上げた」とする回答は70・2％にのぼる。ただし、「月あたりの利用者が200人以下」という小規模事業所は59・7％にまで落ち込み、「この1年で引き上げ予定はない」という回答も23・2％ある（全体では16・8％）。小規模な通所介護事業所の処遇状況の厳しさがうかがえる。

00-07

スタッフの燃え尽きパターン⑦
役職なしだと実力発揮➡リーダーに抜擢したとたんダウン

小規模多機能型居宅介護に、認知症ケアの経験が豊富な新人のIさんが転職してきました。介護福祉士資格はまだ取得していませんが、とにかく目端がきき、不穏になっている利用者がいてもIさんが対応することで、すっと落ち着きを取り戻します。

所長が感心したのは、その手慣れた認知症ケアだけでなく、一つひとつの業務についてきちんと自分の頭で考え、「根拠」のあるケアを実践していたことです。

その様子は、彼女の記す記録を見てもよくわかります。常に頭を働かせ、誰に言われなくても自分なりに創意工夫をして、それが自己評価できる――まさに「奇跡の人材」です。

所長は、彼女のもっているスキルを**現場のスタンダード**にできないかと考えました。「今のリーダーは自分の側近として幹部にしたい。彼女はまだ若いけど、思い切って次のリーダーとして抜擢してみよう」と思い、Iさんにその旨を伝えました。

リーダーになった途端、その人らしさが消えてしまった

所長としては、Iさんは前向きに引き受けてくれるものとばかり思っていました。ところがリーダー抜擢の話に対し、Iさんはひどく困惑しています。「私なんかリーダーには

現場のスタンダード
特定の人材が培ってきたスキルをとり上げ、それを現場で共有する、いわゆるナレッジ・マネジメントが介護業界でも注目され始めている。

抜擢は適性を見極めて

向いていません……」と言います。

所長としては「いきなりだから戸惑っているのだろう」と考え、「大丈夫、君ならできるし、ほかのスタッフに君のやり方を広めてほしいんだ」と熱心に説得しました。

渋々と納得したIさんでしたが、リーダーになってからというもの、どうもIさんらしい躍動感ある仕事ぶりが見られません。ほかのスタッフの話には真摯に耳を傾けているのですが、自分なりの業務の流れを現場に伝えていくという姿勢がなかなか見えてきません。

現場には、Iさんより**年上のスタッフ**が何人もいました。Iさんはそうした人たちに対しリーダーとしてどう距離感をとっていいかわからず、ずっと悩んでいたのです。

やがて神経性胃炎を発症したIさんは、長期休暇をとらざるを得なくなったのです。

年上のスタッフ
介護業界の場合、若いリーダーが自分の親の年齢に近いスタッフをマネジメントするという光景も多い。表向きは円滑なチーム運営ができているように見えて、役職と年齢の「ひずみ」がリーダー側の大きな心理的負担になっていることも多いので注意したい。

特に留意したい対応策
第2章4、6、7
第3章7
第5章2、3、5

COLUMN

「あくびの出ない」研修にするアイデア

スタッフにとって「研修」というのは、とかく退屈なもの。日々の業務が慌ただしいなかで、時間の無駄と思わせたら、研修の効果はまったく上がっていきません。

そこで、ゲーム性などを取り入れることで、少しでも「熱中させる」演出のアイデアが求められます。ポイントは、①競わせて熱くさせること、②アクションが伴うこと（血のめぐりがよくなって眠気を防ぎます）、③気がついたら実力向上につながっていることです。

1．伝言ゲーム…「チーム内コミュニケーション」を鍛える

❶１チーム４～５人が前に出て、横一列に並びます。
❷一番端の人に、「利用者の日常シーン」を描いた絵を見せます。
❸その絵の内容を隣の人に耳打ちし、それを最後まで伝えます。
❹最後に伝言を受け取った人が「絵」を再現します。
❺最初に示した絵と最後に再現した絵が最も近いチームが勝利。

2．異物探しゲーム…「気づき」の力を高める

❶漢字や数字、名詞などを四つ示します。
❷そのなかで、一つだけ他の三つと違うものが、それは何かを当てる。

例.「外泊」「欠勤」「駐車」「故障」→「故障」以外は「無断」がつく熟語あり

第1章

基本編

現場に求められる資質をわかっているか？

01-01

スタッフの育て方の基本① 洞察力

利用者の状態を見極める目を鍛える

現場スタッフの燃え尽きや離職を防ぐには、「どんな人材を育てようとしているのか」をはっきりさせることが大切です。場当たり的な育成方法では、当人も「自分の進むべき方向」が見えなくなり、将来のキャリアに向けて不安だけが募ります。

第一に求められるのは、「目の前の利用者の心と身体の状態」をきちんと推し量れる能力です。表に現れない部分まで推し量るという点で、「洞察力」とします。

多様な情報を組み合わせつつ、利用者の実像に迫る

利用者に関しては、事前にさまざまなアセスメント情報が現場にもたらされます。また、日々の**バイタル情報**なども伝えられ、これらを総合的に分析したうえで、利用者の心や身体の状態がどうなっているかを把握します。

ただし、どんなに綿密な情報がもたらされても、それを分析する能力が十分に養われていなくては、利用者の真の姿には迫れません。誤った分析や、重要なポイントを見過ごしてしまうことがあれば、それは重大なリスクを生むことになります。

例えば、ＡＤＬ（日常生活動作）状況について押さえていたとしても、その人の認知の

バイタル情報
バイタルサイン（生命兆候）にかかる情報のこと。具体的には、体温、呼吸、脈拍、血圧を指し、利用者の日々の体調を知るうえで欠かせない基本データ。

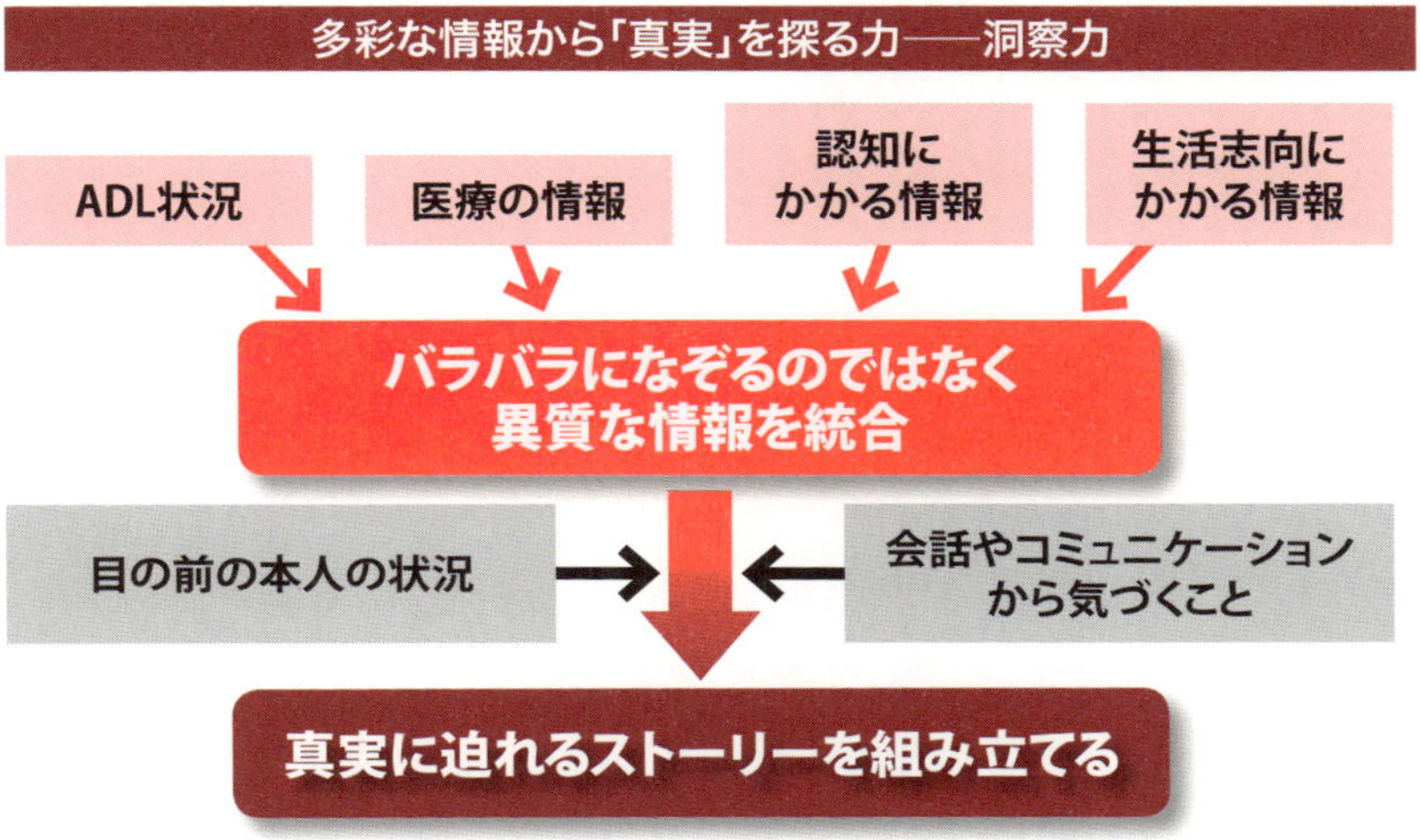

多彩な情報から「真実」を探る力——洞察力
ADL状況
医療の情報
認知にかかる情報
生活志向にかかる情報
バラバラになぞるのではなく異質な情報を統合
目の前の本人の状況
会話やコミュニケーションから気づくこと
真実に迫れるストーリーを組み立てる

状況や生活上の志向などをからめていかないと、**転倒などの事故**のもとになります。

ＡＤＬの低下に対し、それを自分で認知できない人が、何かに反応して立ち上がろうとすることがあります。「その瞬間」がどこにあるかは、ＡＤＬの状況だけ見ていては気づくことができず、事故を防ぐことができないわけです。

自分は一生懸命やっているつもりなのに事故を防げなかったとなれば、それは担当するスタッフに大きな無力感を植え付けてしまいます。

ケース検討方式の訓練で、「自分の見方」がどんどん広がる

カギとなるのは、複数の情報を総合的に組み合わせるなかで、浮かび上がる「真実」に気づけるかどうかです。ここで「洞察力」

転倒などの事故
介護現場で発生する事故事例のうち、８割近くが転倒・転落によるもの。自分が「歩けない・立てない」のに、「立てる・歩ける」と思ってしまう失認も事故の大きな原因となる。

が問われてきます。

随時もたらされるアセスメント情報やバイタル情報、さらに自分の目や耳で得た**リアルタイムの情報**など、これらをバラバラにとらえたり、表面だけなぞるのではなく、真実に向けたストーリーとして組み立てることができるかが重要です。

これを鍛える訓練の基本は、やはりケース検討方式でしょう。例えば、Aさんという利用者がいたとして、その人の身体状況や既往歴、趣味や生活歴、家族構成など、把握している情報を一つに集めます。ここに、その人の日常を撮影した写真や動画などを加えます。これが、目や耳で得たリアルタイムの情報となります。

これらを統合したうえで次のように進めます。

❶「今、この人は何をしたいと考えているのか」「その際にどんなリスクが生じるか」という仮説をスタッフに考えさせます。

❷あくまで訓練なので、自由に発表してもらいます。ただし、「なぜそういう仮説が出てきたのか」という根拠を必ず付け加えるのをルールとします。

❸これを複数のスタッフに順次発表してもらいます。他者の発言を聞くなかで、「そういう見方もあるのか」という気づきを誘う効果が得られます。

この訓練を繰り返すことで、「その人をどのように見るか」という視野が少しずつ広がっていきます。その機会が、「自分は成長している」という実感を生むのです。

リアルタイムの情報
利用者の状態は日々変化している。また、事前のアセスメント自体が不十分ということも想定し、常に「確認→更新」というサイクルを維持することが大切。

「洞察力」を鍛えるケース検討方式訓練

1. 特定の利用者の情報を集積する

2. 利用者の生活の1シーンをとらえた写真・動画を加える

対人関係が
表現されているものが
ベター

趣味活動の
イベントなど
動きの多いシーン

3. 1と2の情報を統合してその人の「今の生活の意向」「その際のリスク」を発表させる

必ず「なぜ、そう思ったのか」という根拠を明らかにさせる

4. 他者の発表を聞くなかで、自分の「気づき」を誘う

気づいたことは
あとで感想文として
書かせる

ポイント!

- さまざまな情報を組み合わせ、真実に近づけるストーリーを導ける能力が求められる
- ケース検討会で他者の見解を聞くことが、気づきを誘い現場を成長させる

01-02

スタッフの育て方の基本② 課題解決思考力

それは無理……と投げ出さず、考え抜く力を養う

介護現場には、一見「その解決はむずかしいのでは」と思ってしまう課題がたくさんあります。例えば、要介護者の転倒を防ぐこと、**認知症高齢者の不穏行動**に対処すること、嚥下困難な人の口からの食事摂取を維持すること……など。

そこには、経営的に十分な人員配置ができないなど、現場レベルでは改善がむずかしいと思われる課題も多々あります。それゆえに、現場スタッフとしては「解決は無理」と最初からあきらめてしまいがちです。

しかしながら、そうした「無理だ」が積み重なっていくと、ちょっとした課題でも解決をあきらめてしまう風土が生まれます。それが、対応しきれない事故などを生む土壌となり、やがては現場に強い無力感を生んでしまいます。

日々の記録から「課題」をとり上げて、解決への道筋を考える

この状況をカバーしていくためには、「たとえ根本的な解決は無理だとしても、解決に向けて考える力を養っていく」という、組織全体の強い意志が必要です。そして、少しでも前に進むことができれば、それを評価する仕組みも求められます。

認知症高齢者の不穏行動

日本認知症グループホーム協会が現場に対して行った調査によると、「頻繁にある」といった本人の状態のなかで、入居当時と比較して減少が著しいものに「徘徊」や「攻撃的な言動」「睡眠障害」がある。GHケアの有効性が示されている。

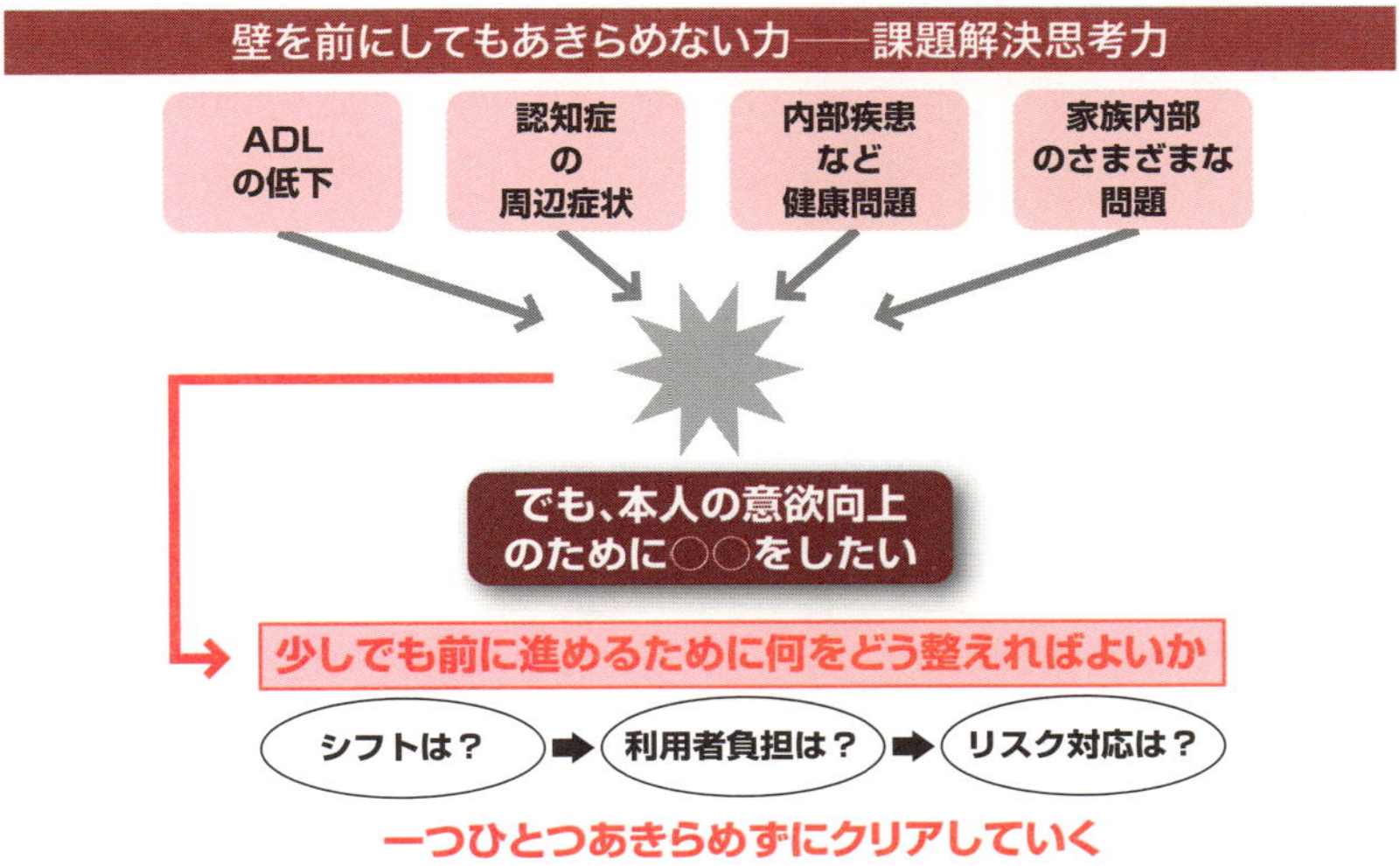
壁を前にしてもあきらめない力――課題解決思考力
ADLの低下
認知症の周辺症状
内部疾患など健康問題
家族内部のさまざまな問題
でも、本人の意欲向上のために○○をしたい
少しでも前に進めるために何をどう整えればよいか
シフトは？
利用者負担は？
リスク対応は？
一つひとつあきらめずにクリアしていく

解決に向けて考える力（課題解決思考力）を養うためには、❶**研修の場**などを活用して課題解決のシミュレーションを行う訓練と、❷❶で培った能力を実際の現場業務で活用する習慣が求められます。❶で考え方の基本を身につけたうえで、日常的にそれが応用できるかを❷で試しつつ評価を行います。

❶については、「現場で頻繁に発生している課題」を日々の経過記録などのなかから取り上げ、その解決策を採用するかどうかは別にして、「どうすれば解決に近づけることができるか」を自由に考えさせます。

ここで大切なのは、「他者のアイデアをきちんと聞く」ということです。

「そういう考え方もあるのか」という気づきを積み重ねるなかで、個人の頭のなかでも「いろいろな意見を出して、それを戦

研修の場
平成24年度の介護報酬改定から「介護職員処遇改善加算」が支給されている（平成27年度の改定で加算を拡大。令和元年10月には、経験・技能のある介護職員を主に対象とした新加算もスタート予定）。その加算のなかで算定要件の一つに、「介護職員の資質の向上の支援に関する計画を策定し、その計画にかかる研修の実施・機会の確保」が挙げられている。

わせたりすり合わせたりする」というクセが身につきます。これが、考えることをあきらめないという粘り強さをつくります。

もう一つ重要なのは、「なぜ、そのアイデアが出てきたのか」という根拠を必ず付け加えさせることです。頭を柔らかくしながら考えさせるのも必要ですが、単なる思い付きの披露に終わっては、本当の思考力は身につきません。

根拠と一体となった思考こそが、介護現場に最も必要な要素といえます。

慌ただしい現場で「考える力」を失わないためには、メモの習慣をつける

次に、②の現場実践についてです。①で、「柔軟かつ粘り強く考える」ことと「根拠をもって考える」という習慣を身につけたとしても、**人手不足**などで慌しくなりがちな現場に入ると、えてして思考がストップしてしまうことがあります。

①の「考える力」を現場で実践していくためには、とにかく「気づいたことをその場でメモする」という習慣を浸透させることが第一です。

思考がストップするということは、いろいろな思いは浮かんでいても、それを「一つの考え」としてまとめていく余裕がないということです。メモをとることで、自分のなかに浮かんだ前後の思いを関係づけることができ、それが思考を生むわけです。

もちろん、業務に支障をきたさないよう、メモをとるタイミングの取得も必要です。

人手不足
介護労働安定センターが行った平成29年度の介護労働実態調査によると、現場従事者の人手不足感は66・6%で、前年よりも4・0ポイント高くなっている。介護現場の人手不足感はますます加速している傾向に。

「課題解決思考力」を養う二つの方法

1. 研修の場などを活用して行う訓練

日々の
経過記録
特に頻繁に
発生している
課題を取り上げる
解決のアイデアを出し合う
①必ずアイデアの根拠を出す
②他者の意見を聞く習慣をつける
③疑問等をぶつけながら思考する

2. 1で培った能力を現場で活用する

さまざまな難題を……
メモをしながら思考する
こうすればいい？　やっぱり難しい……
でも、こうしたらいいのでは？

ポイント！

- 他者のアイデアをきちんと聞き、「なぜ？」という根拠を考える習慣をつける
- 就業中のメモは、あとで見返すことで「問題解決の思考」を生む源になる

01-
03

スタッフの育て方の基本③　自省力

つい感情的になる「自分」をコントロールできる力を養う

介護は、身体を使う業務とともに、その場のさまざまな感情と向き合う精神的な業務、どうすればよいかを瞬時に考える頭脳労働的な業務が同じタイミングで発生します。いずれかに大きな負荷がかかると、全体のバランスは崩れやすくなります。そのバランスが崩れたとき、真っ先にコントロールが難しくなるのが、精神的な業務をつかさどる「感情」です。つまり、「キレる」という現象が起きやすくなるわけです。

従って、あらゆる業態・業種と比べて、意識的に「感情をコントロールできる力」を日頃から養わなければなりません。これは、年齢に関係なく共通した課題です。

人生経験が豊富で、自制心がききやすいと思われがちな年配のスタッフ（それなりの役職に就いている人も含めて）でも、**利用者への虐待**を起こしてしまうケースがあります。実際に、虐待者を調査すると、意外に年齢的な偏りがないのです。

感情の揺らぎの背景にある「自分のこと」を振り返る

では、どのような訓練を積めばよいのか。最も大切なのは、そのときに「カッとなった」自分を、第三者の視点で振り返ることです。

利用者への虐待
国が実施した、平成29年度の高齢者虐待等にかかる調査によれば、介護現場の職員等による虐待が認められたケースにおいて、約6割が身体的虐待となっている。

意識的に感情をコントロールできる力――自省力

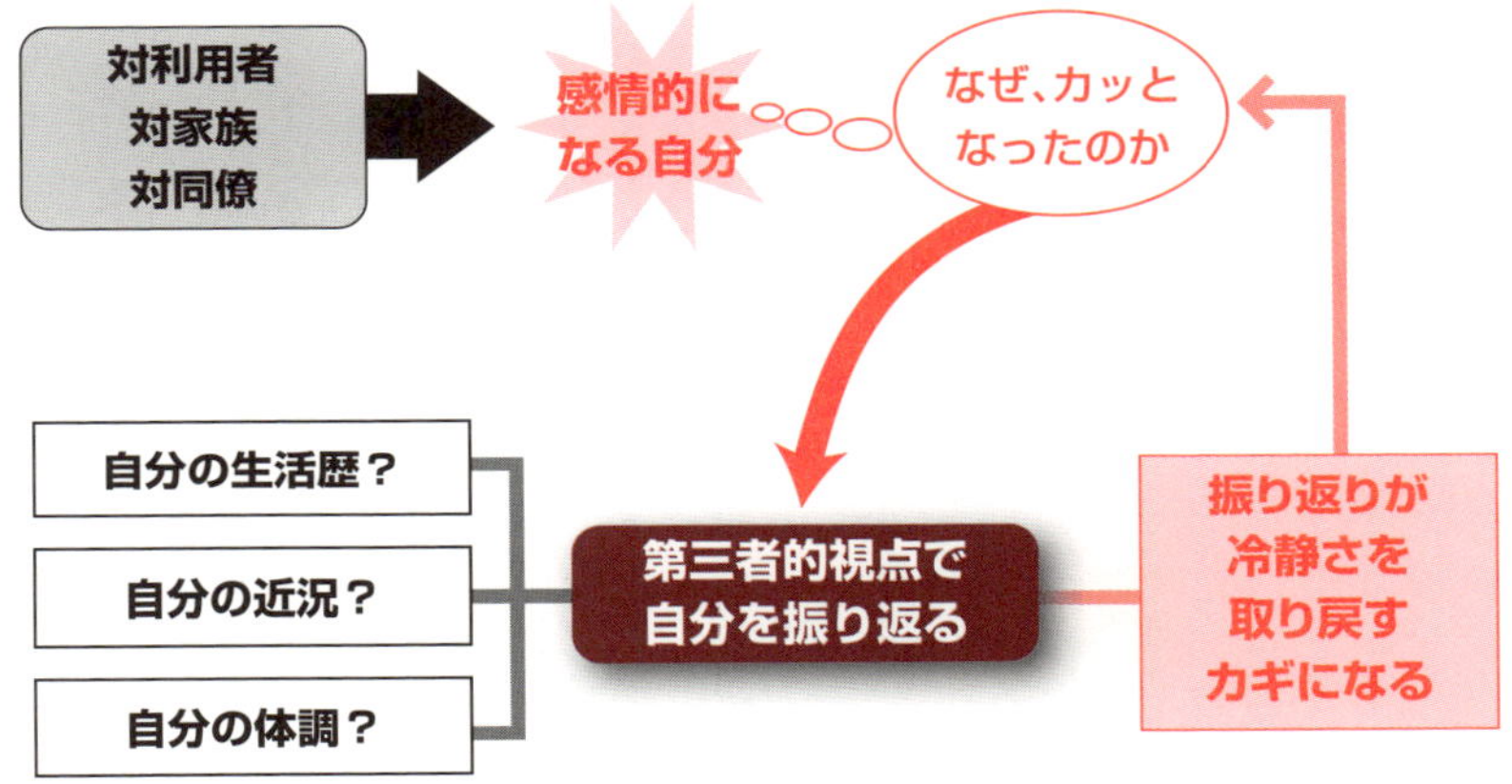

なぜ、自分は今カッとなったのか――こう考える習慣を身につけるだけで、一次的な感情の揺らぎをある程度は抑えることができます。

なぜなら、その「なぜ」を追求すると、カッとなった原因のなかには、目の前の人の言動だけではないものが多く含まれているからです。そのことに気づくと、「この人に八つ当たりしてしまった」という思いに至り、冷静さが取り戻せるわけです。

例えば、**利用者に怒られた**という場合、それに対して「カッとなった」のは「怒られた」という事実に対してだけなのか。

実は、スタッフ本人が私生活で友人とうまくいっておらず、その感情がくすぶっていた。あるいは、その利用者の口ぶりが、昔とても嫌いだった教師のそれによく似ていた――そうした背景がいくつも潜んでい

利用者に怒られた
認知症の人が繰り返し同じことで怒るケースの場合、そこでカッとなって反応がきつくなることで相手の怒りがエスカレートする場合もある。そうした場合は、第三者のスタッフが迅速にフォローを。

ることがあります。

そのことに気づく訓練を積むことが、感情をコントロールする入口となります。

研修の場などで感情の背景にあるものを探らせる

日常的な訓練の積み方として、ある特養ホームでは月に1回程度、研修の場などを使って、「最近、自分が腹を立てたり、悲しくなるなど感情が揺らいだシーン」を想起させるという方法をとっています。

そのときの状況をまず絵に描かせます——ビジュアルにしたほうが、そのときの光景がよみがえりやすくなるからです。次に、「なぜ感情が揺らいだのか」という背景を、描いた絵の余白部分に思いつくかぎり書き出してもらいます。

ここで大切なのは、「自分のこと」に思いを寄せさせることです。例えば、自分の生い立ちや今の心身の状況（身体的な疲れなどが、感情に影響を及ぼすこともあります）、あるいはここ数日の**ストレス**を感じたエピソードなどがあげられます。

ただし、生い立ちや私生活（特に振り返りたくない自分の姿）をよみがえらせるのは、本人にとって精神的につらい作業です。うつ傾向にある人の場合などは、振り返り自体が落ち込みを助長することがあります。**スタッフの精神状態**をよく把握したうえで、タイミングを見計らって行うようにしたいものです。

ストレス
労働安全衛生法の改正により、平成27年12月より常時50人以上の労働者（非常勤や派遣社員も含む）を使用する事業所に対し、労働者へのストレスチェックが義務づけられた（50人未満の事業所については当面の間、努力義務）。このストレスチェックは、医師、保健師等による「労働者の心理的な負担」の程度を把握するための検査をいう。

スタッフの精神状態
現場リーダーから事前にヒアリングして、明らかに気分が落ち込み気味の職員は参加を見合わせる。

「自省力」を身につけるための月1研修

1.「最近、自分の感情が揺らいだシーン」を絵に描く

なぜ、感情が揺らいだのか

例・利用者Aさんから施設全体のことで不満をぶつけられた
・答えようとしても何も言わせてくれない
……など

2.「感情の揺らぎ」の背景を思いつくかぎり記す

昨晩友人とけんかした

怒った利用者が嫌いだった教師にそっくり

このところ寝不足で疲れている

3. 振り返りはつらい作業なので スタッフの精神状態をよく見て実践

・すぐに感情が高ぶる
・無表情になることが多い
……など

ポイント！

- 心の振り返りによって、感情をコントロールする訓練を行う
- 感情の揺らぎの背景にある「自分のこと」を意識させる

01-04

スタッフの育て方の基本④　業務評価力

そのケアで「本当によいのか」を分析する力を鍛える

長い間、何となく習慣になっている業務、あるいは、特に問題は見当たらないからと続けている介護――この状況が続いてしまうと、いつしか介護業務がルーチンワーク化してしまいます。その結果、「何となく意欲がわかない」というスタッフの意欲低下を生んだり、未知のリスクに対応できずに大きなトラブルを生んだりします。

どんな仕事でもそうですが、「やってみてどうだったのか」「改善の余地はないのか」を評価する習慣がないと発展はありません。つまり、常に業務内容を評価することは、そのままスタッフ自身が「成長している」という実感につながるのです。

あらゆるマネジメントの基本「PDCAサイクル」を意識させる

自らの業務を評価する力（業務評価力）を高めるには、まず、あらゆるマネジメントの基本である**PDCAサイクル**を常に意識させることです。

ルーチンワーク化する業務というのは、P（PLAN＝計画）に対して、振り返りなしに延々とD（DO＝実行）を繰り返しているだけの状態です。

例えば、ある特養ホームで利用者の日中の離床をうながすため、起床後に本人をリビン

PDCAサイクル
あるグループホームでは、日々の介護記録のなかで「実践→評価→改善」の流れがきちんと記されているかどうかを、現場職員の人事評価に反映させている。

自分のしている業務を分析する力――業務評価力

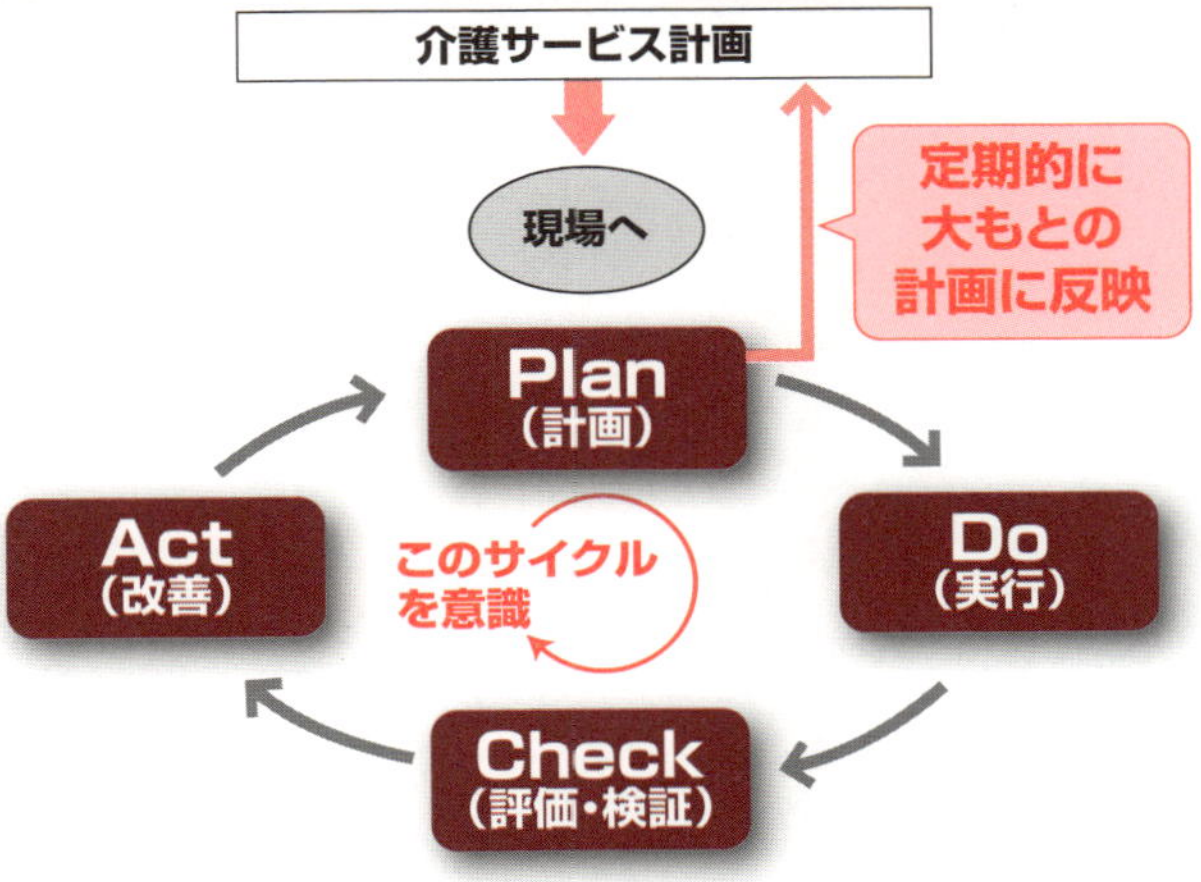

グに移動させる習慣がありました。しかしながら、本人はリビングでうつらうつらとしているだけで、離床による**昼夜逆転**の防止といった効果がよくわかりません。

結果として、スタッフは「自分がやっていることに意味はあるのか」という思いが頭をもたげてきます。ここで、すでに燃え尽きの一歩手前に来ているわけです。

この場合、本当に昼夜逆転が起きていないのか、また、それによって「日中の活動量」が増えて、何かをしようという意欲や食事量の増加などにつながっているのかを評価します。そのための物差しとして、例えば、「誰かと会話する機会が増えているのか」「食事の全量に対する残し方はどうなっているか」を調べます。

こうした物差しを当てることで、「あまり効果はない」という評価が出たら、それ

昼夜逆転
入所したばかりや認知症の利用者などは、住み慣れた家屋環境と異なることで、不安感などで夜間にぐっすり眠れず、昼夜逆転になることが多い。

を改善するためにはどうしたらよいか、A（ACT＝改善）を考えます。そして、その内容をもってPLAN（プラン）の改編という作業に入ります。

このサイクルが動き始めると、一つひとつの業務に対して、「自分がかかわっている」ことの実感が築かれていきます。

本人の主体的な意思に立ち返った「物差し」づくりを

ここで重要なのは、評価のための「**物差し**」をつくり出すことです。

先の例でいえば、「日中の活動量」の増減を量る場合、どこに着目すればよいのか。恐らく、スタッフのなかにはいろいろな判断基準があるでしょう。

先のように本人の会話、自発的に身体を動かすこと、（居眠りをせずに）好きなテレビに見入ること――アイデアはいろいろ出てきますが、大切なのは、その人の「こうしたい」という生活の意向はどこにあるのかという点です。これが抜けてしまっては、本人主体の支援ではなく、スタッフの都合が優先されたものになってしまいます。

そこで、最初の**アセスメント情報**に立ち返り、本人の意向をきちんとつかみます。そこから「物差し」のあり方を検証します（例えば、その人の「普段している生活」が継続されているか、など）。この作業を通じて、利用者主体という軸がブレるのを防ぎ、「やっていることの意味」がより明確になってきます。

物差し
平成30年度の介護報酬改定で、通所介護の自立支援・重度化防止を評価する「ADL維持等加算」が誕生した。ここで使われる指標（物差し）が、リハビリ系サービスでよく導入されている「バーセル・インデックス」。あくまでADL評価の指標だが、アウトカム評価の報酬が増えるなかでは、今後活用機会が増える可能性も。

アセスメント情報
生活意向のアセスメント情報は、意外に一面的である場合が多い。本人との会話機会を設けつつ、家族も知らないような意向がないかを確認し、随時情報の上書きを。

「Check（評価・検証）」のための物差しを用意しよう

1. Plan（計画）の目標を確認する

目標達成時の利用者像をイメージ

↓

イメージを構成する要素を分析

- ADL 状況は？
- 認知症の周辺症状は？
- 日中の活動量は？　など

2. 1の要素を客観的な基準に置き換える

（例）経口摂取による食事量

➡ 4分割グラフによる摂取量測定※

※摂取量を1/4〜4/4のグラフで示したもの

3. その「物差し」でよいかどうか他職種にも確認

バイタル数値
歩行距離
排泄回数

リハビリ職
看護職
医師　など

ポイント！

- **ルーチンワーク化を防ぐためにPDCAサイクルの思考を徹底する**
- **アセスメント情報に立ち返って「物差し」を検証する習慣をつける**

01-05

スタッフの育て方の基本⑤ 現場把握力

今、現場で起きていることを察知する力を鍛える

どんな仕事でもそうですが、強い緊張感が続くとメンタルに支障をきたし、燃え尽き状態を生み出す土壌となります。

特に介護現場の場合、利用者の**持病の悪化**や認知症がある人の突然の不穏状況などを、常に想定しなければなりません。夜勤などを通じ、少人数で長時間、そうした緊張を強いられれば、ダメージが刻々と蓄積します。問題なのは、ダメージの蓄積が外から見た状態だけでなく、自分でも認識できないまま危険水域を超えてしまうことです。

ちょうどコップの水が一杯になり、たった一滴加わることで一気に外に流れ出てしまう——そうした状況に似ているといえます。

その先で起こることについて「心の準備」をさせるノウハウ

ダメージを与えやすい緊張状態を緩和するには、適度に休みをとりながら業務にメリハリをつけるということも必要でしょう。しかしながら、回復力は人によって差があるため、それだけでは「燃え尽き」を防ぐのは難しいことがあります。

重要なのは、「なぜ緊張状態が生まれるのか」という根本部分に目を向けることです。

持病の悪化
容態の急変だけでなく、疾患の悪化による意識の混濁や意欲低下、あるいは服薬後のふらつきなど、複合的に様々な注意点を頭に入れていかなければならない。

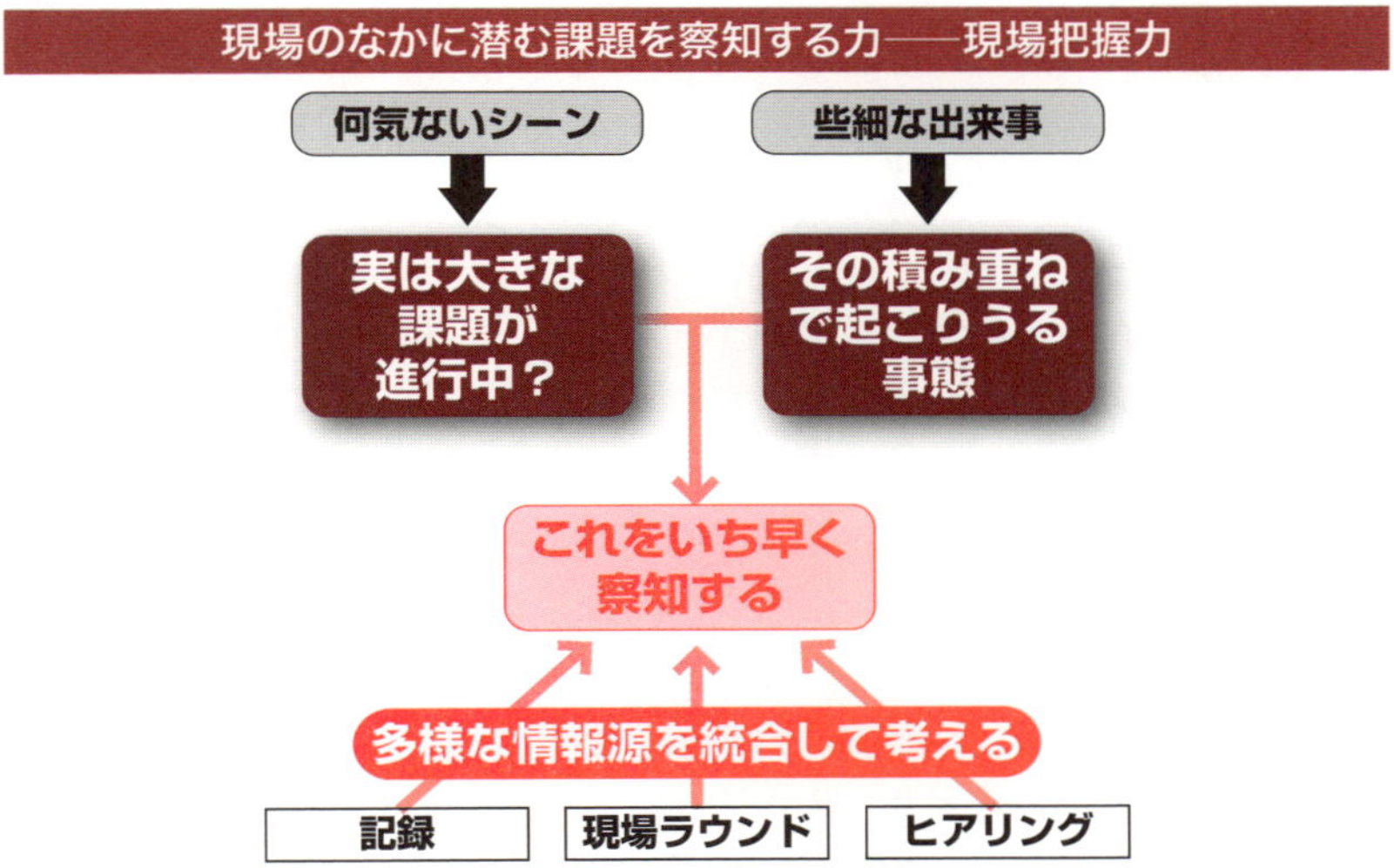

今この場ではどんなリスクがあり、「その先」でどのような状況が生じようとしているのかをあらかじめ把握する――そのためのノウハウを現場に蓄積していきます。

特に「重い療養が必要な人」や「著しく身体機能が低下した人」など、**現場での重度者**が増えるなか、「その先にあるリスク」を把握できるか否かが事故防止にも直結します。

では、どうすれば「その先」の事態をキャッチできるのか。人は誰でも、先行きのことを予測するうえでは、過去の出来事を法則化しながら考えるはずです。

日常生活上では無意識に行っていることの多い「法則化」を、業務上のシステムとして確立させます。まず必要になるのが、現場の事故やトラブル、あるいは新たな課題が発生するつど、それらをきちんと記録

現場での重度者
病床再編による入院期間の短縮化や、介護報酬改定にともなう「中重度対応の強化」をめざした加算の拡充により、介護現場における利用者の重篤化はますます進んでいく。ちょっとした「その先」の読み間違いが、命にかかわるリスクにつながる可能性も高まっている。

することです。

一見平穏そうに見えるなかにも「リスク」の芽は潜んでいる

例えば、利用者が転倒しそうになったとして、「転倒はしなかったから大丈夫だ」とスルーするのではなく、きちんと「**ヒヤリハット**」として記録します。褥そう防止のための体位交換を危うく忘れそうになったなど、自身の業務上のヒヤリハットも同様です。

それを蓄積しつつ分析を重ねていくなかで、実は「同じ人」だけでなく、違う利用者でも「同じ場所」あるいは「同じ時間帯」で同様の事例が生じていることがわかったりします。ということは、そこに共通する何らかのリスクがあるわけです。

そのリスクを取り出し、集中的に対策を練れば、「なぜ起こるのか」が見えてきます。この認知が現場に浸透するだけでも、緊張感は大きく緩和されます。

ただし、これはあくまでわかりやすいケースです。

難しいのは、一見平穏そうに見える場面でも、大きなリスクが存在している可能性があるということです。例えば、特定の人がいつも同じ椅子に座る習慣があるなかで、ときどき違う人がその場所を陣取ってしまう——ここに**利用者同士のトラブル**に発展しかねない微妙な問題が潜んでいるかもしれません。そこで今、どのような課題が生じようとしているのかを敏感に察知する能力も、リスク把握のためには欠かせません。

ヒヤリハット
事故には至らないまでも、現場で「ヒヤリ」としたり「はっと」したケースのこと。記録化するうえでの基準があいまいになりがちなため、データ蓄積がしにくいという声が多い。

利用者同士のトラブル
ある施設で、椅子に座っていた利用者を、別の利用者が「そこは私の席だ」と突き飛ばして転倒させたケースがある。現場職員の配慮が足りないとして、施設側の責任も問われた。

いかに現場のリスクを把握するか

1. 些細な出来事でも記録する習慣をつける

立ち上がりの際にふらついた → ~~転倒しなかったから大丈夫~~（×）

立ち上がりの際にふらついた → ヒヤリハットとして記録（○）

2. 一見平穏そうでも「いつもと違う」点をチェック

→ いつも一緒にTVを観る輪に入っていない

3. 「それはなぜなのか？」を考える

「ふらついた」という事実 → 本人の体調？ 生活リズムの乱れ？ 本人をせわしなくさせる環境？

→ **そこに潜むリスクを見極める**

同僚と情報交換をさせ、仮説の裏づけを強化する

ポイント!

- ちょっとした「異常事態」でも、スルーせずに記録・分析する習慣をつける
- 隠れたリスクに気づけることが、予測拡大➡緊張感の緩和につながる

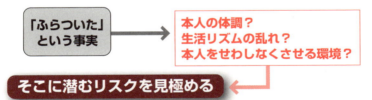

01-06

スタッフの育て方の基本⑥　多角的コミュニケーション力

話がうまいだけではダメ。根拠あるコミュニケーション力

介護現場では、対利用者や対スタッフ同士などを含め、コミュニケーション力が重要といわれます。しかしながら、何をもって「優秀なコミュニケーション力」というのかについて、意外に根拠づけが弱いケースが見受けられます。

例えば、話がうまく、誰とでも打ち解けるというだけでは「現場にとって必要なコミュニケーション力がある」とはいい切れません。

大切なのは、そのコミュニケーションを通じて、課題解決に向けた一定の効果が得られているかどうかです。この点を評価できる物差しを確立しましょう。

「思いつき」だけのコミュニケーションではプロ失格

スタッフが、利用者と談笑しているシーンがあったとします。利用者の笑顔を見ることができるのは悪いことではありません。笑顔が生活意欲につながるケースも多いでしょう。

とはいえ、その効果は「笑顔」の先にあるものです。同じ笑顔が出る話題でも、例えば、目の前の花が「きれいですね」という言葉と、その人が着ている服を指して「よく似合ってますね」という言葉では、相手に伝わる感覚は異なります。

スタッフ同士のコミュニケーション

職員同士の良質なコミュニケーションは、業務意欲を高め、正確な情報共有を進めるという点で、ケアの質向上に結び付く大きな要素の一つといえる。

その効果に着目した根拠のあるコミュニケーション力

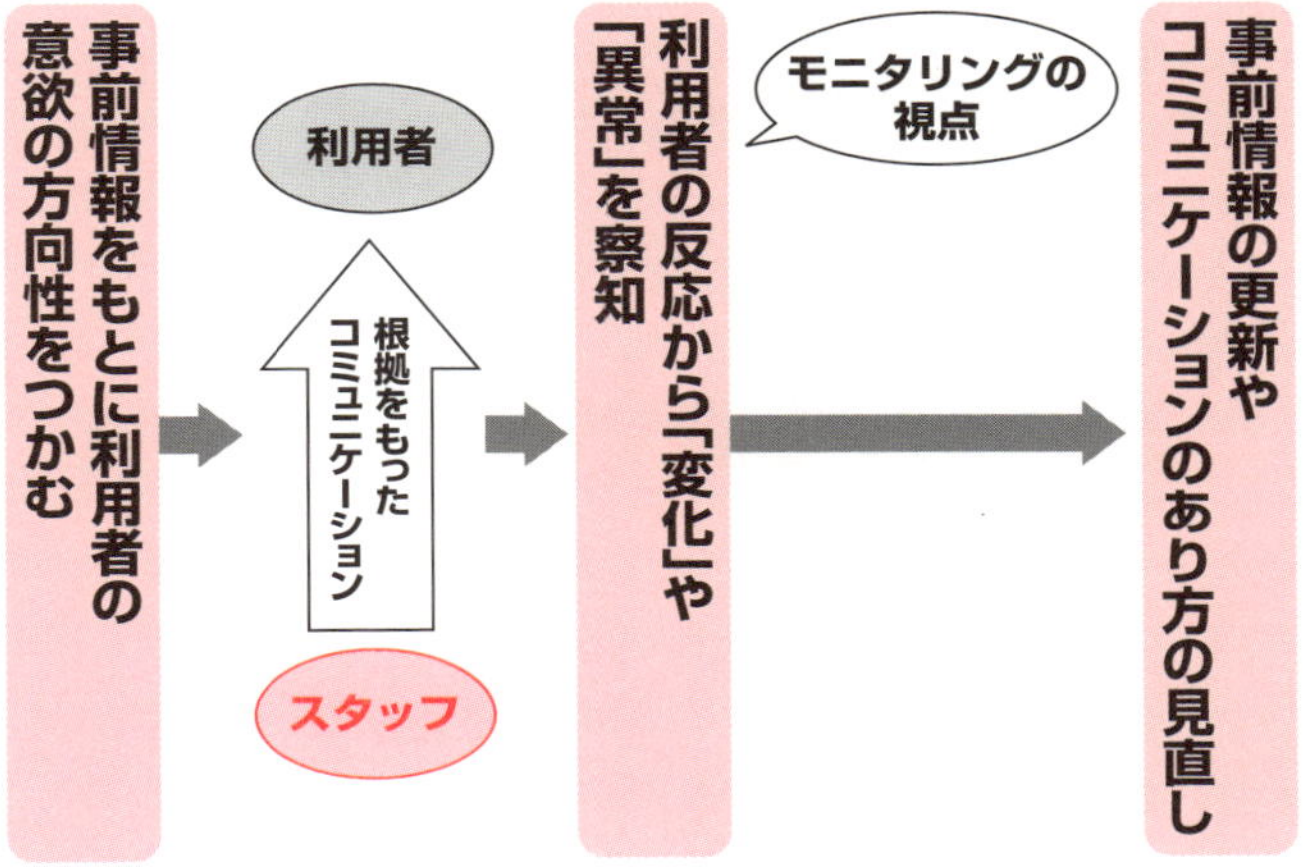

事前情報の更新やコミュニケーションのあり方の見直し
モニタリングの視点
利用者の反応から「変化」や「異常」を察知
利用者
根拠をもったコミュニケーション
スタッフ
事前情報をもとに利用者の意欲の方向性をつかむ

その人がかつて園芸にいそしんでいれば、花の話題を出すことで「輝いていた自分」を振り返りつつ「また**園芸に挑戦**してみよう」という気持ちになるかもしれません。

あるいは、「もうおしゃれするのはあきらめていた」という人が、自分の着ているものをほめてもらうことで、一気に生活意欲が高まることもあります（実際、あるスタッフが着ている服を毎日ほめたことで、「デイサービスに行くのが楽しみになった」というケースがあります）。

どちらがコミュニケーションとして効果的なのかは、その人の過去をよく知ったうえで、「根拠」をもって判断していくことが必要です。たまたま目の前に花があったから、という具合に「思いつき」だけでコミュニケーションを進めるというのは、プロの技能としては疑問符がつきます。

園芸に挑戦
車いすに座った状態のままで園芸作業ができる「テーブルガーデン」なども種類が増えている。庭の花壇も、車いすの利用者の目線の高さに設置している施設も見られる。

コミュニケーション効果の拠りどころには、常に客観的な視点をもつこと

問題なのは、思いつきのコミュニケーションを蔓延させてしまうと、その場で「利用者と談笑する」という瞬間的な事象だけが目的になる可能性があることです。

そうなった場合、たまたまその日に利用者の機嫌が悪く、笑顔のリターンがなかったりすると、スタッフのモチベーションが一気に低下してしまうことも起こりえます。何がよいコミュニケーションなのかという拠りどころが、「いい雰囲気」という漠然としたものになっていると、立ち直りのための修正がききにくくなるからです。

根拠のあるコミュニケーションができていれば、❶その人にとって意欲の方向性が変わっているのではないか、❷機嫌がよくないのは体調などに異変があるのではないか、あるいは❸（自省力とリンクさせながら）自分自身のなかに修正しなければならない課題が生じているのではないか――という具合に客観的な視点が生まれます。

つまり、コミュニケーションを通じて、アセスメントや**モニタリング**の精度を高めていくなかで、効果を上げるためのPDCAサイクルが働くわけです。

このあたりは現場のスタッフ同士でも同じです。気が合う合わないという漠然とした根拠に拠ってしまうと、ちょっとした感情的対立が生じた場合になかなか修復ができません。それがエスカレートすると、いじめや疎外にもつながりやすくなります。

根拠のあるコミュニケーション
たとえば認知症の人の場合、脳機能の衰えにより、座る位置や相手との距離一つで、相手への認識や感情への刺激が大きく変わることもある。あらかじめ専門医などからヒントを得ておきたい。

モニタリング
ただ利用者の状態を観察するのではなく、こちらから「言葉がけ」などのアクションを起こし、その反応を見る中で確認することが大切。

介護のプロとしてのコミュニケーション力を鍛えよう

1.「いい雰囲気」だけに拠ったコミュニケーションになっていないか

満足

どうしてよいか、わからなくなる

2. 同じ言葉がけでも、本人の反応をよくするには?

事前情報

- ●生活歴
- ●趣味・趣向

家族などの話

- ・話題の内容はそれでいいか?
- ・どんなタイミングで声をかければいいか?

（1人の時間も欲しい?）

3. 予想したものと違う反応が返ってきたら?

- 意欲の方向性が変わっている?
- 体調、認知の状況などに異変がある?
- 自分自身に何か変わったところがある?

モニタリングから → コミュニケーション手法の改善へ

ポイント!

- ●その場の「いい雰囲気」だけを求めるコミュニケーションは危険が大きい
- ●なぜ、そのときに、そのコミュニケーションが必要なのかを冷静に分析する

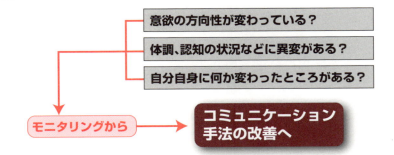

COLUMN

地域との「つながり」を現場ケアの向上に

要介護者であっても、地域における生活者であることに変わりはありません。地域との「つながり」をいかに保ち、進めていけるかは、その人の生きる尊厳にも直結します。

その点で、介護現場でも「地域との接点」を太くすることが、利用者の自立支援のカギとなります。自立支援がはっきりと形になれば、現場職員のモチベーションが上がり、利用者へのケアのあり方にも広がりが生まれるでしょう。

具体的に、どのような形で「地域とのつながり」を築けばよいのかについて、二つほどヒントを挙げてみます。

1．事業所・施設内のスペースを開放

事業所の休日や施設内の空きスペースを利用し、地域の人を招いて介護教室を開いたり、認知症カフェを催します。その後、ボランティアなどとして気軽に足を運んでもらえるようになれば、利用者との交流により、本人の社会性を広げてQOLの向上にもつながります。

2．地域の祭りプログラムなどに参加

町ぐるみで行う季節の祭りなどでは、事業所として催し物に協力・参加します。その準備を利用者に手伝ってもらったり、利用者がつくった装飾品などをチャリティ販売すれば、本人の地域での役割も広がります。

第2章

モチベーション編

現場スタッフにやる気を出させる基本フロー

02-01

対症療法的な仕事観をもたせない「なぜ、こんなことをやっているのか」と思わせたらアウト

介護業務とは何かという質問を現場にすると、「いかに思いやりの心をもって利用者に接するか」、あるいは「長時間のハード業務を体力で乗り越えるか」などを評価の対象とする風潮があります。業界内部でも、そうした見方がまだまだ強いといえます。

つまり、介護とは感情労働であり、肉体労働であるという考え方です。

確かに、感情表現の豊かさが、接する利用者の意欲を左右する場面は多々見られます。また、**過剰な力を入れないコツ**があるとはいえ、介助作業が連続するような業務では、体力の有無が事故などを防ぐポイントになることもあります。

しかしながら、この二点さえあればよいという考え方が現場に根づいてしまうと、一つひとつの場面にどのように対応するかという「対症療法」的な仕事観ばかりが植えつけられてしまいます。いい換えれば、即興性ということになるでしょうか。

リターンがないとルーチンワーク化してしまう

即興性のある仕事というのは、最初のうちは楽しいものです。個々の場面での対応力が評価されれば、それは個人の裁量が広がることにもなるでしょう。

過剰な力を入れないコツ
利用者の身体を動かすという発想ではなく、利用者側の自然な動きを利用して介助を行うコツがある。アメリカで生まれたキネステティクスなどさまざまな方法が紹介されている。

即興性だけを問う仕事観から脱却する

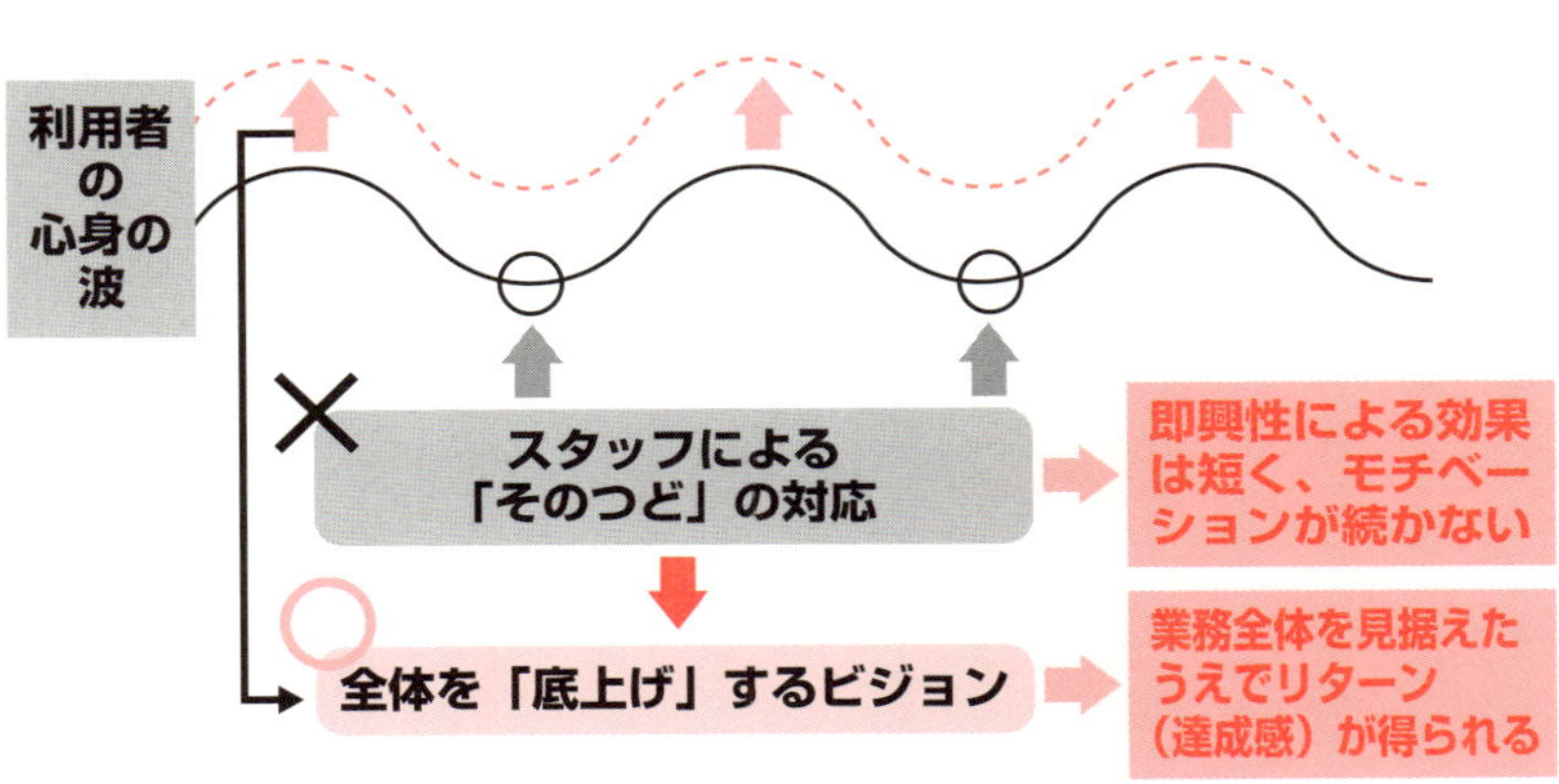

ただし、そこで高まるモチベーションは一時的になりがちです。例えば、高齢者の場合、目に見える身体状況というのは、どんなにリハビリにいそしんでも徐々に低下していくことは避けられません。認知症も、基本的には**不可逆**なので利用者の反応が少しずつ衰えを見せるようになります。

そうした状況で、即興性だけを仕事の拠りどころにしていると、業務を手がけるなかでの「リターン」（達成感）が失われていきます。

その結果、二つの問題が浮かび上がってきます。

一つは、「どうせ何をやっても、目の前の利用者の状態像は悪化していくのだ」という心理からくるあきらめです。リターンを失うことによる「あきらめ」は、即興性を維持するパワーを奪い、仕事をルーチン

不可逆
段階的に悪化したり、治療次第で改善が見られることもある脳血管性認知症とは異なり、認知症で最も多いアルツハイマー型などは、進行速度に差はあるものの中核症状が改善することは基本的にはない。重度の段階になると、嚥下などをつかさどる反射神経も衰えてくることがある。

ワーク化させます。

仕事がルーチンワークに陥れば、「自分は、なぜこんなことをやっているのか」という冷めた心理を生み、業務への向き合い方を中途半端なものにしてしまいます。つまり、心ここにあらずとなり、事故を増やしたり、早期離職につながります。

組織とは離れたところで「独自のルール」をつくってしまう

もう一つは、現場にリターンがないことを穴埋めする心理が生まれることです。それは何かといえば、「自分がやっていることは正しいのだ」という自己確認をするために、組織から離れた価値観で**「独自のルール」**をつくり出すわけです。

独自のルールを生み出すことを職業人生の目的とすることは、それなりにモチベーションを高める力にはなります。早期離職を一定程度防ぐ力にもなるでしょう。

しかしながら、利用者の自立支援とか尊厳保持など、介護業務にとって最も重要な理念から離れてしまうことも起こりえます。そのまま当人がベテランになると、部下に対して「自分なりのルール」を押しつける光景も生まれてきます。

その結果、そのスタッフ自身は組織に残っていても、部下の側は「組織のルール」と「上司のルール」の板挟みにあって燃え尽きてしまう危険が高まります。特に、設立して長い年数が経った施設などで見られる光景です。

独自のルール
例えば、「若いうちは自分の時間を削ってでも、業務に専念しなければダメ」という根拠希薄な理屈のもと、現場レベルでサービス残業を増やしてしまう力が働くこともある。

ベテランスタッフが「独自のルール」を築いてしまう流れ

1.全体のビジョンがないままの「対症療法」的ケア

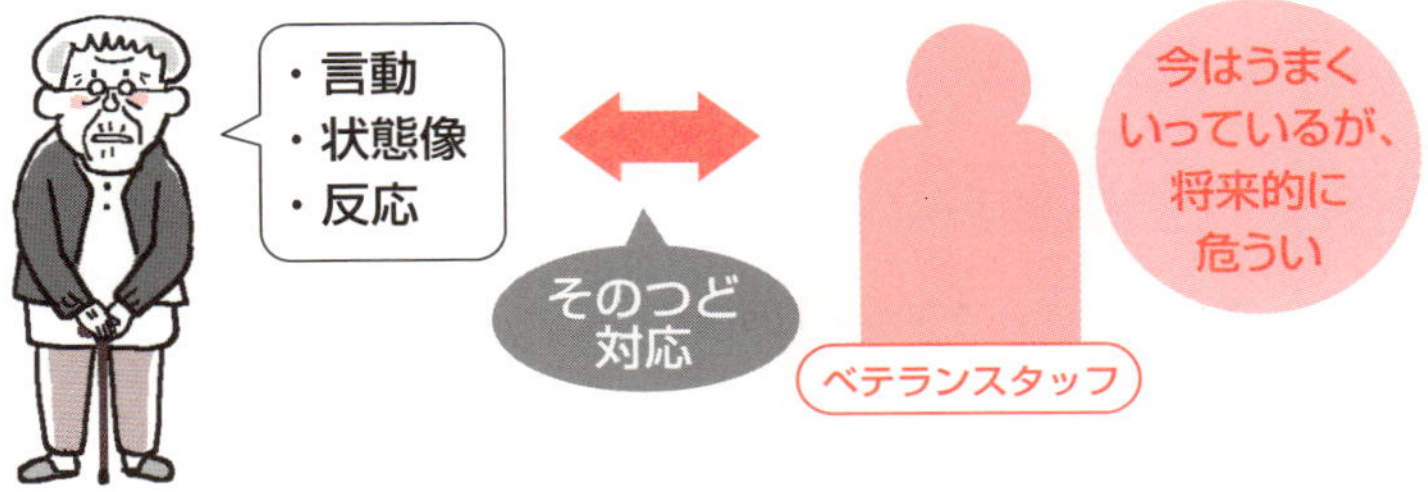

2.「目先の成果」が評価される指標が見えない

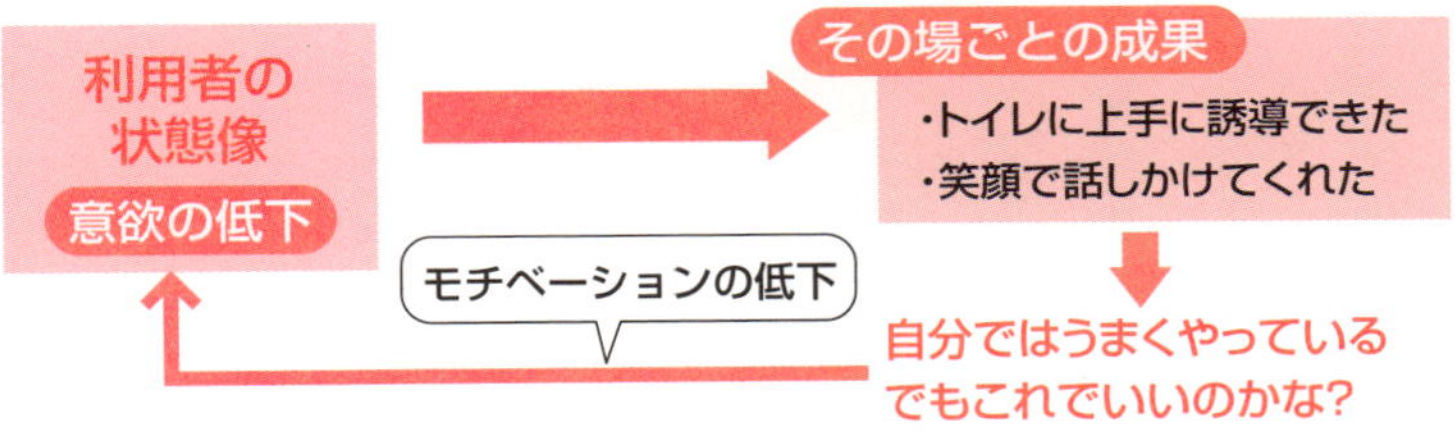

3.「自分だけの評価指標」をつくってしまう

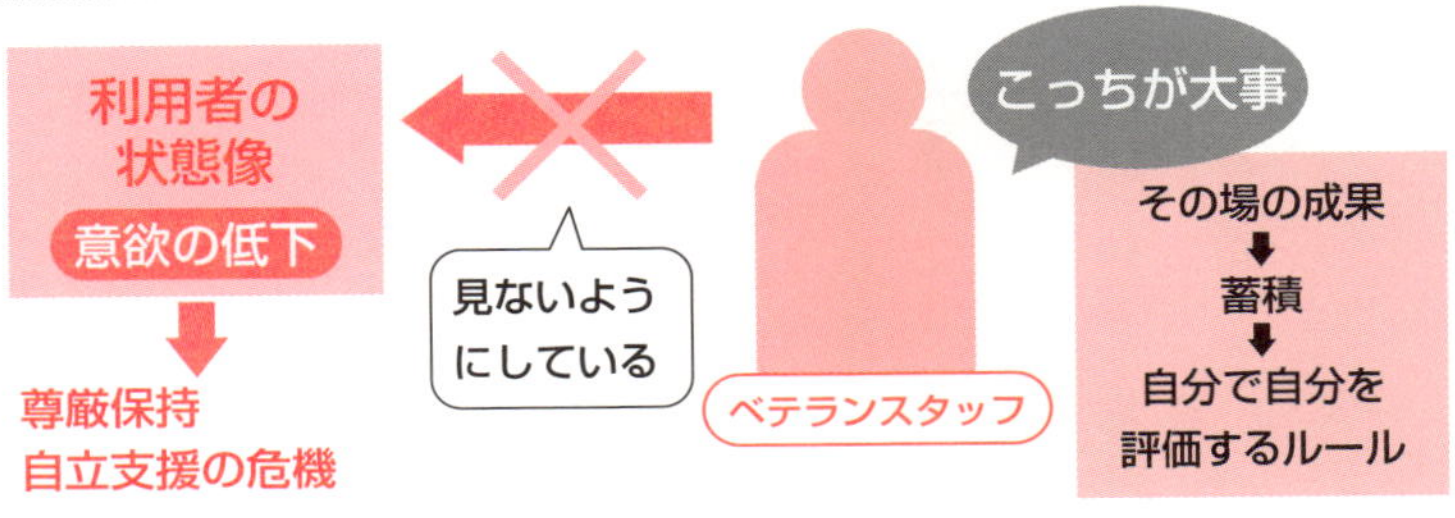

ポイント!

- 感性や体力だけに任せた仕事は、介護現場では長続きしない
- 仕事のルーチンワーク化が、早期離職を誘発する大きな原因になる

02-02

モチベーションを維持させるポイント
「なぜ、その業務を行うのか」を気づかせるための後押し

スタッフのモチベーションを維持するためには、「その業務がなぜ必要なのか」という根拠を意識させることが求められます。介護業務とは、感情労働、肉体労働のほかに、根拠を導くための「頭脳労働」というもう一つの軸が必要だということです。

介護・福祉の現場では、「頭脳労働」というと「頭でっかち」のイメージから、仕事の要素としてポジティブにとらえられない傾向があります。

確かに、胸襟を開き、まっすぐな自分を見せることで利用者と対峙していくことは重要でしょう。しかし、対峙する相手は、かかわるスタッフより長い年月を過ごしてきた**人生のベテラン**であるケースが大半です。また、認知症の人であれば、不安と混乱のなかで、逆に感受性を強め、慎重にこちらの様子を伺っている可能性があります。

そうした状況で、「まっすぐな自分を見せれば、相手も心を開くはず」という期待感だけでは、確かなリターンを得るまでに、往々にしてタイムラグが生じがちです（若いスタッフだと、これだけで焦りとなります）。

注意したいのは、介護現場の場合、そのタイムラグの間でも利用者の状態が悪化したり、意欲低下が進行していることです。「よい関係をつくるには、時間がかかるのだから仕方がない」という考え方は、介護のプロとしては通用しません。

人生のベテラン
ただし、昨今は（若年性の認知症の人など）二号被保険者の利用者も増えるなか、スタッフよりも利用者の年齢が若いというケースも見られる。これはこれで、どのようなスタンスで対峙していくかをチーム内で話し合っておくことが必要。比較的若くして要介護状態になることで、本人の落ち込み速度が増すこともある。

客観的な視点で「業務の意味」を問う

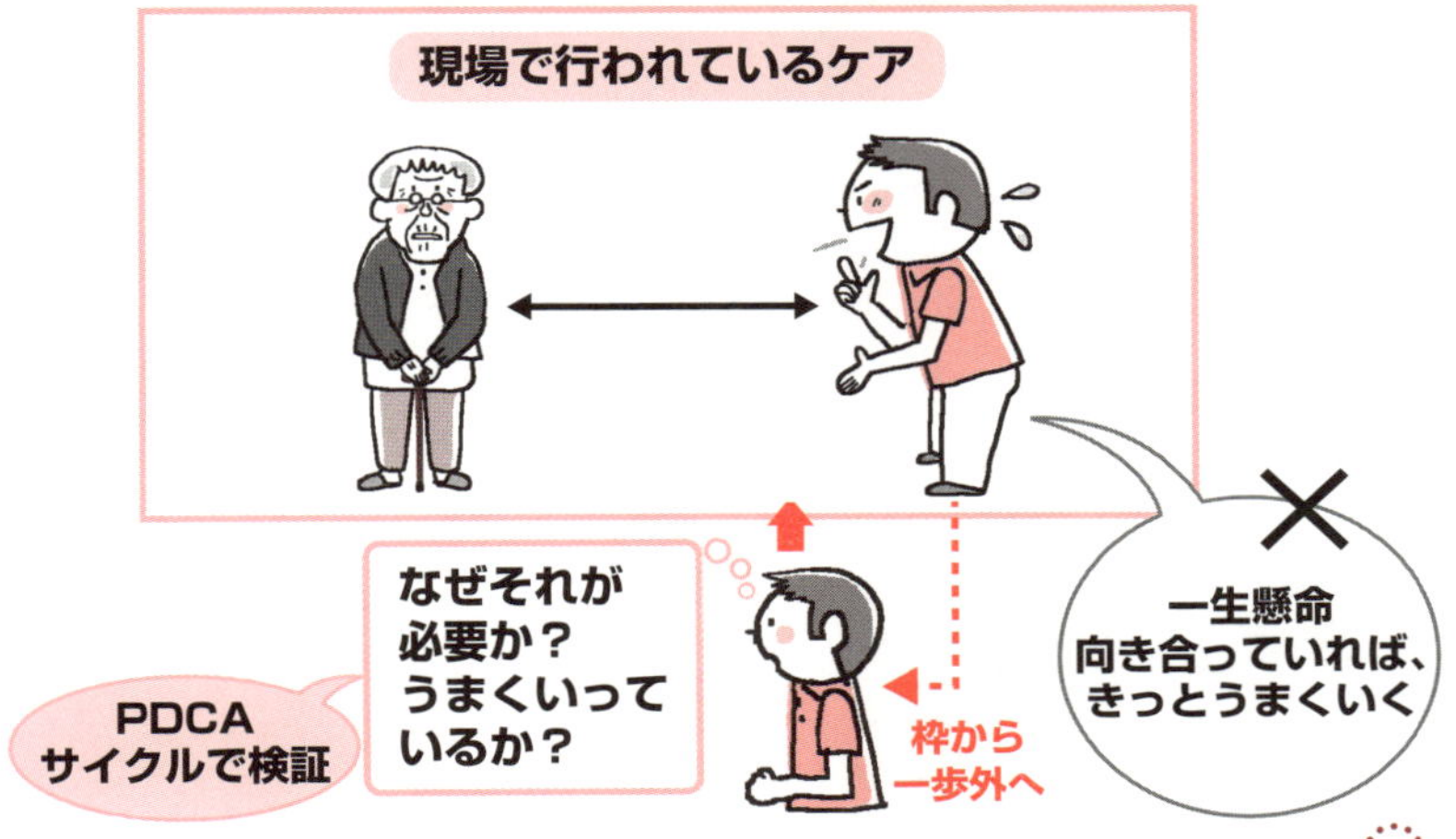

短時間で情報を統合し、PDCAサイクルに乗せる

介護業務において最も大切なことは、事前のアセスメント情報や、その人と対峙するなかで**五感をもって感じとる**情報、チームワークのなかで得られる共有情報など、あらゆる情報をできるだけ短い時間のなかで統合することです。

そのうえで、「この人に対してはどのように接していけばよいか」というノウハウの精度について、スピード感をもって高めていかなければなりません。

つまり、常に「なぜ？　どうして？」という思考をフル回転させながら、「仮説→実行→評価・検証→仮説の修正」というPDCAサイクルを自分のなかに築いていくことが重要になります。これが介護のプロ

五感をもって感じとる
ある事業所では、目や耳だけでなく、「匂い」や「ボディタッチした瞬間の感覚」から、どのような情報が読み取れるかをアセスメントやモニタリングに際して重視し、新人の研修項目にも盛り込んでいる。

としての「頭脳労働」です。

この「頭脳労働」の回路が築けていれば、「なぜ、その介助を行うのか」といった業務の根拠を見失うことが少なくなります。PDCAサイクルでいえば、「評価・検証」を行うなかで常に根拠（エビデンス）という物差しを意識しなければならないからです。

利用者の何気ない生活シーンから「その先の支援」を考えさせる

例えば、ある特養ホームで、一人の利用者が**毎日同じ時間**になると、屋内に飾られた鉢植えの前に行き、伸びすぎた枝や増えすぎた葉株を丹念に積むという習慣がありました。

ごく短時間なので、何気ないシーンと見過ごしてしまいがちです。しかしながら、その行為にどんな意味があるのか、どのような生活観や人生観を表現しているのかという視点で見れば、その後の支援の大きなカギが含まれている可能性があります。

こうした何気ないシーンに対し、マネジメントする現場管理者はビデオや写真に撮っておき、研修の場でスタッフに見せました。そのうえで「なぜ、この人はこの行為を毎日同じ時間にするのか」「ここからどのような支援計画が立てられるか」を、根拠をもって考えさせたといいます。

そこで出てきた支援策には、すでに根拠が宿っていることになります。こうした研修が「なぜ、その業務をするのか」を常に意識させるきっかけになるのです。

毎日同じ時間
長年身体にしみついた生活サイクルは、認知症になってもある程度までは忠実に再現される。そのサイクルがずれることで、BPSDの悪化の原因になることもある。隠れた生活サイクルを早期にキャッチすることが重要といえる。

「なぜ、それをする?」の思考習慣をつける

1.利用者の生活シーンをビジュアルで見せる

メモをとらせる

写真・映像で
見せることで
一歩引いた視点がもてる

2.上記のシーンから、「どんな支援が考えられるか」を話し合わせる

必ず、根拠を
明確にさせる

3.アイデアを支援計画に反映させ実践する

PDCAサイクルに乗せる

↓

「なぜ、それをするのか?」

という思考が身につく

ポイント!

- 関係づくりのタイムラグ（時間差）を埋めるための「考える力」が必要
- ビデオや写真を使い、何気ない生活行為から支援の根拠を探させる

02-03

チャレンジ精神をもたせるためのポイント

根拠をもって打ち出した支援策の「成果」を共有する

利用者の何気ない日々の生活を「重要なこと」としてとらえるには、第1章で述べた洞察力が必要です。また、そこにある「なぜ？」をベースとして支援策を打ち出していくには、課題解決思考力が効果を発揮することになります。

つまり、前項のような研修を行いつつ、同時並行で洞察力や課題解決思考力を高める訓練を行えば、スタッフの**養成が体系化**されてきます。

しかしながら、働くモチベーションを高めるには、こうした実践ごとに確かなリターンを実感させることも必要です。つまり、根拠をもって何らかの支援を行った場合、それが狙い通りの効果を生んだという成果を実感させることです。

特に新人など、自分のなかのＰＤＣＡサイクルがまだ育ちきっていないスタッフに対しては、意識的に「成果を実感させる」機会を設けたいものです。

利用者の何気ない行動から、その人の「役割」を見つけ出す

例えば、あるグループホームで早朝になるとユニット（共有フロア）に出てきて、台所のまわりをうろうろする利用者がいました。

養成が体系化
ある施設の研修担当者は「一つひとつの研修項目について、なぜそれが大切なのかを理解させるのに苦労する。業務の流れをケースとして示しながら、個々の技能がどう活かされているかをていねいに教えていくことが大切」と言う。

具体的な支援策を通じた成果の共有

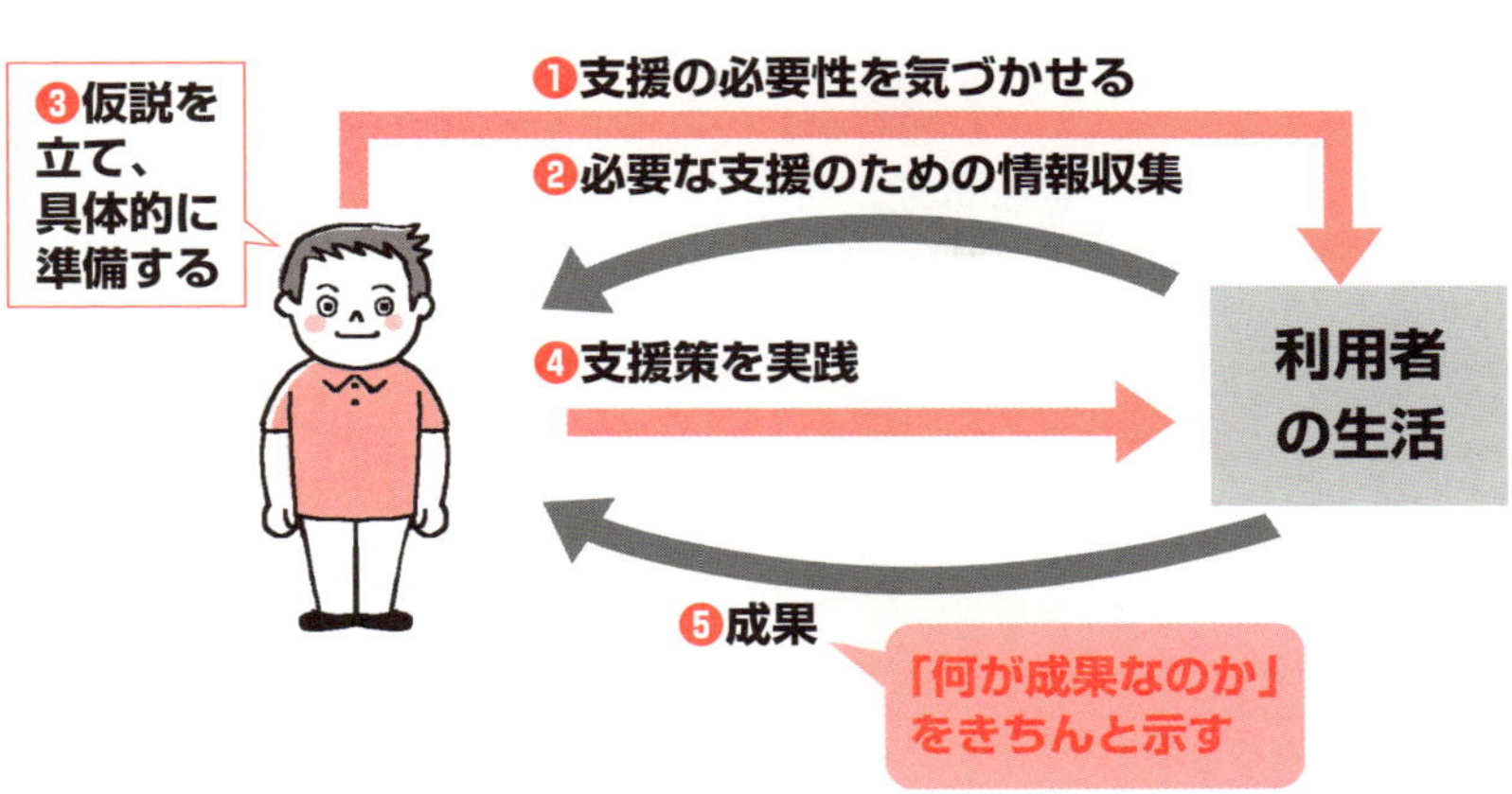
❸仮説を立て、具体的に準備する
❶支援の必要性を気づかせる
❷必要な支援のための情報収集
❹支援策を実践
利用者の生活
❺成果
「何が成果なのか」をきちんと示す

すぐに考えられるのは、長年の生活習慣から「早朝になると台所で米をとぎ、**朝ごはんの支度**をする」という行動が身体に染みついているという点です。

ある程度のベテランになれば、その人の生活歴などをチェックしつつ、家族などへのヒアリングを通じて「朝ごはんの支度」という見方を確定させるでしょう。

そのうえで、その人が起きてくる前に、米びつや炊飯器などを台所に用意しておき、その人の過去の生活習慣のままに作業をしてもらうといった仕掛けができます。

これによって、その人の役割を増やし、それを「やり遂げた」ことが安心感につながって不穏な気持ちを和らげる効果も期待できます。安心感から、もうひと寝入りすることで、日中の活動量を増やすことにつながるかもしれません。

朝ごはんの支度
主婦経験がある女性利用者だけでなく、男性利用者にも早朝の「ごはんの支度」の習慣が身についているケースもある。例えば、元職人の利用者が、見習い時代に先輩の朝ごはんをつくるのが仕事だったなどということもあった。そのあたりの生活歴もきちんとつかんでおきたい。

ベテランスタッフが何もかもやってしまうのはもったいない

ただし、こうした過程をベテランスタッフが独占するのは、もったいないといえます。❶生活歴をチェックし、❷家族にヒアリングをし、❸台所の準備をして、❹その後の状況を評価する――この流れを新人スタッフと一緒に行う機会をもちたいものです。

介護現場にまだ不慣れな新人スタッフの場合、利用者の行動に対してそのつど対応する（つまり、即興型）という業務が、「介護」だと思い込んでいることがあります。

それに対し、あらかじめ仮説を立てて、事前のリサーチを行い、利用者が行動を起こす前に仕掛けをしておくというのは、人によっては斬新だと感じるでしょう。

その結果、利用者の**日中活動量**が上がったり、「役割」を果たすことで表情がいきいきとしてくれれば、新人スタッフにとってはまさに魔法を見るような感覚になるかもしれません。それだけ驚きが大きいとともに、新鮮な感動が芽生えてくるはずです。

こうした感動を一回味わえば、ほかの利用者に対してもできるのでないかというチャレンジ精神が生まれます。

利用者のちょっとした行動などへの関心が高まれば、洞察力も上がり、それがまた自分の技能向上を自覚させる機会になります。こうして、自分の仕事に対する興味・関心がどんどん高まっていくわけです。

日中活動量
日中の活動量を客観的に量るうえで、利用者がそれぞれの時間帯にどこで何をしているかを「24時間シート」に記録している事業所も多い。何となく見過ごしてしまう日中の様子も、シートに記入することで具体的に浮かび上がってくることがある。このように「生活を目に見える」化していくことも、職員の視野を広げるうえで重要なポイント。

「成果」を実感させるための仕掛け方

1.利用者の生活から「支援」のタイミングを教える

自ら「主体的な意思」で
生活の1シーンを
形成していく場面

2.どんな支援が必要かを考えるための材料収集のヒントを与える

その人の生活歴？

家族からのヒアリング？

ほかのスタッフからの情報？

ADL状況や
認知・医療の
情報が必要なケースも

情報の多角的収集が大事であることを教える

3.やってみたあとの「成果」を客観的指標で示す

例
・台所に立つ回数が増えた
・自分だけでなく他者にもお茶をふるまう

ADLの改善・日中活動量の増加

最終的には
人事考課
にも反映

ポイント！

- リサーチから仕掛け、効果の検証までを、管理者やリーダーが新人スタッフと一緒に行う
- 目に見える効果が実感できることで、次への挑戦心が生まれる

02-
04

利用者を見る際のポイントを一覧にする
スタッフの「ケアプラン」を作成する

一つの支援経過のなかで結果が出てくると、「その次」に向けた意欲が高まります。ただし、ここで注意しなければならないのは、自分のなかのPDCAサイクルを駆使してもなかなか結果が出てこないケースもあるということです。

その多くは、評価・検証において必要なモニタリング情報に偏りがあり、効果的に**仮説を修正**していくための材料が乏しいことに原因があります。

スタッフのPDCAサイクルをチェックすることはままならない

あるグループホームに食事量がなかなか増えない利用者がいました。そこで、新人スタッフが「その人の好きな食材や献立は何だろうか」という視点から改善を図ったのです。しかしながら、食事量が増えないというのは、本人の嗜好だけでなく、口腔機能や**嚥下機能**の衰え、体内の消化リズム、あるいは「他者に見られながら食べるのは嫌だ」という生活観の課題など、さまざまな要素が絡み合っているものです。

マネジメントする者としては、そのあたりを適宜指摘していくことが必要ですが、そのつど対応していくとなると、時間もかかり、結果的にタイムラグが大きくなります。

仮説を修正
仮説を立てるうえでの材料（モニタリングの視点）が乏しいと、「いくらやってもうまく行かない」という思いだけが強くなり、職員の無力感を助長してしまうこともある。管理者としては、「なぜその仮説が出てきたのか」という部分を入念にチェックし、背景となる情報で足りない視点があったなら、そのつど指摘していくことも望まれる。

スタッフの「足りない視点」「もっと伸ばせる視点」を検証

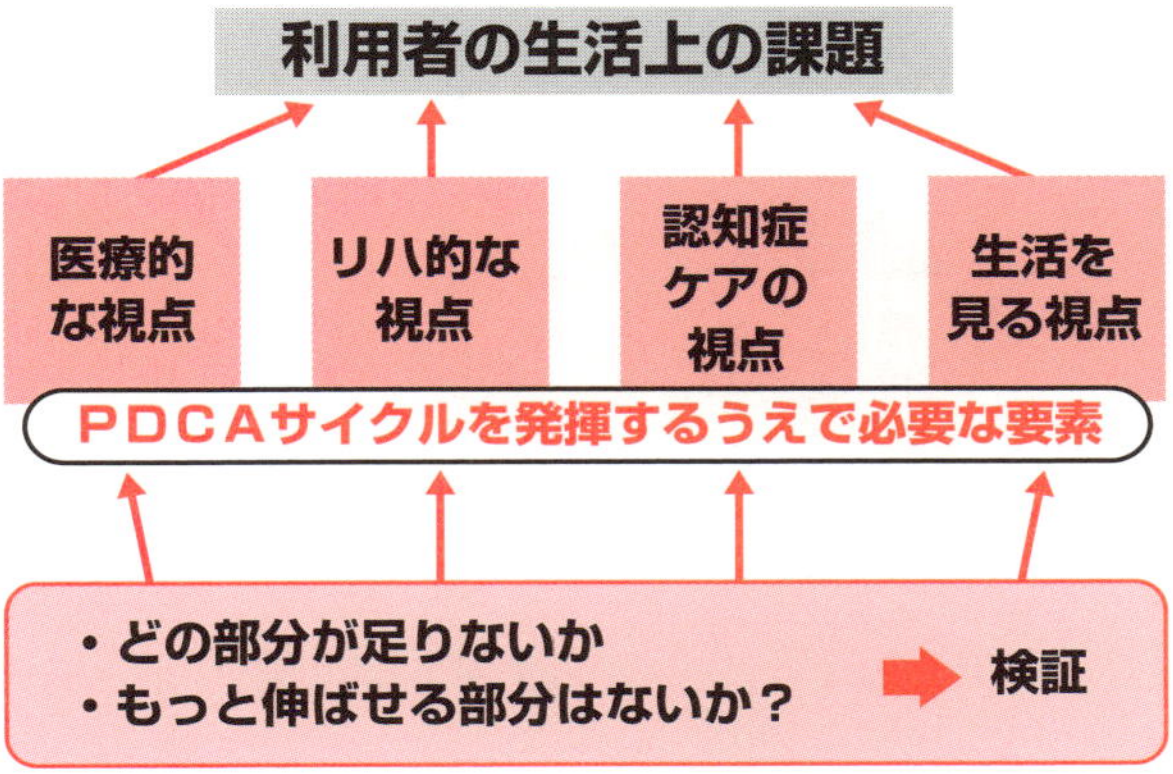

現実問題として、介護現場は恒常的な人手不足で、個々のスタッフのPDCAサイクルをそのつどチェックしていくことはままなりません。大きなタイムラグが利用者の状態像に影響を及ぼすことを考えれば、リスクも大きくなります。

そこで、「その新人スタッフにとって足りない視点は何か」「どうやって伸ばしていけばよいか」という課題を、計画的に克服する手段が必要です。

評価・検証に際して、抜け落ちてしまいがちなポイントを探る

こうしたテーマに対し、関西のD施設では、利用者のケアプランを応用した、「スタッフのためのケアプラン」を、ここ数年作成しています。

まず、物差しとして、利用者の状態像を

嚥下機能の衰え
嚥下機能の衰えについては、「むせることが増えた」という現象を取り上げるだけでなく、普段の嚥下状態をどこで確認するかというチェックポイントを教えておくことが必要。都内のある施設では、「飲み込み」の動作をVF画像にして見せ、外から見た場合、どのあたりの筋肉の動きに着目すればいいかという研修を行なっている。

見る際に、どこに視点を置けばよいかというポイントをあらかじめ一覧にしておきます。既往歴、疾患・服薬、バイタル、ＡＤＬ、認知、口腔機能、生活歴、家族状況……など、介護職であるならば必須という視点をまとめ、日常業務で仮説の評価・検証を行う際には常にこれらの視点と照らし合わせながら、仮説の修正を行う習慣をつけさせます。

そのうえで、スタッフと定期的に面談を行います。目的は、先の視点のなかでどうしても抜け落ちてしまいがちなポイントは何かを確認することです。

あらかじめ当人に**自己評価**を出してもらったうえで、面談で３段階の評価を行います。Ａランクは、当人も面談者（管理者）も「視点が備わっている」ポイント。Ｂランクは、当人は「備わっている」と思っても面談者が評価していないポイント。Ｃランクは両者とも「備わっていない」という評価を下したポイントです。

ここで重要なのは、Ｂランクです。Ｃランクであれば自覚があるわけですから、継続的に視点を備える努力をしてもらえばいいのですが、Ｂランクのように当人と面談者の評価にズレがあると、意識的な努力を怠りがちになります。

その結果、「自分ではどこが悪いのかわからない」という心理が生まれ、業務を迷走させかねません。つまり、このＢランクを課題とし、それを補うためには何をすればよいのか、組織としてどんな支援をすればよいのかを「支援計画」としていくことが大切です。

自己評価
自己評価と管理者評価のズレが少ないということは、それだけで「自分を客観的に振り返る」習慣ができていることを示す。よって、「できている」「できていない」という点だけでなく、ズレの多少という部分を人事評価の一つの基準に定めておきたい。

スタッフの「ケア視点」育成のための定期面談

1.利用者を見る際の「目のつけどころ」を一覧に

1	2	3	4
生活歴	家族状況	既往歴	ADL

→ アセスメントの項目に沿って整理

2.どの部分が十分か、あるいは足りないかを自己評価

○……自分では「十分に備わっている」と思う
×……自分では「まだ備わっていない」と思う

3.自己評価と管理者評価を照合してランクづけ

A……自分でも管理者も「備わっている」
B……自分では「備わっている」
管理者は「まだ不十分」
C……自分でも管理者も「備わっていない」

面談では特にBの部分をすり合わせる

↓

そのスタッフの課題がどこにあるかを探る

ポイント!

- 新人スタッフにとって「足りない視点」をカバーするようなマネジメントを行う
- 自己評価と管理者評価がズレている点を「克服すべき課題」とする

02-05

賃金プラス達成感をセットにする
処遇改善加算もからめ、スタッフの「プラン」を活かす

平成24年度に誕生した**介護職員処遇改善加算**ですが、現場の人手不足感が高まるなか、平成27年度および平成29年度の介護報酬改定で、たびたびの拡充が図られました。平成29年度改定（期中改定）では、新要件による新たな加算区分を含めて、五つまで区分が増えています。もっとも高い加算（新Ⅰ）を取得するには、新たに設けられた**キャリアパス要件**を含めて、以下の三つを「すべて満たす」ことが必要となります。

①介護職員の職責・職務内容等に応じた任用要件と賃金体系を整備すること。②介護職員の資質の向上に関する計画を策定していること。③経験もしくは資格等に応じて昇給するしくみ、もしくは、一定の基準にもとづき定期に昇給を判定するしくみを設けること。

賃金の改善のみならず、「現場における働き方」や「昇給のための基準」、さらには「職員の資質向上のための方策」を明らかにすることを求めているわけです。

達成感と賃金改善をセットにしながらモチベーション向上を

さて、この介護スタッフの職責・昇給基準の明確化や資質の向上ですが、その実効性を高めるのなら、スタッフ一人ひとりの個別計画を連動させなければなりません。

介護職員処遇改善加算
なお、平成30年度改定では加算は拡充されず、加算率が低いⅣ・Ⅴを将来的に廃止することが示された。両加算の取得率が低いということもあるが、Ⅰ～Ⅲの取得をうながしつつ、介護職員の「働き方」の改善をさらに進めることが目的となっている。

キャリアパス要件
上記の三つのキャリアパス要件以外としては、賃金改善計画の策定と遂行、および「労働環境・処遇の改善」などの職場環境にかかる要件がある。

スタッフのためのケアプランと職務評価を連動させる

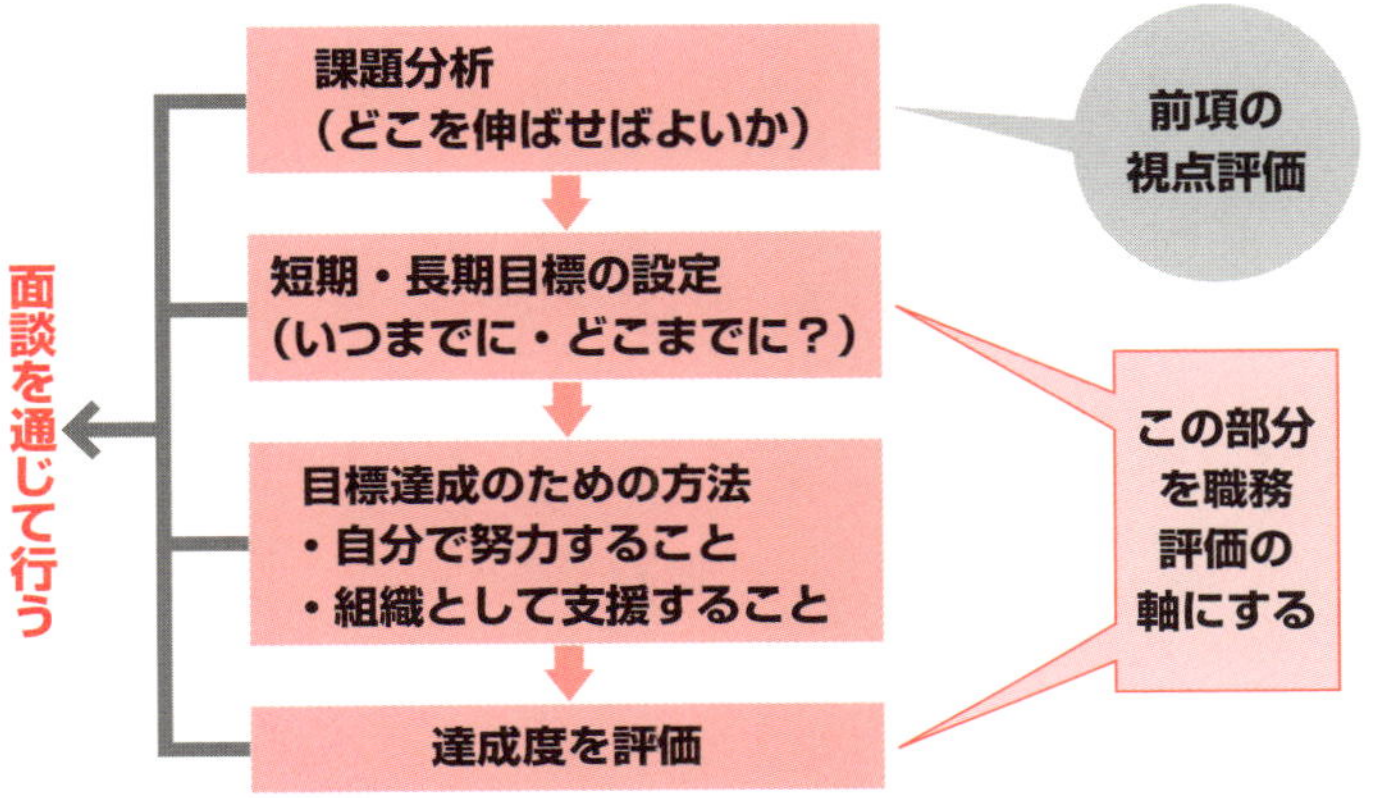

この個別計画ができて、それを実施するなかで賃金改善が図られていけば、スタッフには「どうすれば賃金が上がるのか」という昇給基準を自分に照らしやすくなります。この個別計画の一つのツールとして活用したいのが、先のスタッフのためのケアプランです。

　このプランは、何を努力し、組織が何を支援すれば、具体的な目標達成ができるかを描いています。目標達成に向けた道筋を明らかにしたうえで昇給基準とリンクさせれば、達成感というリターンが賃金改善とセットで行われるわけです。

　介護スタッフは、もともとの**賃金が平均的に低い**だけに、多少の賃金改善だけでは直接的にモチベーションを高めることは難しい可能性もあります。そこに達成感をセットにすることができるかどうかが大きな

賃金が平均的に低い
厚労省の「平成30年度介護従事者処遇状況等調査」によれば、処遇改善加算Ⅰ～Ⅴを取得している事業所・施設で、介護職員（常勤・月給の者）の月あたり平均給与ははじめて30万円台に乗った。ただし、在宅系やGHなどでは依然として30万円未満のうえ、平均基本給額（常勤）は18万円台にとどまっている。

ポイントといえます。

スタッフのためのケアプランを機能させる三つのステップ

ちなみに、このスタッフのためのケアプランを機能させるには、❶足りない視点を伸ばしていくためには何が必要なのかをきちんと課題分析すること、❷目標達成の期間を明確にし、そこで達成できたのかどうかを客観的に測定すること、❸達成できていなければ何が支障をもたらしているのかをモニタリングすること——が必要です。

例えば、ある通所事業所で利用者の食が進んでいないというケースがあり、口腔機能の状態が大きくからんでいました。介護スタッフとしては、そのことに気づいた場合に、**歯科衛生士**や言語聴覚士からアドバイスを受けることが重要になるわけですが、口腔ケア系の専門職との連携がうまくとれないと情報の共有も図りにくくなります。

つまり、ここに潜んでいる課題としては、歯科系、リハビリ系の専門職との連携が十分にとれていないことがポイントなのです。

これを改善していくには、口腔ケアにかかる知識を習得することと、異なる専門職とのコミュニケーションの向上が求められます。組織としては、多職種によるカンファレンスなどへの参加を支援することが方針となるでしょう。面談で、こうした課題を浮き彫りにしていくことができるかがカギとなります。

歯科衛生士
もともと介護保険施設では、歯科医師の指示を受けた歯科衛生士から介護職員が口腔ケアにかかる技術的助言・指導を受けた場合に、口腔衛生管理体制加算が取得できる（歯科医師からの直接の助言・指導でもOK）。平成30年度の報酬改定では、この加算が介護付き有料ホームやGHなどの居住系サービスにも拡大された。

スタッフのためのケアプラン（キャリアプラン）―つくり方の一例

氏名	部署	入職
○山△男	（具体的な職務も）	○年 ○歳

①本人の意向

（この職場で、どのようなキャリアを身につけたいか）

本人に書かせることで「キャリア」への意識が高まる

②本人の「視点」評価

・Aランクのもの	・Bランクのもの	・Cランクのもの

面談で得た表を整理して記載する

③課題分析

（意向達成のためには、何を伸ばせばよいか）

管理者と話し合いながら課題を明らかにする

④長期・短期目標の設定

（どうなれば、③が達成できたといえるのか）

⇩

ステップを踏んで、目標達成までの道筋を記す

（例）

・認知症ケア専門士の資格を取得する

・指導者研修を受けて、周辺症状緩和のための相談が受けられるようにする

達成時期も明確にする

昇給要件・基準とリンクする内容があれば、それも明記する

⑤目標達成の評価

・客観的な評価基準を意識する

・達成できていない場合は「なぜか？」を記す

ポイント！

- スタッフのためのアケプランを使って、処遇改善加算の効果を高めよう
- 1人ひとりの介護スタッフについて、本当に足りないものは何かという課題分析がポイント

02-06

組織内の処遇バランスをどうとるかがポイント 令和元年施行の新処遇改善にかかるマネジメント

72ページで、介護職員処遇改善加算（以下、処遇改善加算）に絡めた「スタッフのキャリアパス」の話をしました。加えて頭に入れておきたいのが、令和元年**10月の消費増税**に合わせて施行される新しい処遇改善策（以下、特定処遇改善加算）です。

この特定処遇改善加算は、現行の介護職員処遇改善加算のⅠ～Ⅲを取得していることが前提で、これに上乗せされる形となります。加算はⅠとⅡの2区分で、Ⅰの方が加算率は高くなります。このⅠを取得するためには、**サービス提供体制強化加算等**の「もっとも上位の区分（介護福祉士の配置がもっとも厚い区分）」を算定していることが条件です。

「経験・技能のある介護職員」が主ターゲット

この新加算と現行の処遇改善加算を比較した場合、特徴的なのは以下の2点です。

一つは、「経験・技能のある介護職員」の処遇改善を主な目的としたことです。この場合の「経験・技能のある介護職員」とは、「勤続10年以上の介護福祉士」を基本とし、「勤続10年」の考え方については、ある程度**事業所の裁量**に任されることになっています。

ただし、「経験・技能のある介護職員」の処遇改善を前提としたうえで、それ以外の職

10月の消費増税
令和元年10月の消費増税により、介護報酬や区分支給限度基準額もわずかながら引き上げとなる。利用者に対しての「利用料引き上げ」にかかる説明も必要に（本項では、消費増税が令和元年10月に行われることを前提としている）。

サービス提供体制強化加算等
訪問介護では特定事業所加算のⅠまたはⅡの取得で判定。サービス提供体制強化加算以外でも、介護付き有料老人ホームでは入居継続支援

新加算（特定処遇改善加算）の取得要件

1．介護職員処遇改善加算（平成29年度改定で拡充されたもの）のⅠ～Ⅲを取得
2．上記処遇改善加算の取得に必要な「**職場環境等要件**」（賃金改善以外）の取組みを複数行っていること
3．2の取組みについて、HPへの掲載等を通じた「見える」化を図っていること

・職員の資質向上の取組み
（介護福祉士受験のための実務者研修の受講支援など）
・労働環境・処遇の改善
（職員の負担軽減のための介護ロボット導入など）
・その他
（非正規職員から正規職員への転換、職員増員による業務負担軽減など）

↓

特定処遇改善加算Ⅰを取得する場合
（Ⅱは、原則Ⅰ×90%）

↓

介護福祉士の配置要件
サービス提供体制強化加算のもっとも上位の区分を算定していること。訪問介護の場合は、特定事業所加算Ⅰ or Ⅱなど

員にも加算を配分することができます。そして、もう一つの特徴というのは、この「それ以外の職員」のなかに「介護職以外の職種」も含まれたことです。

注意したいのは、この配分の方法です。各事業所の考え方にもよりますが、大きく分けると以下の三つの方法が想定されます。①「経験・技能のある介護職員」のみへの配分、②「経験・技能のある介護職員」＋「それ以外の介護職員」に配分、③②に加えて「それ以外の職種」にも配分する、という具合です。

注意したいのは、いずれのパターンをとる場合でも、「経験・技能のある介護職員」への配分をもっとも厚くしなければなりません。また、「経験・技能のある介護職員」のうち、少なくとも1人は以下の条件を満たすことが求められています。

加算、特養ホームでは日常生活継続支援加算を算定していれば高い区分の算定対象となる。

事業所の裁量
勤続10年以上の介護福祉士を基本とすることに変わりはないが、他法人での経験で通算したり、事業所で定めた能力評価の基準と照らして同等の能力があると判断するのでも構わない。つまり、事業所内に「勤続10年以上の介護福祉士」がいない場合でも算定することはできる。

それは、この加算によって「月額8万円の賃金改善」が行われること。もしくは、「改善後の賃金が年額440万円以上」となることです。この年額440万円というのは、役職者を除く全産業の平均水準にあたります。

「判定基準」をガラス張りにできるかがポイント

注意したいのは、「経験・技能のある介護職員」の考え方が事業所裁量に任されるなかで、「なぜ、この人の賃金アップだけが突出するの?」というもやもや感が、組織内に生じる可能性です。特に**小規模な事業所**では、今加算の恩恵を受ける人が極めて限られてくる可能性もあります。そうなったとき、職員全員がきちんと納得できるような処遇バランスをとり、その根拠が説明できるかどうか。このあたりのマネジメントが問われてきます。

「個別の賃金改善額は個人情報でもあるから、その成り行きについて全体に説明するのは難しい」と思われるかもしれません。もちろん、誰が(経験・技能のある職員に)該当するのかを明らかにするのは無理としても、少なくとも「どのような人を対象にするのか」という「判定基準」を明らかにする必要はあるでしょう。

昇給基準などは、トップダウンで決められることが多いと思われます。しかし、今回の新加算にかかる「判定基準」は、できれば現場職員で構成される**特別委員会**などで(少なくとも)たたき台をつくるといった工程をもつことが望まれます。

小規模な事業所
小規模事業所の場合、加算額が少額で「月8万円の賃金改善」or「改善後の年収440万円以上」の職員が設定できない可能性もある。その場合は、合理的な説明が求められる(実績報告書にも、その旨を記す項目あり)。

特別委員会
本来、賃金体系や人事評価基準の設定については、現場職員側も提案できる場が求められる。人材不足に悩む業界であればこそ、これからは処遇に関しても、現場の意見を法人側が「きちんと聞く」という風土が望まれる。

特定処遇改善加算の配分方法

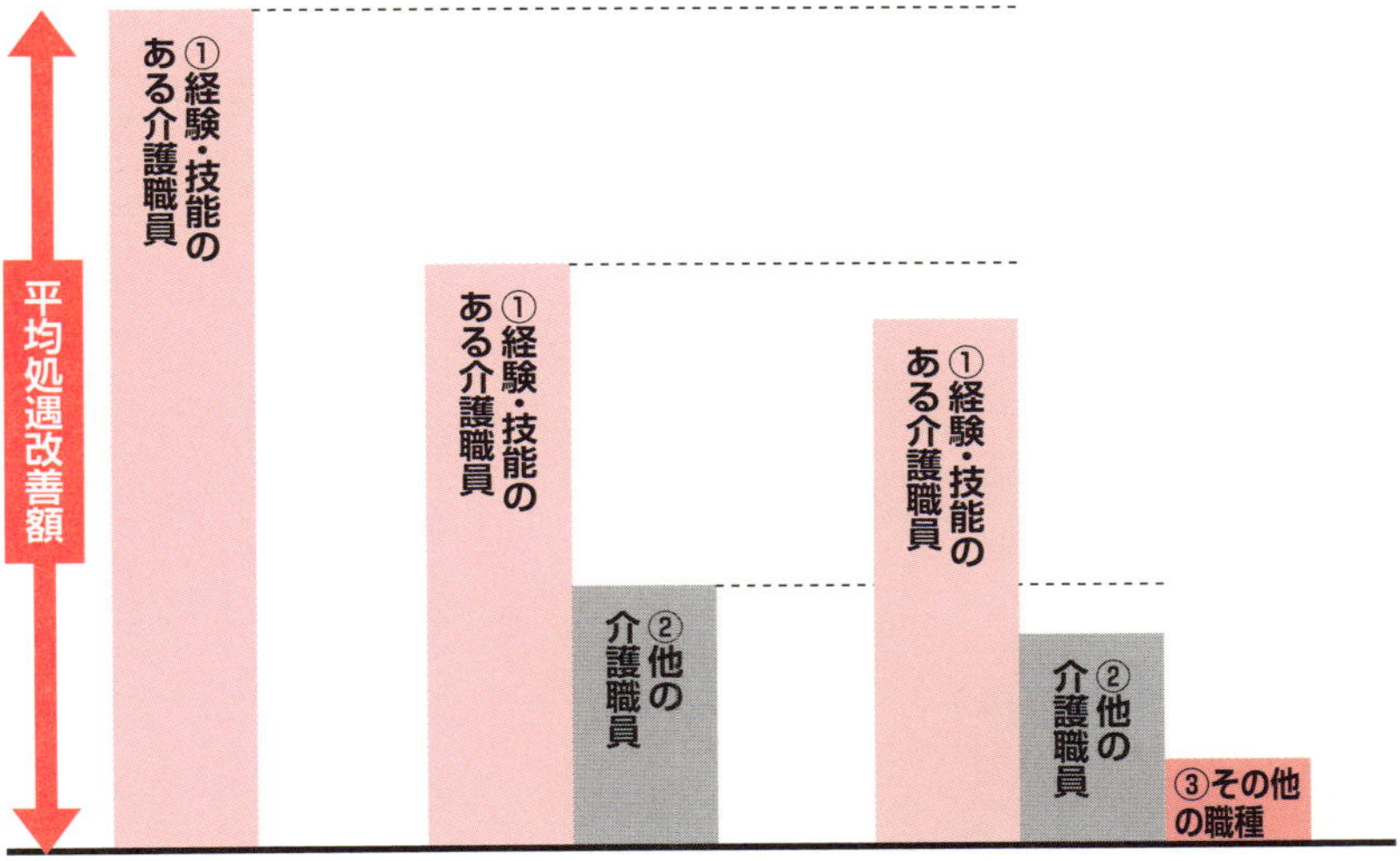

Aパターン

1人以上は、以下のaまたはbの要件を満たすこと
a：月額平均8万円の賃金改善、b：改善後の見込み額が年額440万円以上

Bパターン

①の賃金改善の平均が、②の賃金改善の平均の2倍以上になるようにすること

Cパターン

②の賃金改善の平均が、③の賃金改善の平均の2倍以上になるようにすること（ただし、改善後の賃金が②>③の場合は、満たさなくてもOK。なお、③の賃金改善後の見込額が年額440万円を上回らないようにする）

マネジメントのポイント

- Aパターンの条件を満たす「経験・技能のある介護職員」をどのように設定するか。その基準を全職員にきちんと説明できるか
- ②、③の職員への配分の基準について、全職員が納得できるような設定や説明ができるか？

ポイント！

- 新設される特定処遇改善加算について、その要件や配分ルールをしっかり押さえよう
- ルール内での配分について、全職員が納得できる基準を委員会等で話し合ってみる

02-07

疲れているスタッフに対する方策
疲れていることを自覚させ、評価をきちんと行う

個別計画をもってスタッフの「成果取得」の力を伸ばしていこうとしても、設定目標の通りになだらかに進捗していくとはかぎりません。

介護業務は、利用者の状態や実務的・環境的な要因（例……介護事故等が発生した場合の実務など）によって、急な**残業**が生じたり、リーダークラスが**休日出勤**しなければならないといったケースが往々にして起こりがちです。

そうしたなかで、肉体労働、頭脳労働、感情労働という多様なスキルを求められるとなれば、どんなにタフな人間でもエネルギーを枯渇させてしまう可能性が高まります。一晩ゆっくり寝たり、十分な栄養をとるだけでは疲労回復が追いつかなくなるわけです。

なかなか自覚することが難しい「心のエネルギー」の疲弊

最も注意しなければならないのは、感情労働にかかる「心のエネルギー」の疲弊です。肉体的・頭脳的な疲労というのは、割と自覚しやすく、そのつど身体や頭を休めるという対処が自分でも行いやすいといえます。

ところが、感情労働にかかる「心のエネルギー」の疲弊というのは、なかなか自覚する

残業・休日出勤
働き方改革関連法が、平成31年4月より順次施行されている。残業に関しては、残業時間の上限がはじめて法律で規制された（常時使用する労働者数が100人以下などの中小事業所については、令和2年4月施行）。原則となる残業時間は月45時間・年360時間まで。臨時的な特別な事情があっても、年720時間以内、複数月で平均80時間以内（※）、月100時間未満（※）となる（※は休日労働含む）。また、事業所に対して、「労

介護業務に必要な「三つの要素」とそのバランス

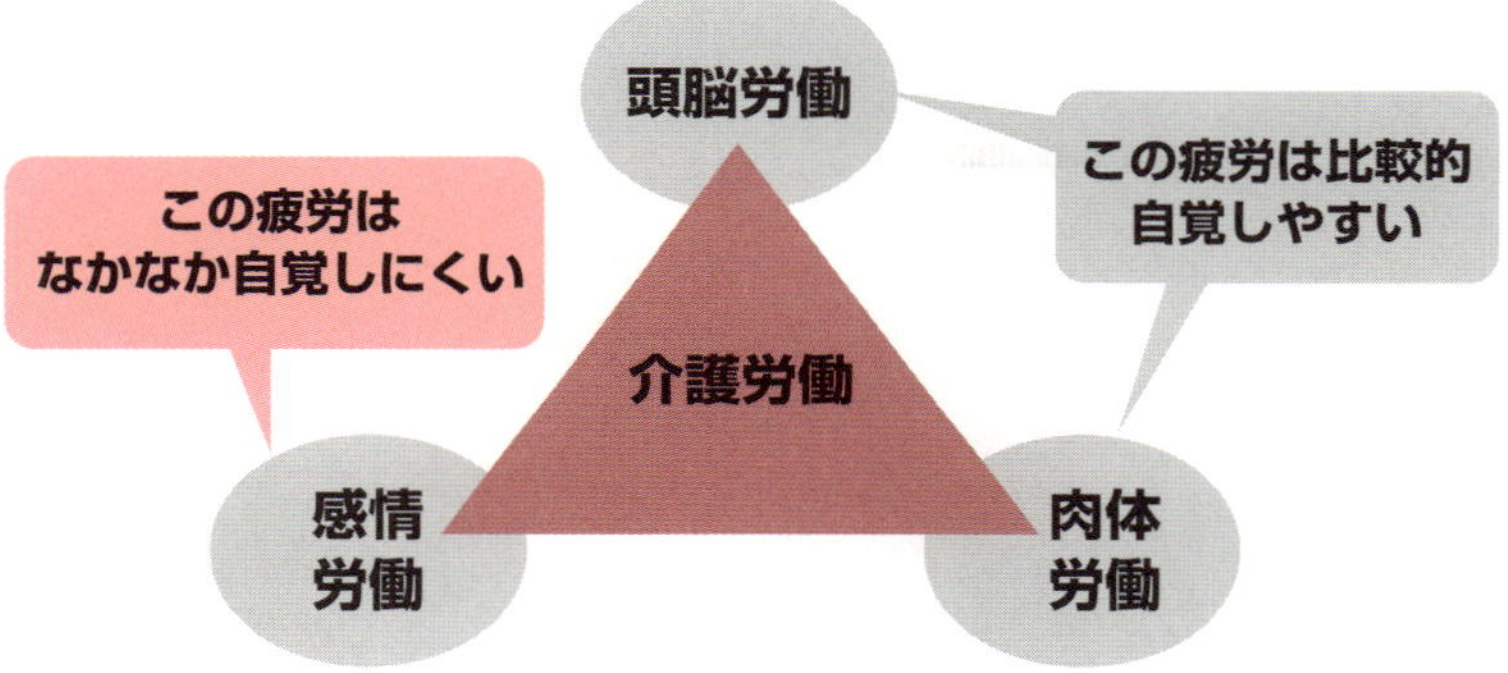

のが難しい要素です。

例えば、利用者や家族と対話しながら、共感の心を前面に押し出し続けるというのは、実は大変なエネルギーを消費します（筆者は、はじめて現場に入職したスタッフから「こんなに疲れると思わなかった」という言葉をよく聞きます）。

このエネルギーの疲弊が進んでいくと、心の状態が不安定になります。例えば、わけもなくイライラしたり、むやみに**涙腺が緩く**なってしまうのは、心のエネルギーが相当に磨滅していることを表しています。

このあたりの自覚がないと、自分は普通に接しているつもりでも、対峙する利用者の心を傷つけたり、怒らせたり意欲低下を誘ってしまったりします。そのため、原因がわからないまま、個別計画に記された目標達成が危うくなってきます。

働者に対する年5日間の年次有給休暇の付与」や「労働時間の客観的な把握」を義務づけている（こちらは、中小事業所も平成31年4月から）。

涙腺が緩くなる うつ病の兆候として、無意識のうちに精神状態が不安定になる点があげられる。特に女性の場合、大きな理由もなく泣いてしまうなどの光景が見られる。こうした状況を管理者としてもきちんとチェックしておきたい。

いつもと違う声のトーン、表情などをチェック

客観的な立場に立てる管理職としては、各スタッフの勤務時間等を把握しつつ、現場において、当人の「心のエネルギー」の状態を集中的にチェックすることが必要です。

例えば、**現場をラウンド**しながら、いつもと比較して「声のトーンが高い」（あるいは低い）とか、「表情の変化が乏しい」というスタッフを見かけたら、心のエネルギーが磨滅しないうちに、声をかける必要があります。

まず必要なのは、心のエネルギーが低下していることを、そのスタッフ自身に自覚させることです。当人としては、自分の評価を下げたくないので、最初は認めたがらないかもしれません。そこで、「介護現場で働いている以上は、心のエネルギーの磨滅は誰にでも定期的に訪れること」をきちんと説明します。

そのうえで、「あなたはここまでよくやっている」という**プラスの評価**を行います。過去の成果がすでに明らかになっている場合でも、もう一度それを取り出して再度評価をすることが大切です。これだけでも心のエネルギー修復に役立ちます。

必要とあれば、一定期間、利用者と直接対峙する業務から外れ、シフト変更することも考えます。その場合、やはり「例外なくそういったローテーション変更は行っている」ことを告げ、評価を下げる要因ではないことを明確にしておきましょう。

現場をラウンド
利用者の状態・リスク把握という点でも、1日1回は管理者による現場ラウンドが必要。何らかの要因で、一時的に職員の残業時間などが増えている場合は、対象となる職員へのヒアリングを集中的に行いたい。

プラスの評価
関東のある訪問介護事業所では、利用者の重度化傾向が高まると同時に、ヘルパーの離職率が高くなった。そこで、利用者家族からの声をもとに「ヘルパー一人ひとりのプラス評価」を取り上げ、定期的に本人に伝えたところ、離職傾向が落ち着いたという。

「心のエネルギー」の疲弊をフォローするには

1.現場をラウンドして、スタッフのエネルギー変化をチェック

こんな点に注意

- ・声のトーンがいつもと違う
- ・表情の変化が乏しい
- ・頻繁に首を回したり肩を上下させる
- ・動作がいつもより緩慢である

2.あらかじめ「心のエネルギー低下」を自覚させておく

ポイント

- ・心のエネルギー低下は自覚しにくい
- ・介護職なら、誰でも起こりうる
- ・他者が気づくことも多いので注意して見る

3.「心のエネルギー低下」をきたしている人へのフォロー

その人の業務評価を行う → プラス面の評価を強調 → 面談しつつシフト変更を考える

職務評価を下げるものではないことを強調する

ポイント!

- ●職員の勤務時間を把握し、現場をラウンドしつつ、疲労がピークに達しない前に声かけをする
- ●それまでの成果をもう一度確認し、プラス評価を前面に出しつつフォローする

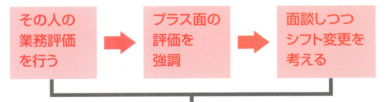

02-08

組織内の人間関係のフォロー

キーマンを見つけ、人間関係のバランスを再構築する

今、介護現場では、スタッフ間の関係にも大きなトラブルの芽が宿っています。

介護労働安定センターが実施した「平成29年度介護労働実態調査」を見ても、「直前の介護の仕事を辞めた理由」のトップに「**職場の人間関係に問題**があったため」という項目があがっています。「収入が少なかったため」という賃金面の不満を上回っている点を見ても、介護現場の厳しい人間関係の状況が見てとれます。

業界・業態を問わず、会社内・組織内の「いじめ」のような状況は共通する課題ですが、介護現場の場合、前項で述べたように「感情労働をつかさどる心のエネルギー」が減退しやすいという特徴があります。つまり、感情の不安定さが、連鎖的にチーム内の空気をギスギスしたものにし、結果的に「他者を疎みやすい」あるいは「コミュニケーションがうまくとれない」といった傾向が生まれるわけです。

はっきりとしたいじめや対立が表に出てこないことも

チーム内の有効な連携が利用者の事故や意欲低下を防ぐことを考えれば、職場内の人間関係の円滑化は重要なテーマとなります。

賃金面の不満

平成29年度介護労働実態調査では、「職場での人間関係等の悩み、不安、不満等」について尋ねた項目がある。「感じている」という回答でもっとも多いのは、「部下の指導が難しい」（22・3%）、次いで「自分と合わない上司や同僚がいる」（20・4%）、「ケアの方法等について意見交換が不十分である」（20・3%）と続く。人間関係の悩みについては、リーダークラスの「対部下」という部分も注意が必要だ。

なぜ「仲間を疎外する」行動が生まれるのか？

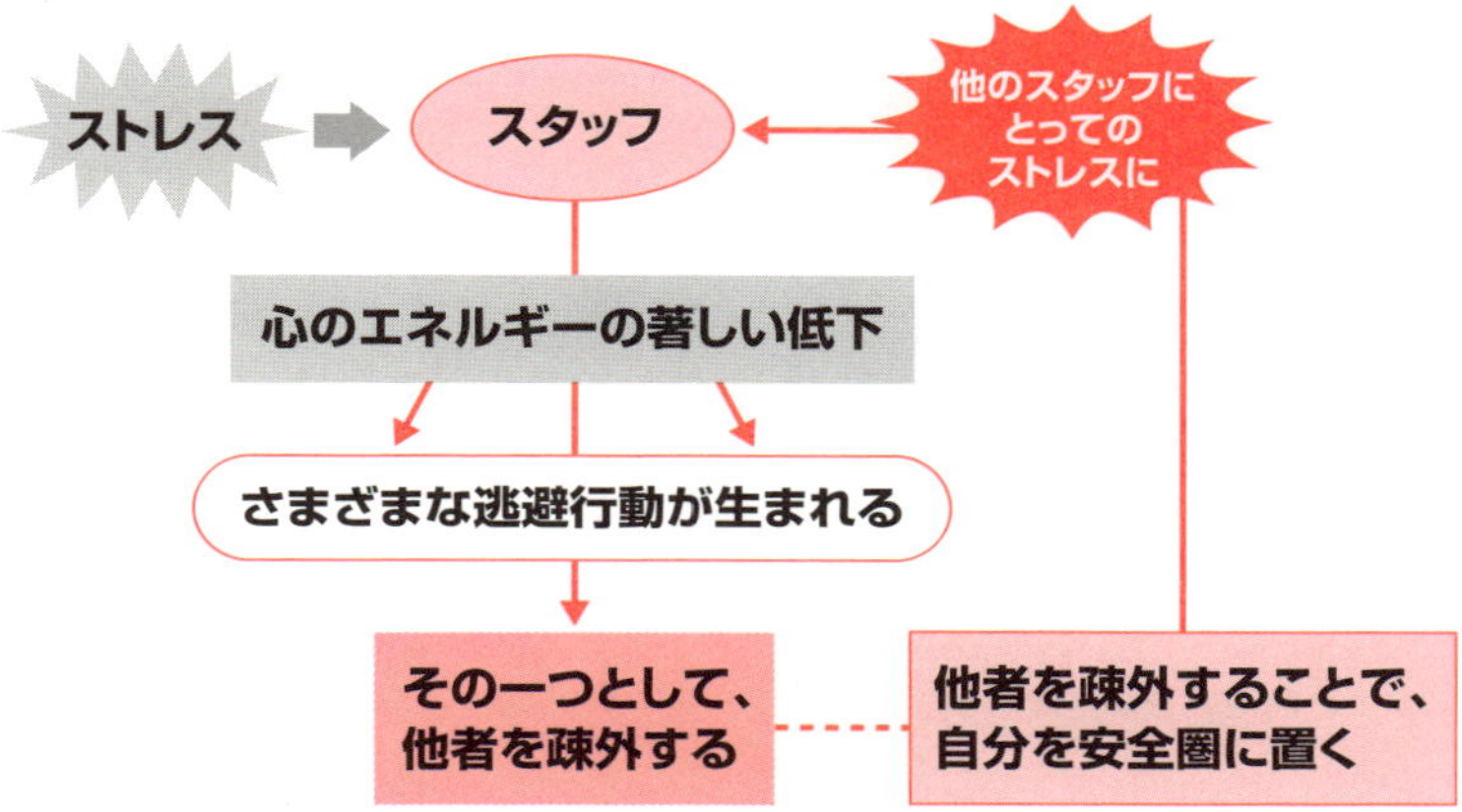

まず、必要なのは、**人間関係の実態把握**です。的確に把握することで、トラブルの原因はどこにあるのかを探ります。

例えば、ある施設で厳しいストレスからの逃避行動で、仲間を疎外するというケースがありました。その場合、疎外している側を責めても根本的な解決にはならず、過剰なストレスを呼び起こす原因を取り除いていかなければなりません。

難しいのは、「何となく〝空気〟が悪い」と感じても、いじめや仲間同士の対立といった具体的な状況が表に出てこないケースです。特に、昨今は**SNS**などを使い匿名で特定の人を攻撃するパターンもあり、人間関係上の問題がますます潜在化する傾向が強まっています。

疎外されている側の心のエネルギーが落ち込めば、上司に相談する気力もなくなり

人間関係の実態把握
スタッフ間の人間関係をきちんと把握することにより、あるスタッフが退職などでいなくなった場合、組織上のどのような機能が失われるか（例：リーダー以外で新人の相談に乗っていた、などというシャドウワーク）が想定できる。

SNS
学校での「いじめ」やいわゆる「バイトテロ」などが社会問題化するなかで、学校・職場でのSNS教育等も欠かせない時代となっている。職務時間中の私的なスマホ使用のルール化（持ち込み禁止含む）なども、事業所内マニュアルに加えることを考えたい。

ます。その結果、何ら訴えを表に出さずに退職してしまうパターンもあります。

この点を考えた場合、マネジメントする者は現場をラウンドしながら、スタッフ間の動きや会話などをリサーチします。利用者の**24時間行動シート**などを活用しながら、スタッフがどこにいて、誰とやりとりをしているかを記録上からも把握するとよいでしょう。

キーマンは、必ずしもいじめや対立の表に出てくるとはかぎらない!?

明らかに人間関係上のトラブルが生まれていると察知したら、トラブルを生み出しているキーマンを探します。例えば、AというスタッフがBというスタッフと仲たがいしていて、A側の発言力が強い（あるいは、明朗快活、仕事の手際がよいなど、他の仲間との関係づくりがうまい）と、ほかのスタッフはA側についてしまいます。

つまり、スタッフBが全員から疎外されるという構図が生まれることになります。

このキーマンが必ずしも「Bを疎外する行為」の表に立っているとはかぎらないので見つけるのは難しいのですが、たいていは、その「派閥」のリーダー的役割を担っていたりします。ここで、キーマンと見られるスタッフに、前項の心のエネルギーが低下している場合のケアを行います。ストレス緩和が事態を好転させることもあります。

一方、疎外されている側のスタッフに対しては、チーム内で比較的中立とおぼしき人物とペアを組む機会を増やし、人間関係のバランスを再構築していきます。

24時間行動シート
センター方式におけるD―3（生活リズム・パターンシート）やD―4（24時間生活変化シート）などに、現場独自の改編を加えながら活用したい。職員の行動監視という名目にならないよう、あくまで「利用者の行動パターンを理解し、ケアに活かす」という流れのうえで行いたい。

組織内いじめなどをどう発見し、対処するか？

1.スタッフ間の動きや会話などをリサーチする

❶

	利用者居室	ユニット	ステーション
午前	A B	C	D
午後	A	B	C D

スタッフの動きを図示化してみる

❷

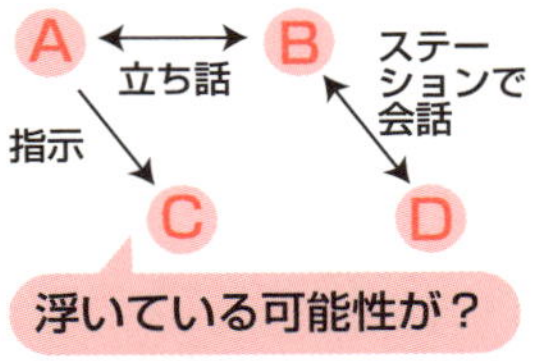
A
B
立ち話
ステーションで会話
指示
C
D
浮いている可能性が？

スタッフの関係を図示化してみる

2.トラブルを察知したら「キーマン」を探す

・キーマンの特徴（例）

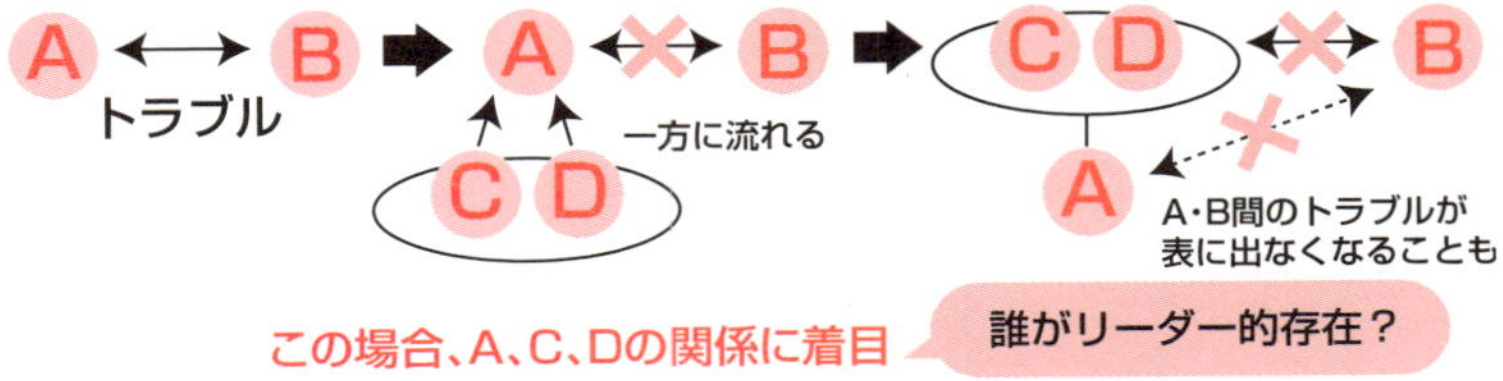
A
B
トラブル
A
B
一方に流れる
C D
C D
B
A
A・B間のトラブルが表に出なくなることも
この場合、A、C、Dの関係に着目
誰がリーダー的存在？

3.キーマンをつきとめたら、「心のエネルギー回復」のフォローを

❶キーマンに対するストレス緩和のためのシフト変更を行う

❷いじめられている者に対しては、比較的中立なスタッフとペアにする

ポイント！

- 利用者の24時間の生活パターンを把握するなかで、スタッフの関係にも目を注ぐ
- 「いじめ」や「人間関係の対立」の発端となっている人物にストレス上の問題があることも

02-09

利用者が亡くなったときなどのメンタルケアはどうするか？
定期的に「人の死」を考えさせる研修の場を設けよう

あらゆる介護現場において、利用者の高齢化や重篤化が進んでいます。介護保険サービスでも、看取りやターミナル期の評価を手厚くする傾向が見られます。

そうしたなか、看取りを体験するスタッフも増えてくることが予想され、利用者の死後に訪れる喪失感が「燃え尽き」につながる危険をはらんでいます。

一部の現場では、利用者の死をどのように受け入れるかについて援助するため、**グリーフケア**を応用したマネジメントを実践しているケースもあります。

しかしながら、ある程度人生経験のあるベテランであればともかく、「他者・肉親の死」にも立ち会った経験のない若いスタッフにとっては、受容に至るプロセスをスムーズに歩んでいくことには、やはりいくつもの困難があるでしょう。

看取りまでの過程について学ばせる

まず、看取りケアを手がける前のスタッフに対して、定期的に「人の死とは何か」を考えさせる研修の場などを設けたいものです。

その際、すでに組織内で「看取りケア」を体験したことのあるスタッフを講師に立て、

グリーフケア
親族や家族、友人など身近な人が亡くなったケースで、当事者に寄り添いながら悲しみや喪失感から立ち直れるように支援すること。この場合、介護職は「支援する側」だが、グリーフケアのノウハウを応用しながら「支援者へのケア」につなげることもできる。まずは、内部研修でグリーフケアについて学習会を催し、部下や同僚に対して「グリーフケアのノウハウからできること」はないかを探りたい。

利用者が亡くなったときの落ち込みはどこから来るのか？

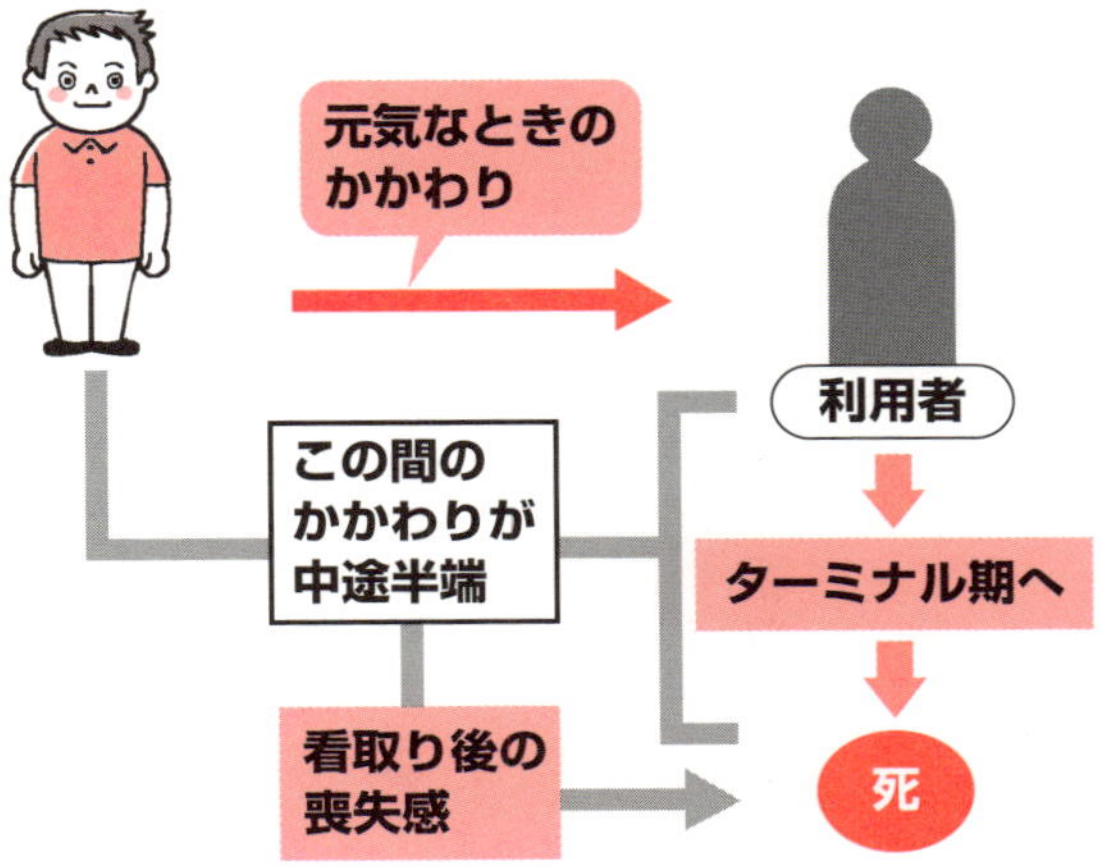

ターミナル期から看取りまでのケアの過程について、ケース報告をしてもらいます。あるいは、**ホスピスケア**などを行っている病院の担当者などを招いて、看取りまでの流れや、そのときに感じたことなどを話してもらってもよいでしょう。

重要なのは、看取りが訪れる瞬間まで、利用者には「生活」があるという点を理解させることです。もうわずかな反応しかない状態でも、本人の手を握る（あるいは、家族などに握ってもらう）ことにより、その反応に変化が生じることがあります。

食物の匂いや食感、音などに反応を示すケースも見られます。

これらはまさに「生活反応」であるという視点から、本人の意向ととらえ、直前まで「尊厳を維持する」ためのケアマネジメントを展開していくのです。

ホスピスケア
末期がん患者に対して、疼痛緩和を行ないながら、安らかに尊厳ある人生を全うすることを支援するケア。関西のあるホスピスでは、弦楽器コンサートや朗読会などの催しを開きつつ、介護スタッフが本人と一緒にその場へ参加して終始寄り添うなど、さまざまな取り組みを行っている。

心の整理が中途半端であるほど「喪失感」が大きくなる

なぜ、この発想が必要なのかといえば、ともするとケアにあたるスタッフのなかに「もう、私たちができることは何もない」という思考が生じがちだからです。

この「何もない」という考えが頭にあると、利用者の死後までも「心の整理」がつかなくなります。つまり、利用者の死による「喪失感」というのは、最期のときまでしっかりとプロの仕事をした結果としての「脱力感」ではないということです。

むしろ、「その人に対して充分なケアができたのかわからないまま、自分たちにとっての『大切な手がかり』を失ったことによる喪失感」ととらえたほうがよいでしょう。

となれば、介護のプロとして最期までなすべきことをきちんと教えていくことが、最も重要だといえます。そして、**看取りケア**の対象者も、まだ元気な利用者も同じ生活者であるならば、「看取りケア」はその後の業務において、重要なスキルとして活かされていくことをきちんと教えていきましょう。

やや宗教的な表現になるかもしれませんが、「その人の命は、一人ひとりのスタッフのスキルを通じてこれからの介護現場のなかでずっと生き続けている」ということです。

これが理解できるようになると、その人が亡くなったということを、個々のスタッフの人生を通じてまっすぐに受け止められるようになります。

看取りケア
平成27年度の報酬改定では、看取りケアの質を高めるべく、早期からの取組みに対しての評価が拡充された。つづく平成30年度の改定では、特養ホームにおける医療提供体制の整備などを要件に、看取り介護加算により高い新区分が誕生。また、居宅介護支援では、末期がん利用者のターミナルケアにかかる新評価も生まれている。

看取りケア後の落ち込みを防ぐために

1.看取りケアにつく前のスタッフに研修を行う

❶ターミナル期から看取りまでのケースを学ぶ

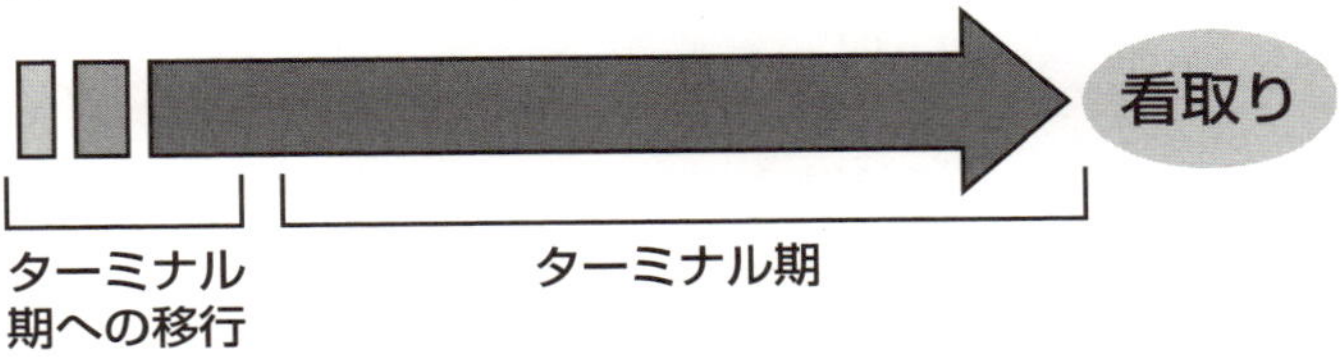

A　一連の過程におけるケアの流れを知る
B　その時々で、どのようなことを感じ、考えたか？

❷この過程を学びながら、最期まで「人」には「生活がある」ことを意識させる

どのような「生活がある」か？

・手を握る
・視線を送る
・食べ物の食感を得る
（飲み込むことはできなくても、香りをかぐ、口に含む　など）

2.介護のプロとして何ができるのかを話し合う

最期まで支援するスキル → これこそがその人の生命の証

ポイント!

- 最期まで、その人の「生活」に目を向ける習慣をつくる
- その人の命は、スタッフのスキルを通じて生き続けるという発想も頭に入れておきたい

COLUMN

誕生日会系イベントに「一体感」を出すアイデア

施設や通所系事業所などでは、利用者の誕生日会を催すシーンが目立ちます。

しかし、スタッフ側がすべておぜん立てをしても、利用者側の反応がいまいちという光景も。職員の「達成感」を引き出すには、もうひと工夫ほしいところです。

そこで、こうしたイベントの流れを通して、利用者が少しでも参加するチャンスを演出します。その人は「ここまでならできる」という可能性を知る機会にもなります。

1．即興ケーキづくり

コンビニやスーパーで売っている「プチシュークリーム」と「ホイップクリーム」を買ってきます。それを交互に積み重ねながら、テーブル上でうず高い「即興ケーキ」をつくります。手先が少しでも動かせれば参加することができ、全体のバランスなどを気遣いつつ、いつの間にか熱中する人も。

2．その年に何があった？ クイズ

誕生日を迎えた利用者の「生まれた年」「10歳のとき」「20歳のとき」……という具合に10年単位で区切って、その年にあった出来事（できれば楽しい話題）をクイズにして、利用者の人に答えてもらいます。若いスタッフとしては、あらかじめ「答え」を調べることで、その人の生きてきた時代をよく知る機会にもなります。

第3章

離職申し出編

「辞めたい」と相談を受けたときの現場リーダーの対応

03-01

後ろ向きの離職動機を前向きに転化する
逆転の発想！ 退職後のキャリアビジョンを一緒に考えてみる

介護労働安定センターが行っている「平成29年度介護労働実態調査」によれば、平成28年10月から29年9月までの1年間の離職率は16・2％となっています。**介護職の離職状況**は10年前に比べて低下傾向ではありますが、21年度以降では16〜17％で推移しています。毎年度の離職率が固定化されるなか、もう一段の改善に向けた難しさが伺えます。

現場をマネジメントする者としては、第2章で述べたような「スタッフのモチベーションを高める」方策をまず確かなものにすることが大前提です。しかしながら、1年間で1〜2割の介護スタッフが「離職の意向」を示すことを考えれば、その意向に対応するノウハウについてもスタンダードな業務として身につけておかなければなりません。

後ろ向きの離職動機でも、翻意をうながすのは難しい

離職の意向が示されてしまった段階で、それを押しとどめるのは、はっきり言って困難です。意向を申し出た本人としては、自分なりに相当に悩んだうえで結論を出しているはずで、翻意をうながせる一線を越えている可能性が高いからです。

ただし、そこまで至っていない段階で「辞めたいと考えている」という**相談型の申し出**

介護職の離職状況
平成27年度以降で顕著な傾向として、離職者のうち「勤続3年以上の者」の比率が徐々に拡大していること。一因として、法人規模による処遇格差の拡大などが考えられる。それなりにベテランの離職希望者であれば、キャリア志向もしっかりしているはずで、そのあたりを離職防止の取り掛かりとしたい。

介護スタッフの離職動向

平成29年度介護労働実態調査より

「介護の仕事」を辞めた理由

1位	職場の人間関係に問題があった	20.0%
2位	結婚・出産・妊娠・育児のため	18.3%
3位	法人や施設・事業所の理念、運営のあり方に不満があった	17.8%

1年間の採用率・離職率

採用率
17.8%

離職率
16.2%

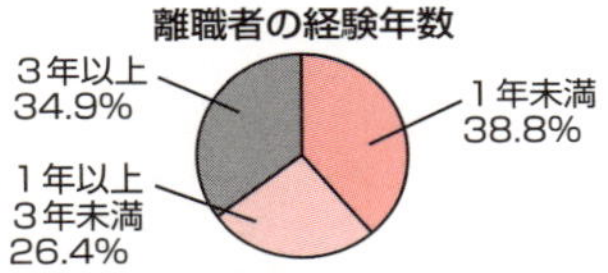
離職者の経験年数
3年以上
34.9%
1年未満
38.8%
1年以上
3年未満
26.4%

非正規の介護職員の離職率は 20.6%にのぼる！

もあります。まずは、申し出ているスタッフの意思がどれだけ固いのかをチェックしましょう。目安となるのは、「辞めた後でどうするのか」というビジョンが固まっているかどうかという点です。

ビジョンが固まっていない人の場合、離職動機は、「現状では業務を続けられない」という後ろ向きのものであることが多いといえます。しかしながら、「その部分を改善さえすれば……」と考えても現状では変えるのは難しいでしょう。

なぜなら、離職の意向にまで至るということは（**妊娠・出産・育児**を除く）、職場の人間関係や本人にかかる業務負担、待遇の低さ、心身の状態などが複雑にからみ合っているケースが多いからです。

そのあたりの課題分析を進めようとしても、時間と手間ばかりがかかってしまい、

相談型の申し出
ある施設のベテラン管理者によれば、「何でも上司に気軽に相談できる風潮があれば、相談型の申し出が増え、離職の決意が固まる前に対処することができる。つまり、相談体制への取り組みが離職率も左右するのでは」という。

妊娠・出産・育児
出産や育児にかかる休業制度はあるものの、介護業界では「利用せずに離職してしまう」というケースが今なお多い。休業後の育児と仕事の両立が難しいことが背景にあるのは明らか。このテーマも現場マネジメントの重要課題ととらえることが必要だ。

その手間取る状況が「離職の意向」をさらに強めてしまいがちです。

猶予期間に「確かなキャリア構築」の道筋が描けるかどうか

むしろ、後ろ向きの離職動機を前向きに転化させることを考えます。「前向きのビジョンでは、離職の意向がかえって固まってしまうのでは」と思われるかもしれません。

しかしながら、ポジティブに「前を向く」ことが、ネガティブな動機を緩和し、「もうしばらく続けてみようか」という意欲を引き出すこともあります。

この「もうしばらく」という気持ちが生まれれば、その間に、「この現場で業務を続ける新たな動機」が生まれる可能性もあります。つまり、離職への前向きな動機をはぐくむことが結果的に離職を防ぐ、という逆転の発想が活きてくるのです。

例えば、新たな資格に必要な実務経験に目を向ければ、介護福祉士で3年、**ケアマネジャー**で5年となります。それを目指すという動機を固めることができれば、それだけでも離職までの猶予期間とすることができます。北関東のD訪問介護事業所でも、離職意向のある人に、まずこの点を打診するといいます。

ただし、次のステップへ向けて、「実務年数を増やす」というだけでは動機としては弱いでしょう。大切なのは、その間に確かなキャリアを積むことができるという実感をもたせられるかどうかです。そのあたりの仕掛け方を考えたいものです。

ケアマネジャー
平成27年2月の省令改正により、ケアマネジャーの実務研修受講試験の受験要件が変更になり、平成30年の試験から完全実施されている。これにより、①介護福祉士などの国家資格保有者か②相談援助業務従事者による実務経験(通算で5年)がなければ受験できなくなった。ケアマネジャーになるための間口が狭くなったことを頭に入れつつ、介護職のキャリアパスを描く必要がある。

離職の申し出があったら、まず、どう対処するか？

1.まずは「申し出」そのものをじっくりと聞く

チェックポイント

①退職理由が前向きか、後ろ向きか
②理由の背景に、別の「理由」はないか
③本人は冷静か？　混乱しているか？

2.理由が後ろ向きの場合「辞めてからの仕事はどうするのか」を尋ねる

本人がうまく答えられない場合、こちらで事例を提示する

→ 別のサービス分野に転職？ / 今の職種のまま転職？ / まったく別の職種へ？

3.理由が前向きの場合、寛大な姿勢で対応する

もっとリハビリ機会に接することのできる現場に行きたい

→ **意向を分析**
・将来はリハビリの専門職を目指したい?
・今の職場では、自分の意向が活かされない?

→ **このビジョンを活かすために「どんな経験・キャリアが必要か」を一緒に考える**

ポイント!

- **離職の動機が「前向き」か「後ろ向き」かをまずチェックする。「前向き」の場合、あえて後押しすることも**
- **後ろ向きの動機を前向きに転化させるという逆転の発想を。これにより、離職までの猶予が生じることも**

03-
02

1週間の猶予を設け、その間に「前向き」ビジョンを構築

逆転の発想で「前向きビジョン」を築くといっても、その時間をじっくりとっているわけにはいきません。本人にとって、離職の意向につながるだけの「苦しさ」は想像以上に強いと考えるべきで、心のエネルギーが極端に弱っている場合などは、猶予期間そのものが心身への大きな負担になってしまうからです。

そこで、まずは**1週間を一つの目安**としましょう。

その間に、集中的に面談を重ねて、「次のステップ」へのビジョン構築を図ります。人間の心理とは面白いもので、「離職することが前提」という気持ちになると、後ろ向きの状況に縛られていた心が解放され、意外に楽になったりもします。

心が楽になると、自分が置かれている状況を冷静に考える余裕ができます。その結果、「もしかしたら解決が図れるかもしれない」というパワーが生まれる可能性もあります。本人を**エンパワメント**するきっかけになるわけです。

集中面談で、まず当人へのプラス評価を示す

さて、「前向きビジョン」をつくり出すための集中面談ですが、ある施設では、当人の

1週間を一つの目安に

長すぎず、短すぎずという期間の設定が大切。1週間であれば、休日前のいろいろなフォローに対し、休みの間に自分で冷静に考える時間を設けることができる。ただし、職員同士の「いじめ」や上司によるパワハラなどの問題が絡んでいる場合は、その解決こそが最優先であることを忘れずに。

離職申し出への対処フロー

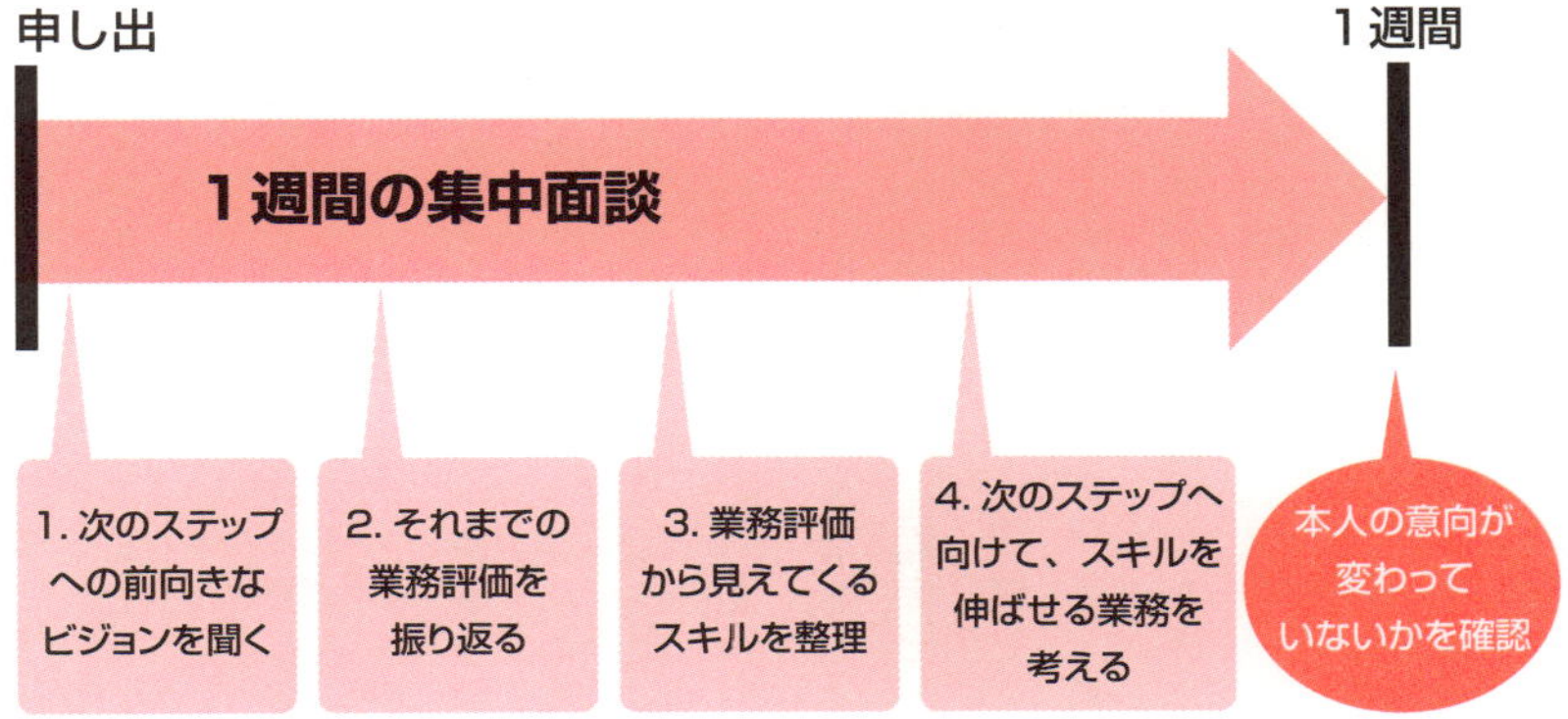
申し出
1週間
1週間の集中面談
1. 次のステップへの前向きなビジョンを聞く
2. それまでの業務評価を振り返る
3. 業務評価から見えてくるスキルを整理
4. 次のステップへ向けて、スキルを伸ばせる業務を考える
本人の意向が変わっていないかを確認

心の重荷を軽くするべく、まずは「それまでの業務におけるプラス評価」を整理しています。

「君のおかげで、現場にこれだけのメリットがあった」ということを示せば、自分の存在意義を実感させ、それが心のエネルギーを引き上げることになります。

具体的には、❶利用者・家族に対するメリット、❷チームに対するメリット、❸組織全体（もしくは法人業務全体）に対するメリットに分類します。

例えば、❶については、「当人が具体的にかかわった業務」（特定の人の担当、ケアにかかわるプロジェクト業務など）によって、対象となる利用者の状態像などがどこまで改善したかという点を（できれば具体的数値などを交えて）示します。

本人にとっては、日々の業務の慌ただし

エンパワメントする

ある中規模の特養ホームの人事担当によれば、「退職希望を出してくる人の多くは、明らかに『自分の置かれている状況をどう解決するか』というパワーがダウンしている」という。本人の自己解決能力を高めることも、離職を翻意させるきっかけになることも。

さのなかで、利用者の状態像について意外に客観的な評価を確認していなかったりするものです。それを改めて確認することで、離職動機そのものを緩和する効果もあります。

現場の人事シミュレーションから導き出す評価

次に❷ですが、これは成果を数値等で示すのは難しいかもしれません。しかしながら、例えば新人の誰々の指導についた（あるいはペアで仕事をした）という事実があれば、その後の新人スタッフの働きぶりで客観的な評価とすることができます。

そのほか、業務全体を通して、記録の書き方はどうか（利用者の状態像がよくわかる書き方がされていれば、その点を指摘するなど）、会議での発言状況はどうか（**会議録**をもとに、当人のこの発言はこんな効果を呼んだなど）といった点を評価します。

最後に❸ですが、これは法人全体として、当人をどう評価しているかという点を示します。現実問題として、そのスタッフに離職された場合、法人としてはそのスタッフの立場を補完する人事を行わなければなりません。

例えば、現場の副リーダーとして、後進の指導とリーダーの相談役の二つをこなすという立場であれば、意外に穴埋めは難しくなります。この人事シミュレーションを行うなかで、そのスタッフが存在することによる評価が浮かび上がってくるのです。

会議録
カンファレンス等の会議録は、利用者への支援改善を下支えするだけでなく、「職員がどの場面で貢献しているか」を確認するポイントにもなる。会議内容をICレコーダーなどに記録し、いつでも引き出せるような仕組みもほしい。

「前向きビジョン」に沿ったスキル評価を行う

1. 次のステップに活かせる業務スキルをピックアップ

（例）

認知症対応のアクティビティ ➡
- 認知症の人の心と生活を理解
- 根拠あるアクティビティの企画・遂行
- PDCAサイクルに基づく現場実践

（例）

研修等での後進指導 ➡
- 人にわかりやすく教えられる能力
- 現場ニーズを的確にキャッチ
- 指導後のフォローもこまめにできる

2. できるかぎり具体的な指標でプラス評価を提示

❶利用者・家族 ⬇
- 利用者本人のADL等の向上
- 家族からの感謝の手紙等

❷チーム ⬇
- チーム内でかかわったスタッフの業務の様子
- チーム目標の達成率

❸法人業務全体 ⬇
- システム構築への貢献
- 法人収益の改善への関与

ポイント！

- 心を楽に前向きにさせることで、業務への持続力をエンパワメントできる!?
- 本人の存在意義を再確認させるための三つの視点によるプラス評価

03-03

その人ならではのスキルを見つけ出す「次のステップ」に向けて、スキル発揮の機会を整える

本人へのプラス評価が提示できたら、そこから浮かび上がる「そのスタッフならではのスキル」を見つけ出します。例えば、業務でペアを組んだ新人スタッフの業務能力が向上したとするなら、**指導者としてのスキル**が考えられます。あるいは、担当している認知症の利用者の周辺症状が緩和されたなら、認知症ケアスキルの高さが注目されます。

こうしたスキルをいくつか見つけ出して整理すると、そのスタッフにとっての**次のステップ**が見えてきます。認知症への対応スキルが高いというのであれば、より専門的な認知症ケアが必要になる「認知症グループホーム」や「認知症対応型のデイサービス」などが、次のステップ候補として浮上してきます。

自分の将来に対しての「気づき」を導き出す

ここまで整理すると、マイナス思考によって先行きのビジョンなど見えていなかった本人も、少し冷静になって「自分の将来」を考える余裕が生まれてきます。

そこで面談中の本人の心の状態などを見極めながら、「当人としてはどんな業務がやってみたいのか」という質問をしてみましょう。

指導者としてのスキル
ある管理者は、「本人は自覚していなくても、例えば、学生時代にサークルやゼミの代表などを務めていた場合、年下の人などの相談を聞くスキルができていることが多い」という。

次のステップ
平成27年度の介護報酬改定で、一定のスキルを持った人材の配置を要件とした加算も増えた。同じ事業所内でも、キャリアを活かす道が広がりつつある。

「次のステップ」への成功体験を実感させる

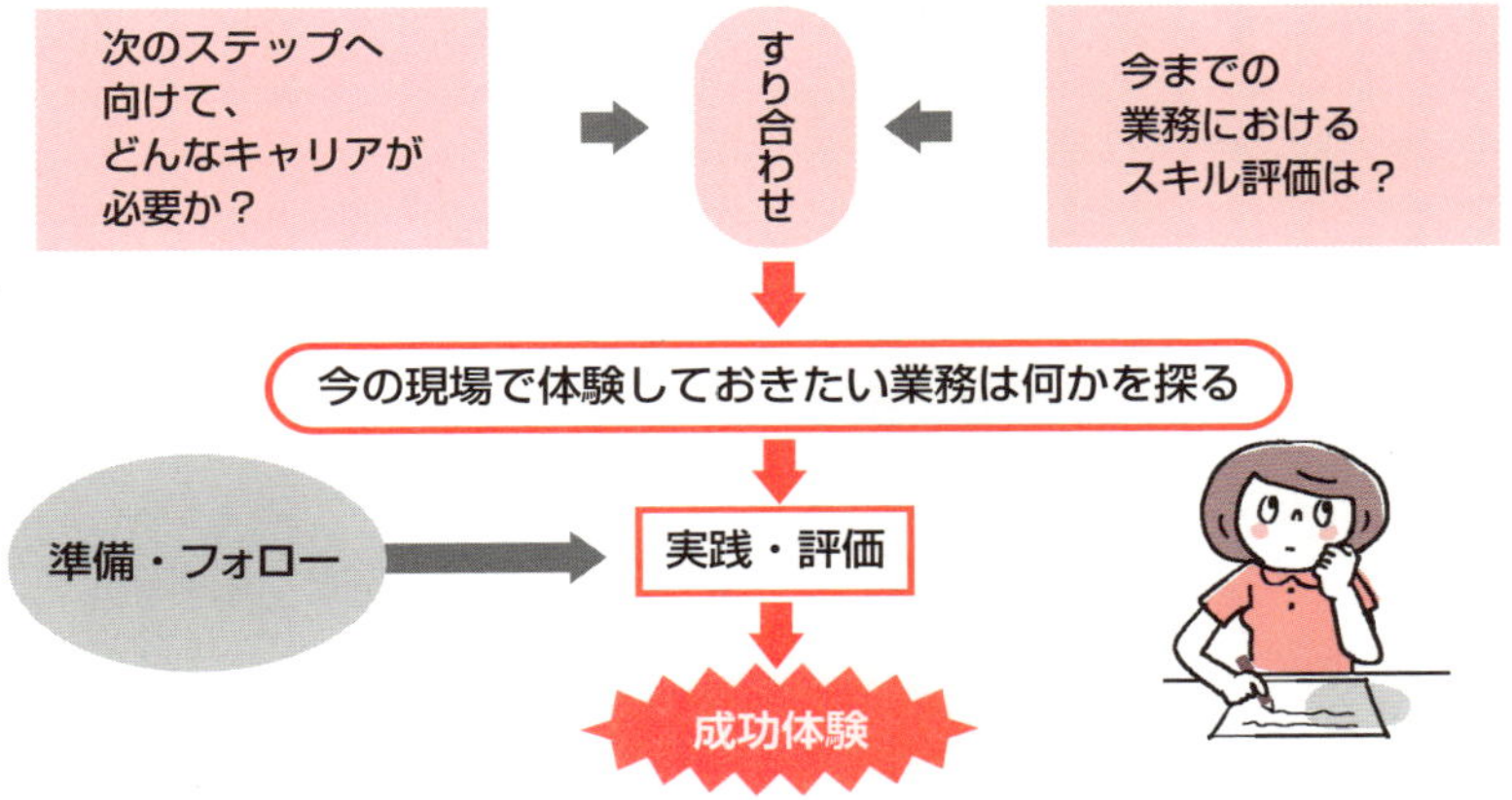

公式面談のような堅苦しい状況ではなかなか出てこないというのであれば、面談後にちょっと食事でもしながら、ざっくばらんな会話のなかでもち出してもよいでしょう。

もちろんこの段階では本人の頭のなかは整理されていないかもしれません。しかし、いろいろな夢を雑多に語るなかで、「**自分の言葉によって自分が啓発される**」という瞬間が訪れることがあります。マネジメントする者としては、その「気づき」を見逃さないことです。

例えば、いくつかの施設でヒアリングすると、「利用者の生活の場をもっと見たい」「ホームヘルパーも一度経験してみたい」「自分は訪問系のほうが合っている気がする」などという言葉が出ることがあります。

これに先の認知症スキルという話をからめ

自分の言葉で気づく

さまざまな悩みがある場合、誰かにそれを話すことで「自己解決」に向かうこともある。また、「自分も同じ悩みを抱えていたことがある」という経験談を披露することで、それが気づきになるというピアカウンセリングの手法も考えられる。

てみれば、通い、泊まりのほか、訪問によって利用者との関係をきちんと構築できる小規模多機能型居宅介護なども、次のステップ候補としてあがってくるかもしれません。

今の現場で「スキル発揮」ができる場面を演出する

ある程度、次のステップが意識できるようになったら、その意識を「離職を思い止める」方向に振り向けることができないかを考えます。

カギとなるのは、今の現場でも「次のステップ」は実現できると思わせることです。ただし、離職に傾いている心理を動かすわけですから、相当に強い意識づけが必要です。強く心が動かせるくらいの場面を演出しなければなりません。

例えば、指導者的なスキルが認められるのであれば、新人スタッフ向けの研修会の講師などを担当させるという方法もあります。もちろん、当人一人に準備から実行まで任せるというのは負担が重くなり、成功体験を確実に引き出すのは難しいでしょう。

そこで、指導者経験のあるベテランスタッフを一人つけて、準備段階のフォローをしてもらいます。その際、ベテランスタッフが「**講師をする際の心得**」的なアドバイスをこまめに行うことが大切です。そのことが本人のスキル意識をさらに高めます。

研修当日は、本人が講師を進めやすいように、管理職が司会進行をしっかり行い、「この点がよかった」という具体的な評価をきちんと与えることが重要です。

講師をする際の心得
例えば、パワーポイントにおける「目を引く資料のつくり方」や、聴講者から質問を募るタイミング、聴講者が飽きてきたところで気分転換させる話題のつくり方など、経験者ならではのノウハウを蓄積しておきたい。これをまとめて、「講師マニュアル」のようなものを作成する方法も。

評価から導き出されたスキルを活かす

1.「プラス評価」から導き出される業務スキルは何か?

(例)

利用者、家族からの信頼が厚い → 「訴え」にきちんと耳を傾けることができる? → 相談業務へのスキルが高い?

この流れを面談で一緒に考える

↓

本人の気づく力がエンパワメントされる

2.導き出されたスキルは、どんな現場で活かせるか?

(例)

①介護計画を立案するスキル
②現場におけるモニタリング力
③ほかの職種との連携がスムーズ

→ ケアマネジメントサービス調整 → 必要な実務経験を経て、ケアマネジャーに挑戦

↓

今の現場でもケアマネ修業はできるのでは?

今の現場における可能性を幅広く冷静に考えさせる

ポイント!

- スキル評価のなかから、次のステップのビジョンを描き出す
- 現場で培ったスキルが今のままでも活かせるという感動が、離職阻止の力に

03-04

介護業界では、まだまだ高い離職動機。どう考える？「出産・育児」を退職につなげないマネジメント

95ページの調査結果に見られるように、「介護の仕事を辞めた理由」の上位に「結婚・妊娠・出産・育児」という人生上のイベントが入っています。国をあげて育休の取得などを勧めていこうという時代においては、何とも残念な傾向といえます。

こうしたライフイベントと介護業務との両立は、組織をあげていかにサポートできるかという点が重要です。このサポート体制によって、一人でも「辞めずに働き続ける」というモデルケースができれば、他の職員の希望にもなります。つまり、「後々、妊娠・出産したら辞める」という潜在的な退職意向を払しょくすることになるわけです。

現場のOB・OGを活用した業務シェアを確立する

介護労働安定センターによる平成29年度の介護労働実態調査では、介護と仕事の両立について「どんな状況であれば、仕事を続けることができるか」という項目があります。調査は「介護」が対象ですが、「育児」にも通用する話なので取り上げてみましょう。

調査によると、「仕事を続けることができる」という回答がもっとも多いのは、「休んだときに自分の仕事を担当できる人がいる」（43・2％）となっています。

事業所のOB・OG

「この事業所は、職員のライフイベントにやさしい」という意識が醸成できれば、仮に育児等で退職したとしても、（恩返し的な意識から）将来的にサポート役の非常勤職員として戻るという流れにつながる。こうした地道な意識改革も、人材確保に寄与する土台となる。

事業所にしてみれば、「その人の代わりの担当」をすぐに立てられるかどうかがポイントになります。そこで必要なのは、日常的に「一人の職員がしている仕事」を他の職員といかにシェアさせていくかという点です。人材不足が恒常化するなかでは、非常勤職員（**事業所のOB・OG**などの経験者が望ましい）をあてつつ、「育児で休まざるを得ない職員」をカバーするケースも多いはずです。

非常勤職員と「仕事をシェアする」となれば、その非常勤等職員の職責を明らかにすることが必要です。そのうえで、「休む職員（Aとする）」の職責と照らし、誰（非常勤職員）が代わりに担うかを調整する――これを事業所の必須マネジメントとします。たとえば、A職員の妊娠が明らかになった時点で、産休↓育休の流れを想定して、その職員の専属のサポート役となる非常勤職員を複数選抜します。そして、A職員が日常的に「している業務」のサポートを担ってもらいつつ、シェア部分の仕事を覚えてもらいます。

もちろん、特定の非常勤職員を確保し、育て上げるのは簡単なことではないでしょう。大切なのは、「こうしたマネジメントを行う」ことを全職員に周知し、「この事業所は妊娠・出産してもサポートしてくれる」という意識を植え付けることです。全職員が「自分も貢献対象」という意識を持てれば、非常勤職員による業務シェアを有形・無形の形でサポートする風土を築けます。この（お互い様という）現場の意識改革こそが、仕事シェアの真の目的であることを頭に入れたいものです。

ポイント！

- **妊娠・出産・育児などのライフイベントを想定した「業務シェア」を必須マネジメントに**
- **「自分もいつかカバーされる側」という期待が、サポートし合うという文化につながる**

03-05

退職が防げない場合でも、引継ぎマネジメントはしっかりと

「穴埋め」を行う際のポイント

何度も述べるように、いったん告げられた退職の意思というのは、なかなか翻意できるものではありません。それだけ、本人の心のなかでは、管理者側には推し量れないさまざまな事情が渦巻いているからです。ここまで述べたような方策は、あくまで「翻意できる可能性」を高める手段であることを心得てください。

しかしながら、前項でも述べたように、本人の心に前向きなビジョンを芽生えさせることで、**退職時期を先延ばし**にさせることは可能です。

管理者としては、その間にきちんと引継ぎを行い、その後の現場業務に支障が起こらないようにします。つまり、「先延ばし」を図ることが、その後の「業務負担増から新たな退職者を生み出す」という事態を避けることにもつながります。

そのスタッフがいなくなることによる「現場の負担」を見極める

ある施設の現場リーダーKさんは、引継ぎの前に、退職するスタッフの「穴」をどのように埋めるのかをまず考えるといいます。この「穴埋め」がしっかりしていなければ、誰にどのような引継ぎを行うのかというピントがぼやけてしまうからです。「この点は特に

退職時期を先延ばし
本人の心がまだ揺れ動いている場合、「退職時期を先延ばす」ことで翻意させる可能性も高まる。また、退職者が出たあとの現場の体制を整える猶予にもなる。

引継ぎマネジメントの進め方は？

退職予定のスタッフの
これまでの業務をアセスメント

（❶組織上の肩書きにかかる業務
❷シャドウワークまで含めた業務）

↓

この人員が欠けた場合の
現場に与える影響をシミュレーション

どんな人材が必要か？

どんな職務を任せればよいか？

どのように引き継がせる？

注意したい」とKさんは言います。

そのスタッフが退職することによる「穴」というのは、単なる役職の欠如や人員配置基準の「穴」という問題だけではありません。確かに**人員基準を満たせない状況**というのは、介護報酬の算定などにもかかわってくるので大きな問題ではあります。

しかしながら、現場業務をきちんと回していくという点では、そのスタッフが現場で果たしてきた「役割」というものにも目を向けなければなりません。

役職上は現場リーダーではなくても、実質的に部下の相談にのる機会が多い人材であったとします。その立場の人が抜けてしまえば、残ったリーダーにかかる負担が一気に増してしまうことも起こりえます。

そうした点をカバーするには、副リーダー的な存在を見つけ出し、「部下の相談に

人員基準を満たせない状況
ぎりぎりの人員基準で現場を回している場合、もともと業務負担がかかりやすいことから退職者も出やすく、たちまち基準が満たせない状況を生みやすい。この問題を解決しないまま、基準以下の運営で介護報酬の不正請求につながってしまうというケースもあとを絶たない。

のる」という一種の**シャドウワーク**にかかる引継ぎも行う必要があります。

引き継ぐ人材を選定し、OJTやマニュアル作成を協働させる

具体的な流れとしては、まず、退職するスタッフが日常的にどのような業務を遂行していたかをアセスメントすることから始めます。次のキャリアビジョンのための集中面談は、そのアセスメント機会としても活かせることを頭に入れておきましょう。

そのうえで、そのスタッフの一日の業務上の動きを整理します。そのなかにどうしても必要なスキル（例：先の相談スキルや、記録チェックのスキルなど）が見つかったら、その部分を引き継がせるのに最適な人材は誰かという点をリサーチします。

一つの方法として、退職する当人に「業務を引き継がせるうえで最適な人材は誰か」について推薦してもらうのもよいでしょう。当人にとっては、自分がこれと見込んだ人材であれば、引継ぎも比較的スムーズに行えるはずです（ただし、気心の知れた人物というだけでは、業務の質が保てないこともあるので、管理者がその後任者をきちんと面接します）。

引継ぎに際しては、1週間程度ＯＪＴの形をとりながら、現場業務のなかで行うのが理想的です。その後で、いったん両者と管理者が机を囲みながら、業務遂行のうえでの課題はないか、あるとすれば解決するにはどうすればよいかを話し合います。

どうしても不安が残る場合は、簡単な引継ぎ業務マニュアルなどを作成します。

シャドウワーク
組織上の正式な職責とは別に、そのチーム内で果たしている役割。ある老健の施設長によれば、「シャドウワークをきちんと評価できるか否かが、職員のモチベーションを左右する切り札になる」という。

現場に混乱を招かないための引継ぎ手順

1. 退職予定のスタッフの業務を「たな卸し」する

❶1日および1週間単位での「動き」をヒアリング

❷❶の業務における「表に出にくい」役割も掘り下げる

（例）
- 部下のちょっとした相談にのる
- 台所に立ちながら特定の利用者と会話
- 気になる利用者のリハビリ状況を確認

↓

そこに現れているスキルを確認し、「穴埋め」できる人材を探す

2. 最適と思われる人材を抜擢し、OJT方式で引継ぎ

抜擢人材を面談 → 退職予定者と一定期間、共同で業務を行う → 不安がある場合は、三者でマニュアル作成を行う

退職予定者の推薦でも必ず面談をする

ポイント！

- 役職業務だけでなく、シャドウワーク的な部分の引継ぎも重要
- OJTを通じて、引継ぎに際しての課題分析を、管理者も交えて三者で行う

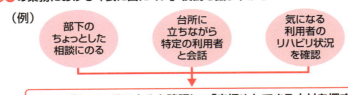

03-06

連鎖退職のリスクを軽減する方法

退職希望者の出現は「連鎖する」ことがあると心得る

退職希望を出しているスタッフへのマネジメントを行う過程で、同時に忘れてならないのは「**退職は連鎖する**」という点です。同じ部署において、続けざまに「自分も辞めたい」という申し出が続々と出されるシーンというのはよく見られることです。

こういう状況が起こる背景は二つ考えられます。一つは、そのスタッフが辞めることによる「人材の穴埋め」が十分に果たせないなかで、現場の不安や負担が高まって連鎖退職が起こるという流れです。もう一つは、誰かが退職するという背景には、必ず組織内に何らかの問題が発生しており、それを放置することで構造的に連鎖退職が起こる点です。

前者については、引継ぎマネジメントをしっかりと行うことで解消を図ることができます。その引継ぎの状況を現場スタッフにきちんと見せることで、「管理者クラスが現場にきちんと目を向けてくれている」というアピールにもつながり、それが安心感を生みます。

退職希望者との面談で「現場の課題」を見つけることは可能？

問題なのは、後者の構造的な問題が潜んでいるケースです。これは、早めに芽を摘み取っておかないと連鎖退職を押しとどめることが難しくなります。

退職は連鎖する
連鎖退職はあらゆる業界・業種において大きな課題の一つである。「連鎖退職はしかのようなもの、ジタバタしても仕方ない」という経営者もいるが、その間に業務上の大きなリスクが高まり、それを何とかしのいできた優秀な人材が最後に燃え尽きるというパターンも無視できない。

「連鎖退職」を防ぐために必要なことは？

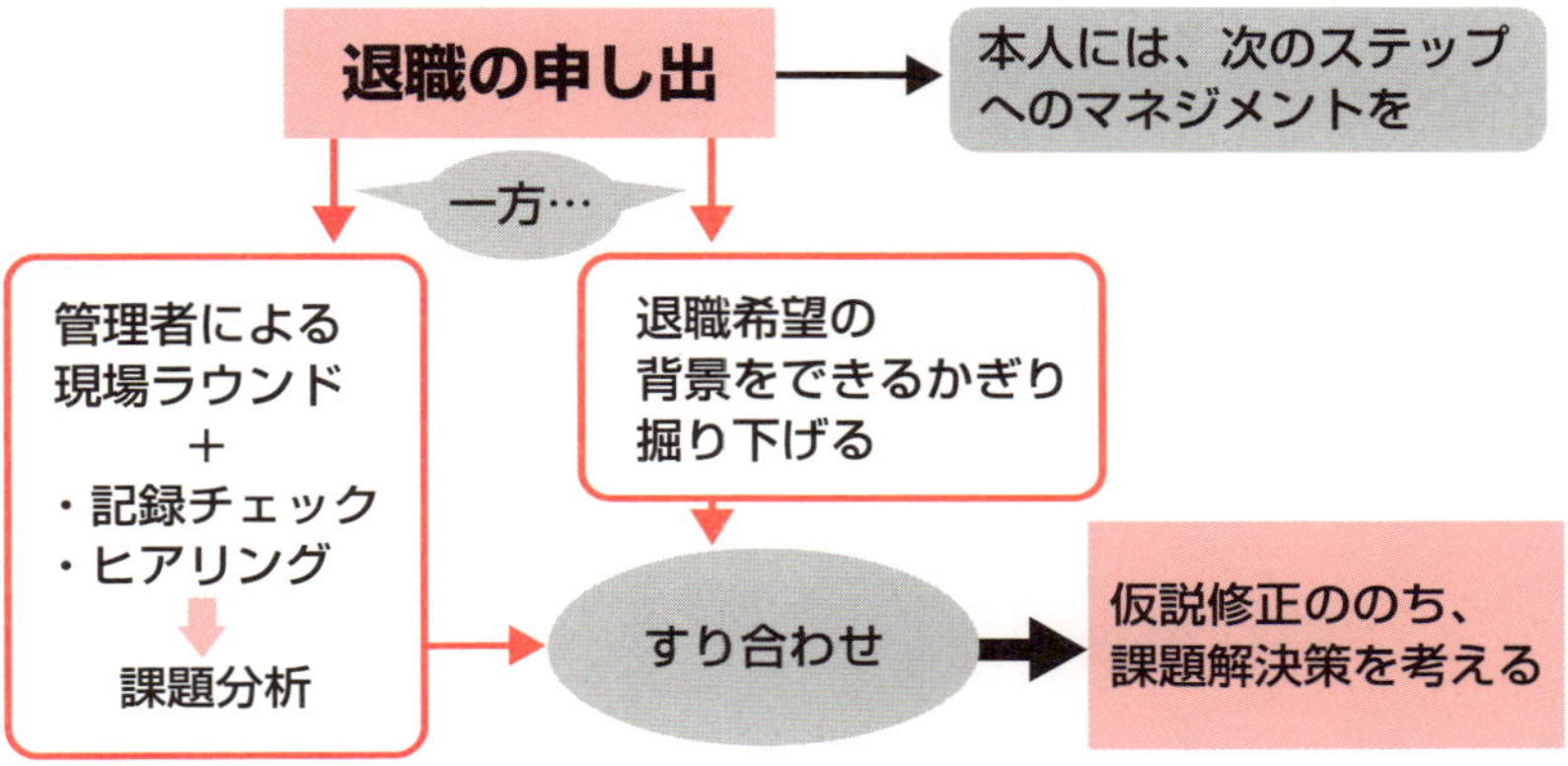
退職の申し出
本人には、次のステップへのマネジメントを
一方…
管理者による現場ラウンド
＋
・記録チェック
・ヒアリング
課題分析
退職希望の背景をできるかぎり掘り下げる
すり合わせ
仮説修正ののち、課題解決策を考える

そこで、最初に退職の意向を申し出てきたスタッフと面談をして、現場にどのような課題が潜んでいるのかを同時に探り出すという姿勢が求められます。

退職の意向を示す人というのは、心が頑なになっていると「私的な都合で」という点だけを表に出して、なかなか現場の課題を明らかにしてはくれません。現場に対する不平・不満を口にすることが、円満退職をはばむという心理もうかがえます。

さらに問題を難しくしているのが、現場の業務課題に、**利用者やその家族がからんでいるケース**です。例えば、特定の利用者や家族が**理解しづらい苦情**を寄せ、それが現場の業務負担を増やしているとします。しかしながら、それを訴えることは利用者側を悪者にしてしまうのではという心理が働き、口をつぐんでしまう一因となります。

利用者やその家族がからんでいるケース

今、社会的に問題になっているのが、職員へのセクハラ・パワハラ。どのように対応・防止すべきかについては、174ページ参照。

理解しづらい苦情

あるグループホームで、入居者が認知症ではなく統合失調症などの精神疾患にかかっているケースがあった。そのことを法人トップが十分に確認しないまま、現場に大きな負担がかかり続けたという。法人トップや医療・看護の専門職による現場把握の重要性も求められている。

ただし、こうしたケース（セクハラ・パワハラ含む）でも、「利用者側の入り組んだ課題への十分な対処ができていない」という背景が考えられます。状況に合ったケアができていない、あるいは**しかるべき資源**につながっていないことを示しているわけです。

現場ラウンドなどを強化して、どこに課題があるのか仮説を立てる

ある通所事業所の管理者Mさんは、退職の申し出があったら、一定期間現場ラウンドを増やしたり、丹念に記録チェックを行う、あるいは、リーダーなどへのヒアリング強化を心がけています。その過程で浮かんでくる課題をいくつか仮説として立ててみましょう。

そのうえで、退職意向のスタッフへの集中面談の際に、自分の仮説を披露してみます。その仮説が当たっていれば、何らかの反応を見ることができるはずです。

そこで、その課題解決のためには、何をすればよいのかを退職希望者と話し合います。これは、退職希望者にとっても「もしかしたら改善されるかもしれない」という希望を抱かせます。確率的に少ないとはいえ、退職を押しとどめる可能性も出てきます。

難しいのは、賃金が低いとか人員配置が薄いなど、法人運営にかかわってくる問題です。こうした課題については法人トップと話し合わざるをえませんが、解決のためには相当な時間がかかったり、管理者が法人と対立せざるをえない状況も生まれたりします。

ただし、課題ははっきりしているので、代替え手段を講じる余裕はできるわけです。

しかるべき資源
施設や居住系サービスの場合、その段階で「利用者が保護されている」という視点から、行政や包括等の関与がなかなか進まないケースも見られる。こうした施設等でも、包括主催の地域ケア会議などに積極的にかかわる方針が求められる。

「連鎖退職」を防ぐための課題分析・解決へのフロー

1. 退職希望の背景にある課題を探る

❶ 退職希望者へのヒアリング → 本音が出てこないことも多いが、いくつかの仮説は想定できる

❷ 仮説を頭に入れて現場を集中ラウンド ： 自分の目で見る ＋ 記録チェック ＋ スタッフにヒアリング

❸ 仮説を絞り込み再度、本人面談 → 退職希望者の反応（視線や言葉）をよくチェック

2. 課題解決への道筋を探る

（例）

- 利用者・家族側に問題あり? →
  - ・組織の対処方法に問題が?
  - ・有効な資源（医療や行政サービス）につながっていない?
- 法人の運営に問題あり? →
  - ・法人トップに意見書等提出（一連の流れをきちんと整理して）
  - ・法人トップとの面談機会を探る

→ この姿勢を見せるだけでも、「連鎖退職」を防ぐ力になる

ポイント!

- 連鎖退職が起こる背景には、二つの理由があることを頭に入れる
- 現場の課題解決を行うという強い姿勢が、連鎖退職阻止につながることもある

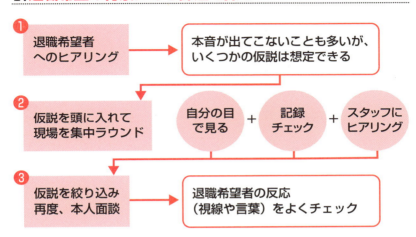

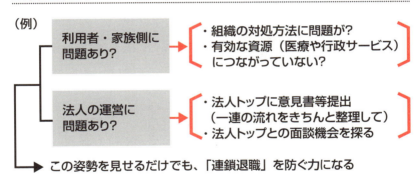

03-07

立場ごとの退職希望者への対処

退職希望者の立場によって、潜在課題は変わってくる

最後に考えておきたいのは、退職希望を出すスタッフの立場によって、その背景となる課題への対処が異なってくるということです。例えば、リーダー格のスタッフが退職希望を出した場合と、**非常勤スタッフ**が退職希望を出した場合では、状況がだいぶ異なってきます。また、新人とベテラン、あるいは、最近介護現場でも増えてきた**派遣スタッフ**なども、抱えている課題は大きく異なる場合が多いことに注意しましょう。

たとえ連鎖退職という事態に至らなくても、課題を放置しておくことは、ほかのさまざまなリスク（事故の増加、利用者の意欲低下など）につながる可能性が大きいといえます。

リーダー格のスタッフが「辞めたい」と思う二つの背景とは？

リーダー格のスタッフが退職希望を出した場合、その背景として多いのは、リーダーとしての業務負担と評価のバランスがとれていないことがあげられます。また、リーダーが若手である場合、年配のベテランスタッフなどが「影のリーダー」として実権を握ってしまい、チームマネジメントに支障をきたしているということも想定されます。

リーダー格のスタッフが辞めるとなると、法人としては大きな損失というだけでなく、

非常勤スタッフ
厚労省が示しているデータによれば、施設等の介護職員のうち非正規職員の割合は39・0％、そのうち23・6％は短時間労働者となっている。こうした人材が現場の一定割合を占めるなかで、職責やコミュニケーション機会のあいまいさが、現場負担を高める大きなリスクになっていることを心得たい。

退職希望者の「立場」によって課題は変わってくる

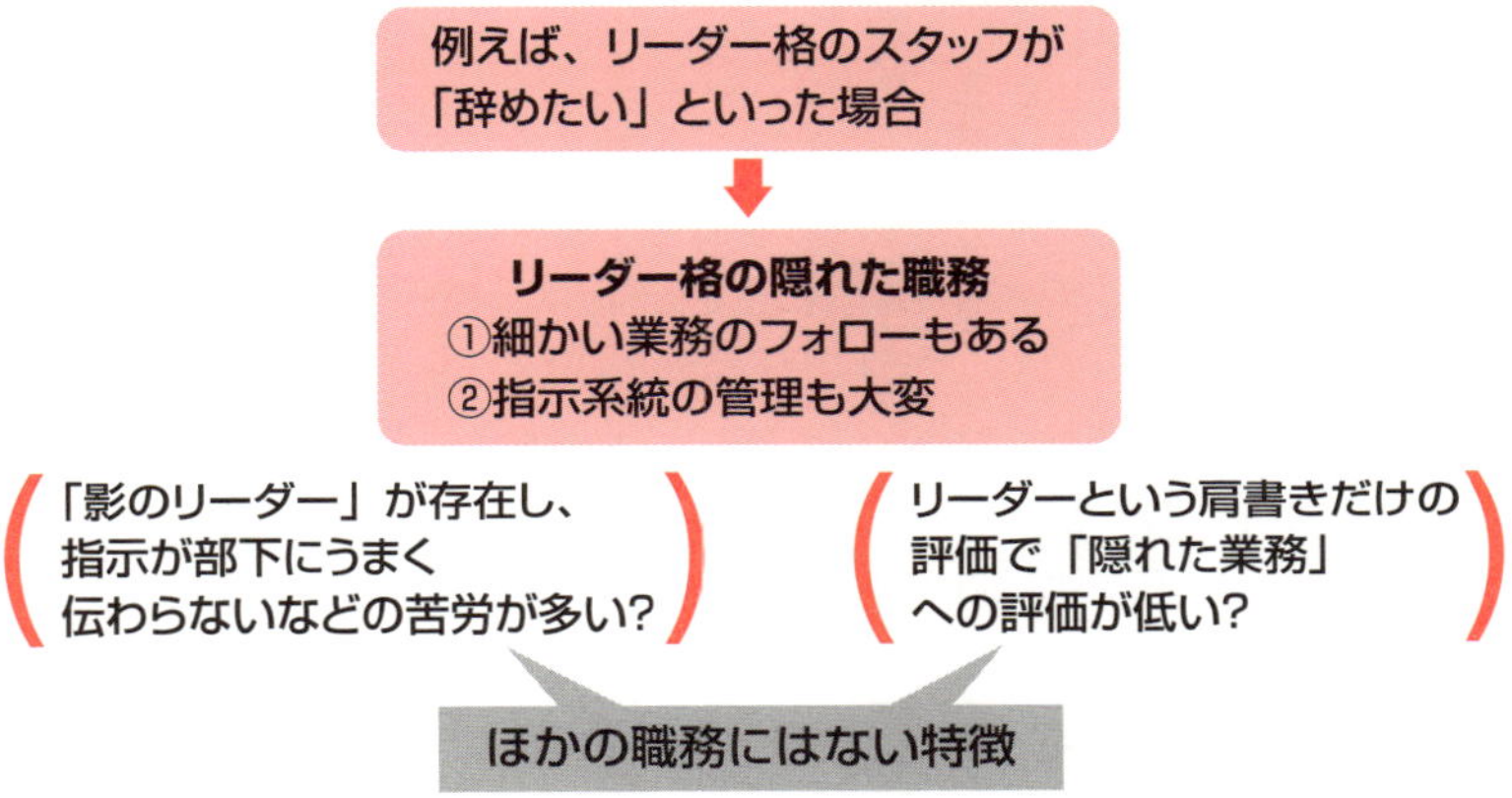
例えば、リーダー格のスタッフが
「辞めたい」といった場合
リーダー格の隠れた職務
①細かい業務のフォローもある
②指示系統の管理も大変
「影のリーダー」が存在し、
指示が部下にうまく
伝わらないなどの苦労が多い？
リーダーという肩書きだけの
評価で「隠れた業務」
への評価が低い？
ほかの職務にはない特徴

その穴をどうやって埋めるかという目先の課題にとらわれがちです。大きな問題であることに変わりはありませんが、管理者としては、そうした状況下こそ視野を意識的に広げて、問題の本質はどこにあるのかを探るという作業に力を注ぎましょう。

まず必要なのは、リーダーの業務内容をアセスメントすることです。このあたりは、ほかの退職希望者の引継ぎマネジメントと同じ手法ですが、特に先の二点――業務負担と評価のバランス、「影のリーダー」の存在をチェックすることが必要です。

前者の場合なら、昇給や手当の基準が妥当であるかどうかを検証し、法人トップなどに意見書を提出することも考えます。また、後者であるなら、「影のリーダー」を管理者直属の組織に異動させるといったことを考慮する必要があるでしょう。

派遣スタッフ

派遣スタッフの場合、非常勤スタッフ以上に現場でのコミュニケーション（対利用者も含めて）がとりにくいケースが見られる。特に、夜勤専門で派遣スタッフを配属させている施設などでは、リーダーによる頻回な面談やメンタルケアなどを欠かさないことが大切。

新人スタッフの退職希望には、確実な成功体験を与えることが必要

非常勤スタッフや派遣スタッフの場合は、正規スタッフとの間のコミュニケーションがうまくとれないということや、職責があいまいであることなども課題となります。非常勤スタッフなどについては、「その現場でどんな業務を期待するのか」という基準を見直し、それをほかの非常勤スタッフにもきちんと示すことを進めていきましょう。

また、入職間もない新人スタッフが退職希望を出してきた場合には、思い描いていた介護現場のイメージと実際の業務にズレが生じていることが考えられます。

こうしたケースにおいては、組織全体で介護業務の可能性というものを目に見える形で提示していくことが必要です。例えば、ADLの維持・向上の可能性がある利用者の担当につけ、ベテランスタッフやリハビリ等の専門職（口腔機能向上を目指すなら言語聴覚士や歯科衛生士、栄養改善を目指すなら**管理栄養士**など）と一緒に一定期間OJTを進めてみましょう。さまざまな数値やリハビリ等の状況を通じて、はっきりと向上していることが示せれば、新人スタッフにとっては大きな成功体験となります。

一方、ベテランスタッフの退職意向には、さまざまな現場改革についていけないことへの不安・不満が隠れている可能性があります。この場合は、研修企画やイベント企画など、ベテランの経験や勘が試されるという業務に専念してもらう方法が考えられます。

管理栄養士
ある特養ホームでは、管理栄養士を各ユニットの厨房に各1日2回ラウンドさせ、利用者が具体的に何をよく食べ、残しているかをチェックし、気になる点を毎日ユニットリーダーに報告している。また、食事のシーン全体を俯瞰するなかで、異常事態（ろれつがよく回らない↓脳梗塞の兆候）の早期発見者になることも多いという。

「退職希望者」の立場別の課題の傾向

リーダー格のスタッフ	・業務負担と評価のバランスがとれていない ・「影のリーダー」がいて、指示系統が働かない
非正規スタッフ 派遣スタッフ	・チームコミュニケーションから疎外されやすい ・職責があいまいで体系づけられていない
新人スタッフ	・イメージした職業像と現実のズレにとまどう ・仕事の意義を見失い、ルーチンワーク化しがち
ベテランスタッフ	・現場改革のスピードについていけない ・自分の過去のスキルが評価されていない

●その他

女性スタッフなど	セクハラなどの被害が生じていないか？
結婚適齢期のスタッフなど	給料の低さから、将来の家計を支えるうえで不安がある!?
夜勤の多いスタッフなど	体調不良、メンタル面の悪化

ポイント！

- **リーダー格のスタッフの退職に対しては、業務負担と評価のバランスに着目**
- **新人スタッフには成功体験を、ベテランスタッフにはアイデアが評価される職務を与える**

COLUMN

改めて「利用者の話」を聞くイベントを

事前情報で利用者の生活歴は押さえていても、それは家族の話であったりすることが多く、意外に深いことはわからないことも。大切なのは、やはり「本人の話」を聞くことですが、「きちんと聞く」機会はありそうで少ないものです。

そこで、地域の学芸員や郷土史研究家などをゲストに招き、お茶などを飲みながら、利用者へのインタビューなどをしてもらいます。その場に若いスタッフが付き添うことで、「へえ！〇〇さんにそんな生い立ちがあったの？」と新鮮な驚きを得ることもあります。

ただし、注意したい点がいくつかあるので、以下に示します。

1．話を聞く利用者は１回につき１人
別の利用者がいることで、遠慮してしまったり、「同年代の人には知られなくない」という心理も働きやすいためです。

2．中程度以上の認知症がある人は避ける
長期記憶ははっきりしていても、それを思い出すことで「混乱」が生じることもあるためです。

3．インタビューを受ける人の家族に必ず許可を得る
話のなかに「家の事情」が入ってきてしまうこともあるためです。また、本人の話したいことだけを話してもらい、本人が話している間は「傾聴の基本」に徹することが大切です。

第4章

トラブル防止編

スタッフによる虐待、不法行為等を防ぐには?

04-01

スタッフによる虐待、不法行為等を防ぐための基本

増加傾向にある介護スタッフの事件関与

介護スタッフが虐待などの事件に手を染めるというケースが目立っています。厚労省が行った平成29年度の高齢者虐待に関する調査によれば、養介護施設従事者等による虐待判断ケースは５１０件で、前年度比58件（12・８％）増加しています。昨今では、利用者の家族が映像や音声を隠し撮ることによる発覚も多く、こうした家族側の意識変化が隠れていたケースを浮かび上がらせているパターンもあるでしょう。とはいえ、家族がそれだけ危機感を抱く状況が根強くあることは、間違いありません。

また、介護従事者による、利用者の**財産等の横領や傷害・殺人事件**なども発生しています。過去には、以前訪問していた利用者宅を訪れ、借金を申し込んで断られた末に、利用者を殺してお金を奪ったという凄惨な事件もあります（無期懲役が確定）。

倫理教育の強化だけで、虐待などの根絶は可能なのか？

こうした事件がひとたび起こると、どんなに良質なケアをめざしていても、業界全体に対する利用者側の不信の目は強まっていきます。そこで信頼関係が失われるということは、よりよいケアの基本ともいえる「協働意識」が損なわれるおそれもあります。

財産等の横領や強盗事件
過去においては、グループホームにおいて、元副理事が入居者の預金を横領していた事件が発覚。利用者の権利擁護をいかに進めていくかという視点での再発防止策が求められている。

介護従事者による高齢者虐待の実態

	平成28年度		平成29年度
相談・通報	1723件	+175件（10.2%増）	1898件
虐待判断	452件	+58件（12.8%増）	510件

出所：厚生労働省

過去7年で10倍以上の伸び。従事者による虐待は大きな社会問題に

利用者の介護サービスへの信頼に揺らぎも

では、このような事件を防ぐために、事業者・施設はどんな手を講じていけばよいのでしょうか。よく聞かれるのは、スタッフへの**倫理教育**を強化するという方法です。

東北地方で昭和50年代から運営している中規模特養ホームでは、新人スタッフの内部研修で、利用者の尊厳を守ることをテーマとした倫理教育を毎年行っています。

しかしながら管理者によれば、「はたして、これが効果を上げているのかはよくわからない」といいます。「利用者に対してカッとなる瞬間があったら、この研修内容を思い出してほしいと話しています。しかし、実際に虐待事件が発生した施設でも同様の研修は行われていたと聞き、現状では不十分なのではと考えることもあります」。

確かに、「一線を越えてしまう」という状況の背景には、周囲からは理解しづらい

倫理教育
新規入職時だけでなく、一定の現場経験を積んだあとにフォローアップ研修のなかに倫理教育を組み込み、法人規定等が実施できているかどうかを自己評価させる方法も見られる。第三者評価にその旨を記載してある事業所も多い。

加害者側の心の状況があります。平成23年の刑事事件に発展した虐待事件を見ても、「普段は熱心なスタッフなのに……」という被害者家族側の声を聞くこともあります。

超えてしまう「一線」に至る前のリスク軽減が求められる

となれば、「一線を越えないようにする」という**水際作戦的な発想**は、防止策としては決して十分ではありません。都内のあるグループホームの代表は、「虐待がコップの水があふれた状況だとするなら、水がいっぱいになるのをまず防ぐことが大切」といいます。

そのホームでは、スタッフの様子がいつもと違う（むやみにイライラしている、眉間にしわが寄る等表情がきつい、など）と察知したら、そのつど面談を行い、場合によっては「利用者と直接接する業務」からしばらく離れてもらうようにしています。

「イライラが募ることが、そのまま虐待などに結びつくとは思いません。しかし、集中力の欠如などのリスクは高まるわけで、早めに〝コップの水〟を減らしていくことは、虐待以外のリスク管理においても必要なことです」（ホーム代表）

スタッフへの倫理教育などは確かに必要ですが、同時に「日常的に心の状態を安定させること」も求められる――つまり、車の両輪のようなダブルの方策が必要なのです。

横領などの事件についても、心の状態が不安定であれば、「出来心」や「魔がさす」リスクは高まります。ここでも、コップの水がいっぱいにならない仕掛けが求められます。

水際作戦的な発想
従事者による虐待が大きな社会問題になってから、慌てて倫理教育の強化を行うケースも見られるが、長年社会福祉法人の運営に携わってきた理事は、「付け焼刃的な対応をとっても防止効果はかぎられる。やはり、構造的な問題があることを法人全体が認識しなくてはならない」と言う。

虐待防止策の全体像をどう考えるか？

1.「コップの水」があふれる状況を頭に入れる

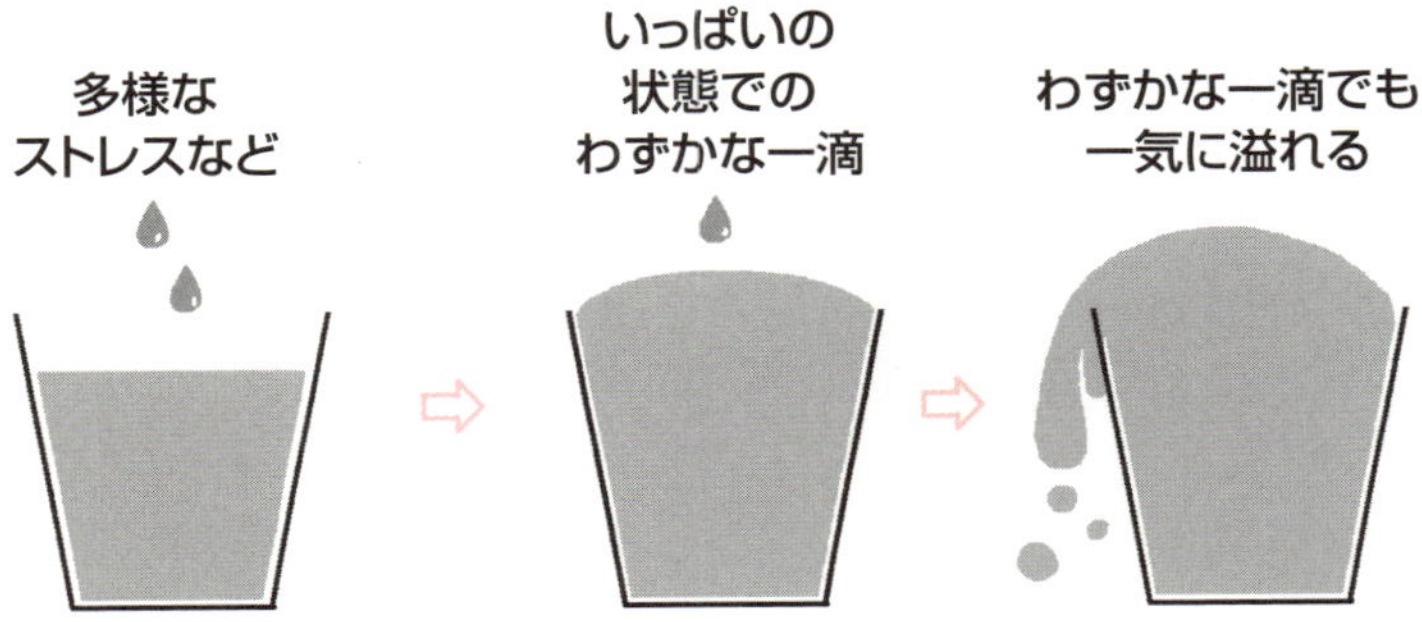

倫理教育だけでなく、リスクをあふれさせない方策が必要

このあふれが即、虐待につながるとはいえないが、集中力低下、言動の不安定さなどリスクの表出にはなる

2. 倫理教育と「水をいっぱいにしない」方策 ——土台と建物の関係でとらえる——

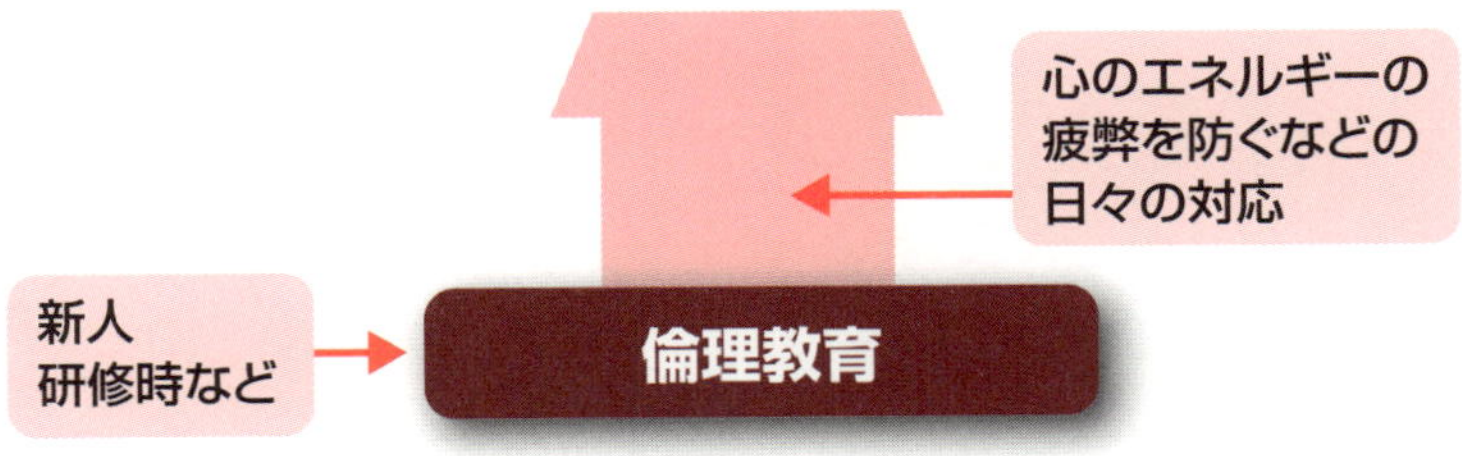

ポイント！

- 心が不安定になる状態を招かないように、少しずつ「水抜き」すること
- 倫理教育と日々のメンタルケアを車の両輪として行う

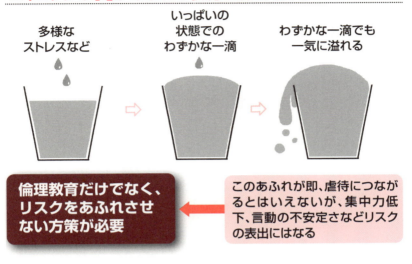

04-
02

大きなトラブルの防止は軽微なトラブルの根絶から「ヒヤリハット」把握が重大なリスク発生を防ぐ

都内で働くケアマネジャーのHさんは、利用者情報の**セキュリティ管理**について、事業所から細かい指導を受けています。例えば、①個人の携帯電話で利用者と連絡をとらない、②会社の携帯電話であってもナンバー登録はせず、電話番号は手帳に記す、③その手帳に記す電話番号は番号表記を一つずつずらすなど暗号化する、④利用者データが入ったUSBなどは絶対に家に持ち帰らない——などという細かい規定があります。

こうしたセキュリティ管理は、秘密保持の実効性を上げることもさることながら、厳しい規定を課すことで、スタッフの「リスク管理」の意識を底上げする目的もあります。施設長によれば、「最初は現場から厳しすぎるという反発もあったが、実践していくなかで、利用者に対する接遇や倫理への意識が高まった様子がうかがえる」といいます。日々の業務風土を整えていくことが、大きな事故を防ぐうえでは基本となっているのです。

スタッフの何気ない言動にも、大きな虐待リスクが潜む

あらゆる業界を通じて、リスク管理のイメージとして「**ハインリッヒの法則**」がよく取り上げられます。図に示したように、一件の重大な事故もしくはトラブルの背景には、軽

セキュリティ管理
ここで紹介した以外にも、例えば「ケアマネジャーはケアプラン等のコピーを外部（コンビニなど）で取ってはならない」「車のなかにパソコン等を置きっぱなしにしない」などの規定を設けているケースが見られる。コピーは必ず事業所内の管理ができる機器で行い、出かけに取り忘れがないよう、チェックリストを事業所内に張り出しているというやり方も見られる。

「ハインリッヒの法則」からリスク管理を考える

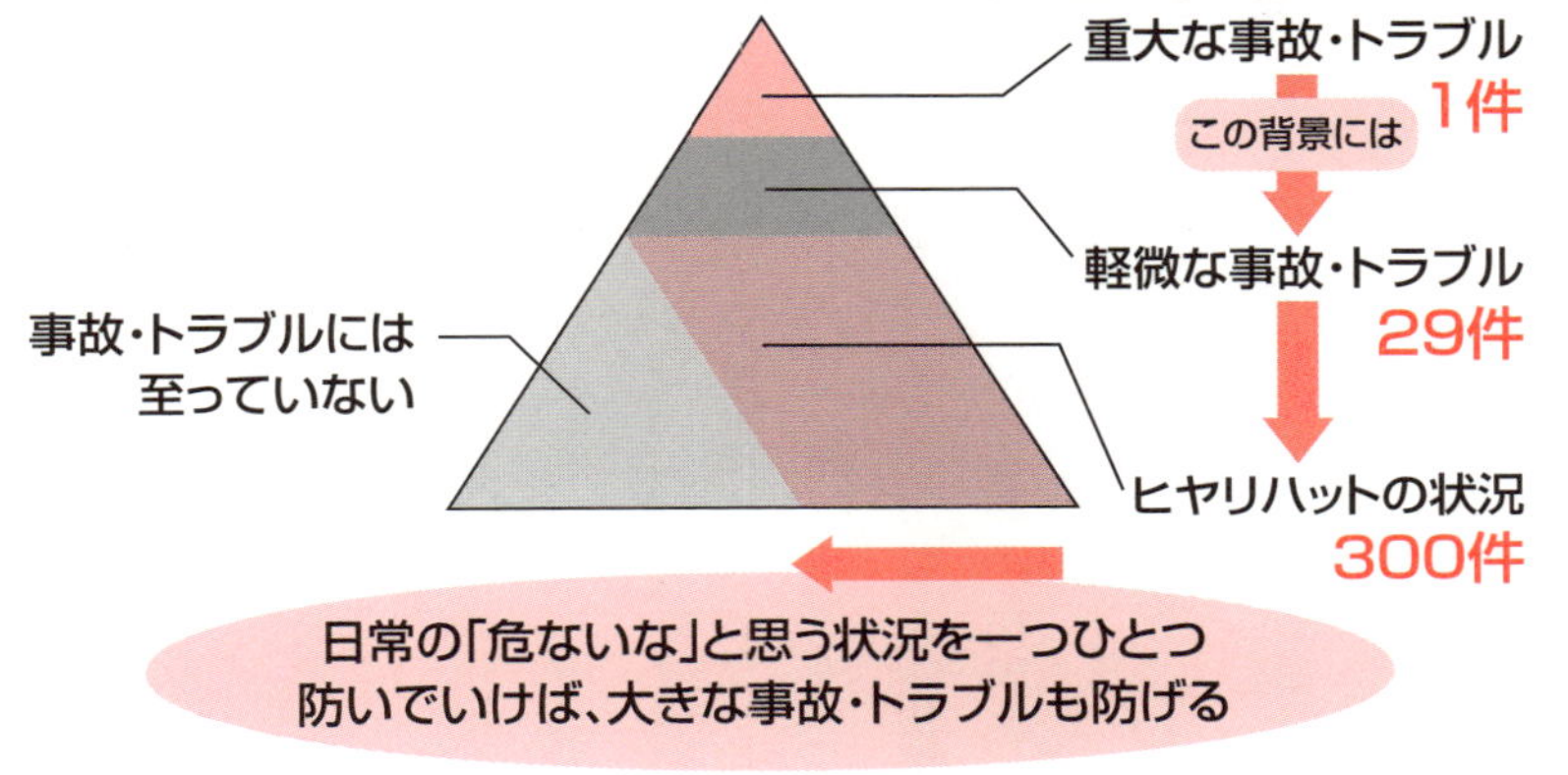

微な事故やヒヤリハット事例が一定数蓄積しているという法則です。

都内のS訪問介護事業所では、リスクマネジメント研修において、この図を取り上げつつ「小さなトラブルを放置しておくことが、大きなトラブルにつながる」ことを教えています。そのうえで、現場からのヒヤリハット報告などをうながそうという意図があります。

先のセキュリティ規定についても、現場でついおろそかになってしまう細かい点を一つひとつ規制していくなかで、重大なリスクの発生を防ごうという構図があります。

スタッフの虐待リスクなどを防ぐうえでも同様で、スタッフの何気ない言動をチェックせずに見過ごしてしまうと、それが一定数積み重なったときに、虐待事件などが発生する確率が一気に高まります。

ハインリッヒの法則

アメリカの技師・ハインリッヒが、もと労働災害の発生を分析するなかで導き出した法則。工場の製造ライン運営や、航空機の事故防止など、あらゆる現場において基本的な法則として採用されている。

1日3回の現場ラウンドで、全勤務時間帯を通じたチェックを

本章冒頭で取り上げた特養ホームでは、施設長自らが、1日3回現場をラウンドします。この施設では、スタッフが日勤、遅番、夜勤の3交代制になっている点で、3回のラウンドによってすべての勤務時間帯の状況が把握できるからだといいます。

もちろん、施設長自らラウンドすれば、スタッフが施設長を意識して普段の言動がそのまま表に出てこないことも想定されます。しかし、ハインリッヒの法則に従えば、たとえ「施設長がいるから自重する」という動機でも、一定のリスク管理の効果は生まれます。とはいえ、「チェック漏れ」が生じてしまう可能性があることも事実です。

そこで、「スタッフだけでなく、**利用者の状況**にも目を配るようにしている」と、その施設長はいいます。特に認知症利用者の場合、常に不安感を抱えがちで、スタッフによるちょっとした厳しい口調などが本人の言動に大きな影響を及ぼすことがあります。

そうした状態をチェックしていくなかで、スタッフの言動に異常は見られなくても、利用者側がひどく混乱していたり、落ち込んでいたりした場合は注意します。

例えば、「なぜあの人は不安なそぶりを見せているのか」についてスタッフにヒアリングを行い、身体状況や生活背景などに課題が見当たらなければ、スタッフの言動が原因になっている可能性もあります。その場合、そのスタッフを注意して見る必要があります。

利用者の状況
認知症利用者の場合、短期記憶の障害はあっても、何らかの刺激による心的外傷は残ることがある。例えば、「何らかの不快・恐怖体験をした場合、それが感覚として残り、不穏や落ち込みなどにつながる」ことも多い。

虐待などの重大事案を防ぐための「日々のリスク管理」

1. 日々の「ヒヤリハット」の報告を徹底させる

ハインリッヒの法則

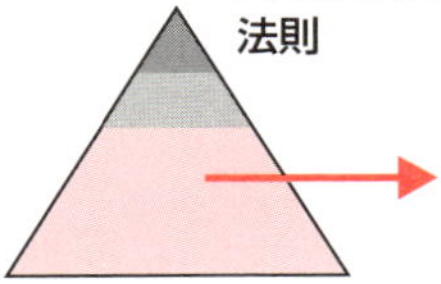

この部分を正確に把握して、裾野から対応

➡ 介護事故防止だけでなく、虐待・トラブル防止でも必要な視点

例

チーム内での言動が荒い

動きのバタバタ感が目に余る

身だしなみ等に無神経　など

2. 管理者・施設長自らが現場ラウンドの習慣を

❶

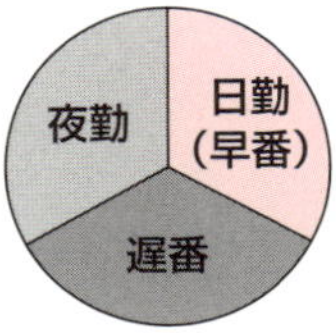

↓

1日3回でオールタイムを把握

❷

↓

気になる利用者に声をかけて反応をうかがう

❸

↓

現場リーダーにヒアリング

ポイント！

- ハインリッヒの法則を頭に入れつつ、軽微な出来事を見逃さない
- スタッフの言動上の問題を、利用者の状態から察することもできる

04-03

「倫理研修」をどのように進めるか
利用者の心を疑似体験し、これまでの業務を振り返る

「倫理教育」は、「介護職はこうあるべき」とか「介護職ならこれをしてはいけない」という道徳教育的なものでは、効果はなかなか上がりません。

ある施設では、新人に対して「介護職の心得帳」のような読本を配付していますが、「目を通している」というスタッフの声は少ないそうです。また、現場で若い介護職と話していてよく出会う光景として、「この施設ではこんな研修をしているはずだが」という質問をぶつけると、「そんな研修受けたっけ？」とスタッフ同士が顔を見合わせたりします。

つまり、現場スタッフの側に、研修内容が実感として伝わっていない可能性があるということです。そこで、関西にあるD有料老人ホームでは、「スタッフが利用者の身になれる」ことが研修のカギと考え、利用者の心を疑似体験するという研修を行いました。

疑似体験プログラムなどを活用して、心の振り返りを行う

介護職の研修において、身体や認知上の障害を**疑似体験**するというプログラムがよく見られます。近年では、長寿社会文化協会（ＷＡＣ）が開発した「認知症高齢者疑似体験プログラム」なども注目されています。認知症高齢者疑似体験プログラムは、ヘッドフォン

疑似体験
国立リハビリテーションセンターでは、さまざまな障害を疑似体験するイベントなどを開催。アイマスクを装着しての視覚障害の疑似体験のほか、ロービジョン（視機能が極端に低下している状態）を体験できるレンズキットもある。

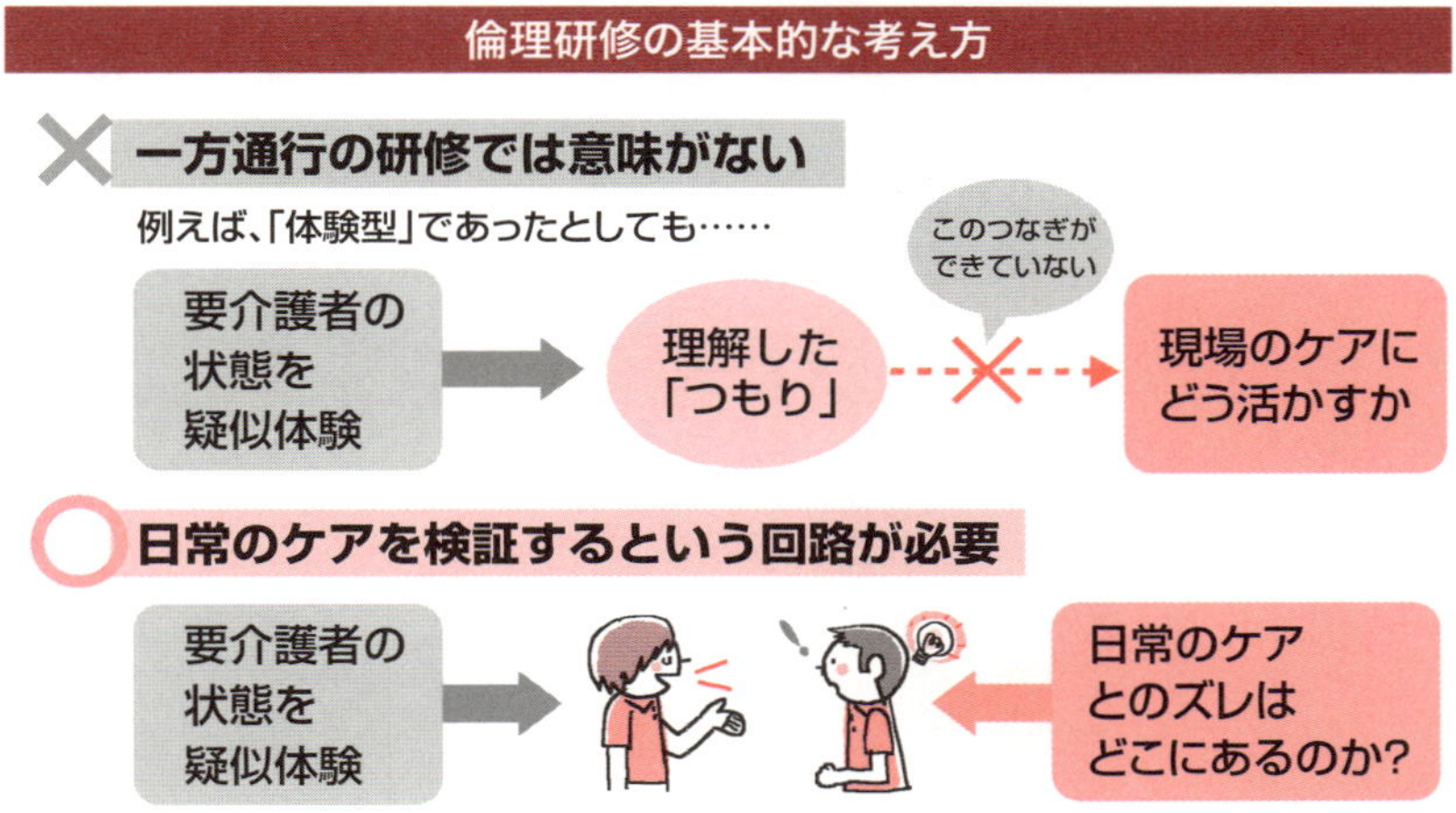
倫理研修の基本的な考え方
一方通行の研修では意味がない
例えば、「体験型」であったとしても……
要介護者の状態を疑似体験
理解した「つもり」
このつなぎができていない
現場のケアにどう活かすか
日常のケアを検証するという回路が必要
要介護者の状態を疑似体験
日常のケアとのズレはどこにあるのか？

とヘッドマウントディスプレイを装着し、映像中の架空の屋内でトイレの場所を探したりするというものです。

Ｄホームでもいくつかの疑似体験プログラムを導入して、新人研修にあてています。ただし、重要なのは「ただ体験して終わり」ではなく、❶体験を通じてどんな気分になったか、❷そのときに他者がどんな態度で接し、どんな言葉をかけてくれると安心できるか、という点を一人ひとりがシートに書き出すという「**振り返り**」です。

そのうえで、その記入したシートをペアになったスタッフ同士が交換します。そして、一人が介護者役、もう一人が要介護者役となり、「こうしてもらったらうれしい」という記入内容に沿って介護者役がサポートの言葉をかけていきます。ひと通り終了したら、役を交代します。

振り返り
こうした疑似体験の場合、「障害のある人は大変だな」というレベルの実感で終わってしまうと、「しょせん自分には関係ない」という心理に落ち着いてしまいがち。自分にもそうなる可能性があり、そのときにどんな支援があるとうれしいかというビジョンまで掘り下げることが必要。

業務のなかで抜けていた「気遣い」についてグループで話し合う

この研修の最後は、何人かのグループに分かれて、以下のテーマで話し合います。それは、「介護者役となってサポートを行ったとき、日常業務などでは思いつかない、もしくはなかなかそこまでできていないと気づいたことは何か」です。つまり、それまでの業務のなかで抜けていたポイントを再確認するのです。

話し合いができたら、グループごとにまとまった再確認ポイントを発表してもらいます。例えば、実際の研修で出てきたポイントのなかに、「親切心のつもりであれこれと指示を出されると、**子ども扱い**されているようでイライラする。自分でもできることがあるのだという点をもっと尊重してほしい」という意見がありました。

この認識などは、要介護者の尊厳を理解する重要なカギの一つといえます。若いスタッフの場合、頭では自立支援という概念がわかっていても、実際に現場に立つと「困っていることをサポート〝してあげる〟」という善意の押しつけに陥ってしまうことがあります。

そこで要介護者はイライラするわけですが、介護職側に「なぜイライラされなければならないのか」という思いがあると、言動が自然にきつくなる可能性があります。

こうした心の行き違いが不適切なケアの温床になるのだ、ということに気づければ、倫理研修としては大きな成果を上げることができるでしょう。

子ども扱い
その人のできることにきちんと目を向けないと、「私が何もしてあげなくては」という感覚に陥りやすい。ある施設では、障害理解を進める際に、「その人のできないこと」ではなく、「できること」に着目することを研修で最初に意識させるようにしている。

要介護者の疑似体験を「倫理向上」に結びつける

1. 体験後に「振り返り」を行う

疑似体験プログラムなど → ❶体験して、どんな気分になったか?
❷どんな対応、言葉があると安心か?

↓

❶、❷をシートに記入して、参加者同士が交換

2. 1のシートの❷に沿って、ロールプレイを行う

(例)

- 不安になったタイミングで「大丈夫?」という言葉をかける
- あまりあれこれ指示を出されると、ちょっとイライラする

→

3. いつも行っているケアとの「ズレ」を話し合う

親切心のつもりで細かく声をかけていたが、利用者は尊厳を否定された気持ちになっているのかも

だから、何となく反応が冷たい感じがしたのか?

ポイント!

- 利用者の尊厳を守ることを、バーチャルプログラムで実感させる
- 意識せずにやっている「間違い」をロールプレイなどで気づかせることがポイント

04-04

形を整えれば、悪循環が防げる 接遇マナーなど、「形から鍛える」倫理研修も効果がある

倫理研修においては、「頭で考える」ことだけでなく、「接遇などの形を身につける」ことも同時に行うという事業所があります。「形だけ覚えても仕方がない」という意見もあるでしょうが、「**形を整える**」ということは、相手の反応をやわらげ、「相手のイライラがこちらのイライラを呼ぶ」という悪循環を避ける効果があることは事実です。

東京都内のY訪問介護事業所では、「接遇」というよりは「社会常識」に近いマナーを最初に徹底して身につけさせています。例えば、電話の応対、訪問先でのあいさつ、家に上がるときの靴の揃え方など……今さらそんなマナー？　と思われがちですが、事業所長によれば「どれもきっちりできている人は、意外に少ない」といいます。

同行訪問でのマナーのひどさに驚き、徹底した研修を実施

「新人ヘルパーを連れて同行訪問してみたところ、ご利用者宅で靴の脱ぎ方一つ、あいさつ一つ満足にできないヘルパーがいて唖然としました」（Y事業所長）

考えてみれば、家でのしつけができていないといった家庭内教育の問題が指摘されるようになってから、すでに何十年も経過しています。となれば、社会常識的なマナーが未熟

形を整える

身だしなみや言葉遣いを人事評価のポイントにしている事業所もある。研修においても、「話を聞く態度」などを厳しく指導するなかで、結果的に「研修内容がよく浸透するようになった」という報告もある。他者と向かい合う際にも「スマホが手放せない」という人も増えるなかでは、初歩的だが重要な教育の一つといえる。

接遇マナー向上も大切なリスクマネジメント

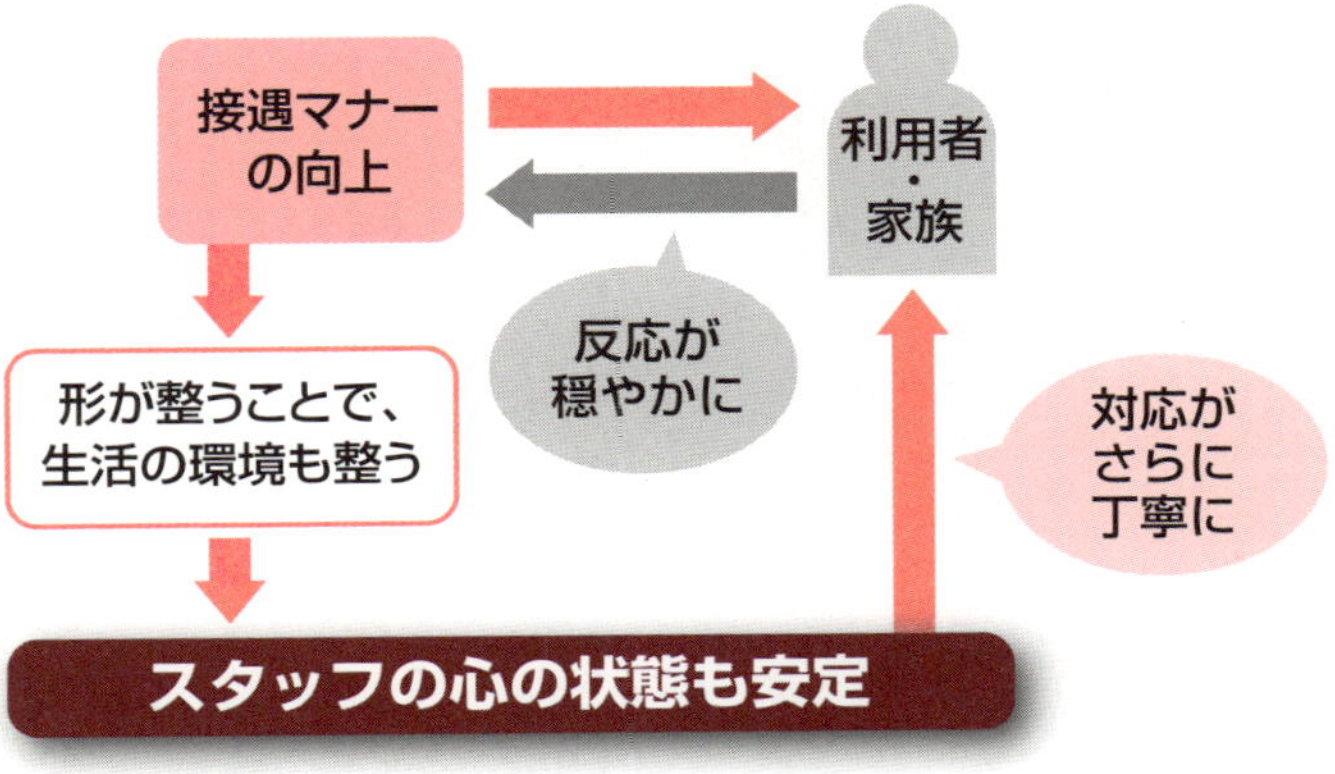
接遇マナーの向上
利用者・家族
反応が穏やかに
形が整うことで、生活の環境も整う
対応がさらに丁寧に
スタッフの心の状態も安定

という世代が30代・40代以上にも広がっている可能性は否定できません。

そこでY事業所では、スタッフが顧客対応（利用者本人、家族、地域住民を含む）をする際の場面をリスト化し、そこで生じる接遇マナーの正しいあり方を新人研修において教え込むことにしました。同時にマニュアルも整備しつつ、定期的に「**接遇マナーコンテスト**」を開きながら、優秀者を待遇面で評価する仕組みを設けました。

コンテストの流れとしては、マニュアルの内容をまず事前に習熟させ、当日、そのなかの接遇場面から一つ課題として提示します。例えば、「利用者家族から電話がかかってきたときのあいさつから、電話口での対応まで」という具合です。

どの場面が課題として示されるかは当日までわからないので、評価を受けるスタッ

接遇マナーコンテスト
こうしたコンテストの表彰に際しては、「どの点が優秀であったのか」を全員にきちんと説明し、次回チャレンジの際の目安を示しておくことが全体のレベルアップを図るうえで重要になる。

フはマニュアル全体を通して習熟していくことが必要になるわけです。

接遇マナーの強化が、「スタッフの心の安定」にもつながる

この徹底した接遇マナー研修を行った結果、意外な効果が現れました。事業所内における同僚との会話（会議なども含む）においても、言葉遣いが丁寧になったり、慌ただしさのなかで汚れ気味だった事業所内も掃除が行き届くようになったそうです。

同僚同士の言葉遣いが丁寧になったり、事業所内の清潔感が増せば、それはスタッフ自身の精神状態を安定させる力となります。つまり、心のエネルギーを安定させることで、スタッフのメンタル面にもよい影響を与えるのです。

こうした視点から、虐待等のトラブルリスクの軽減にも役立つことになりました。

大切なのは、この接遇マナーの向上を、利用者だけでなく地域全体に示していくことです。例えば、地域密着型の事業所が徹底させたこととして、「地域の人とすれ違ったら必ず声を出してあいさつをする」「始業前、定期的に町内を掃除する」という習慣があります。

その効果として、事業所にボヤが出たとき、地域住民が利用者の避難誘導を手伝い、大事には至らなかった例もあります。**グループホームなどの火災**が社会問題となったこともあり、利用者の安全を守るためには地域の協力が欠かせなくなっています。

その点でも、接遇マナーの向上が大きな力になることを頭に入れておきたいものです。

グループホームなどの火災
一人夜勤が常態化していると、延焼防止と避難誘導を両立することが難しく、それが被害を拡大している傾向がある。地域の協力を得られれば、非常時における役割分担を想定することができ、「自分一人でできること」への迷いを払しょくしやすくなる。

接遇マナー研修をどのように進めるか？

1.「顧客」対応場面をリスト化する

スタッフの業務の流れをチェック →
（例）利用者と朝の出会い → 朝のあいさつ
家族からの電話 → 電話対応

2. リスト化した「接遇場面」ごとにマナー研修

マナー講師（ホテル業界の接客指導者など）を立てて、まず手本を見せる → 一人ずつ実践 → **足りないところはどこかを振り返る**

3. 接遇マナーマニュアルを作成、定期のコンテストも

マニュアルの作成 → **常に習熟の意識を高める**

定期的なコンテスト実施 → 当日まで課題を伏せておく → 管理職の評議で優秀者を表彰

査定に反映

ポイント！

- **接遇マナーを徹底的に鍛え、定期的にコンテストなどで評価する**
- **接遇マナーの向上が、対利用者、スタッフ同士のメンタル面も安定させる**

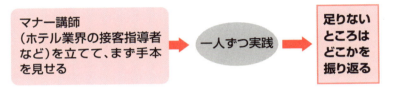

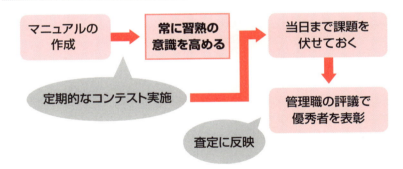

04-05

「コップの水」があふれやすい状況を理解する
今どきの従事者が陥りやすい迷宮を取り除く

現代人の間で急速に浸透したツールといえば、やはり**スマートフォン**（スマホ）があげられます。スマホは、その機能をきちんと使いこなせれば、介護現場におけるリアルタイムかつ確実な情報共有を進めることができるなど、大きなメリットをもたらします。

その一方で、「スマホ依存性」などの問題が語られるように、現代人の生活にとってマイナスとなる点もクローズアップされています。スマホを使ったＬＩＮＥでは、日常のコミュニケーションにおける「閉鎖性と密度の濃さ」が異様に高まる点も認められます。

倫理観を携えているように思える人材が、なぜ暴走するか？

特に、十分な社会性が培われていない若い世代が、ネットなどで形成される過剰な「閉鎖性と密度の濃さ」にはまってしまうと、時として、一般社会の倫理観と「自分たちの閉じられたコミュニティ」における暗黙のルールが相対化する場面が生じやすくなります。どういうことかといえば、普段は「正しいこと・やってはいけないこと」の分別があったとしても、何らかの拍子で「暗黙のルール」の方に逆らえないまま、それを優先してしまう心理が突然頭をもたげるという点です。ＬＩＮＥによるいじめや、反社会的な行為を

スマートフォン　介護・医療現場の連携を強化するべく、国は多職種間での情報共有などを進めるためのＩＣＴ化に力を入れようとしている。その一例として、スマホを使ってリアルタイムに利用者情報を共有できるアプリケーションの開発などが進んでいる。

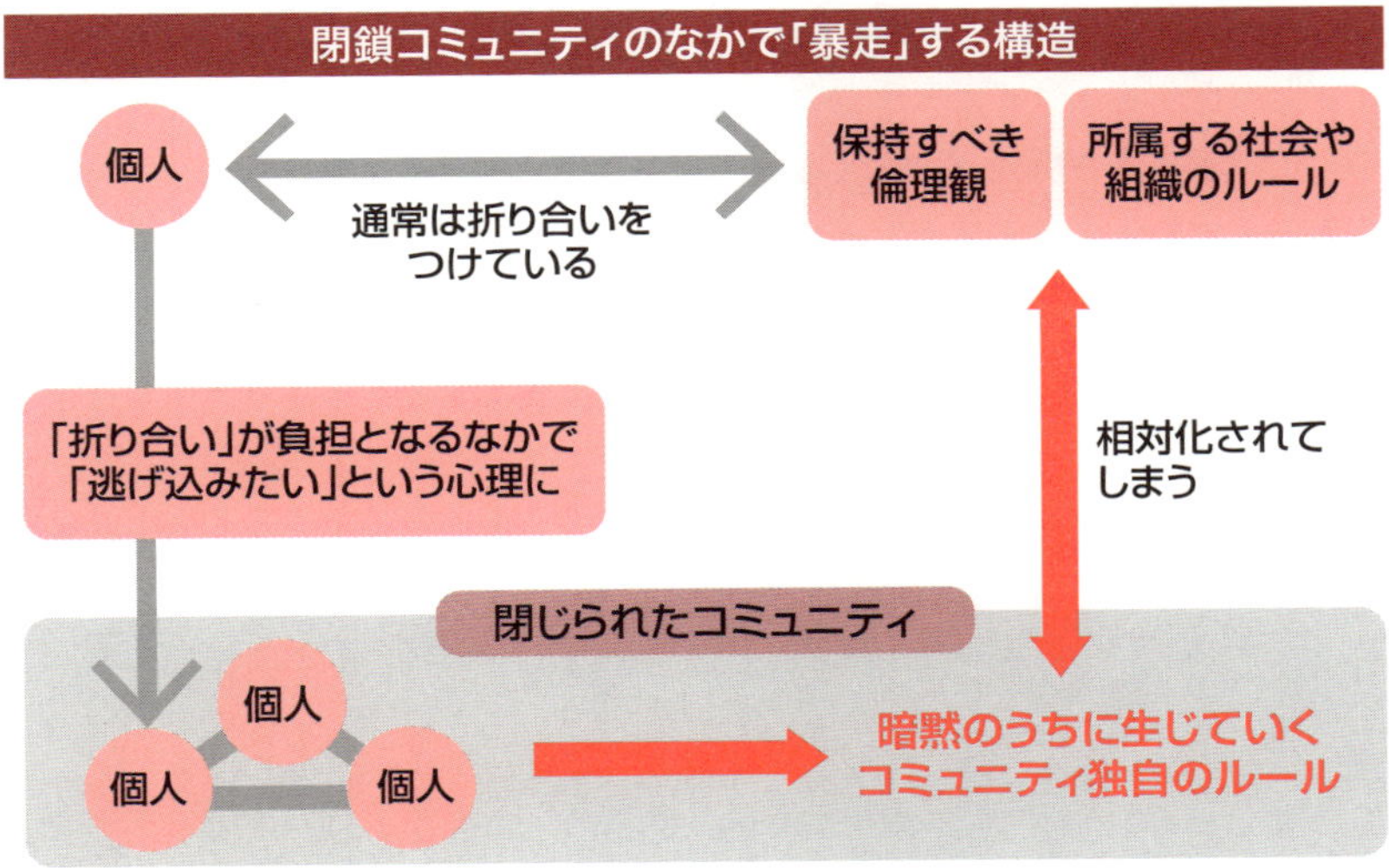
閉鎖コミュニティのなかで「暴走」する構造
個人
通常は折り合いをつけている
保持すべき倫理観
所属する社会や組織のルール
「折り合い」が負担となるなかで「逃げ込みたい」という心理に
相対化されてしまう
閉じられたコミュニティ
個人
個人
個人
暗黙のうちに生じていくコミュニティ独自のルール

スマホで撮影して動画サイトなどにアップするという事件が社会問題となりました。同様の例は、介護現場でも見られます。

近年では、愛知県内の特養ホームで、入居者に対して複数の職員が暴行におよび、その様子をスマホで動画撮影していたとして、警察による逮捕にいたった事件がありました。その他にも、認知症の利用者の顔にいたずら書きをして、やはりそれを**スマホで撮影**し、友人などにメールで送っていたなどという事件もあります。

ここで問題になるのは、同僚や友人などの他者が関与していたにもかかわらず、他者の存在が歯止めになるどころか、暴走に拍車をかけてしまっている点です。本来なら携えている社会常識や倫理観が、「閉鎖性と密度の濃さ」のなかで完全に流されてしまっている状況が考えられます。

スマホで撮影
たとえ、暴行シーンなどの悪意ある場面でなくても、個人が所有するスマホで利用者を何気なく撮影することで、そこからの個人情報の漏洩（例：スマホを失くす、誤って送信してしまう）などのリスクも想定される。「業務中は現場に個人所有のスマホを持ち込ませない」など、組織として、厳格なルールを定めたい。

「個人のあり方を認める」文化が弱まっているなかで考えたいこと

もちろん「スマホがもたらした」という単純な構造ではありません。スマホはあくまで状況を加速させるツールに過ぎず、問題の根っこは他にあると考えられます。

むしろ、スマホがこれだけ急速に普及したということは、現代人のなかに「閉鎖性と密度の濃さ」という空間に逃げ込みたいという心理があると考えた方がいいでしょう。

その心理をもたらしているのは何かといえば、「個人のあり方をきちんと認める」という風土が社会全体で弱まっていることがあると思われます。これは社会状況が複雑化するなかで、個人を正当に評価する物差しが追いついて行っていないことを意味します。

だからこそ、閉鎖されたコミュニティのなかだけで通用する物差しが、いつしか「自分が認められるための数少ないツール」になってしまい、社会の荒波に翻弄される現代人としては、ついそこに逃げ込みたくなってしまうわけです。

この点を考えたとき、組織（あるいは社会一般）が求める倫理から逸脱させないためには、個人が「狭いコミュニティの物差し」に逃げ込まないよう、その人の業務をきちんと評価するという風土づくりが欠かせません。前章で、「スタッフのシャドウワークも含めた評価の体系が必要である」ことを述べました。一人ひとりの**スタッフにあった物差し**をいかに築けるかが、不祥事の防止にも深くかかることを意識しましょう。

スタッフにあった物差し
組織としての人事評価は必要だが、「そのスタッフなりに果たそうとしていること」をいかに物差しのなかに含めていくかという更新作業を常に動かし続けることも欠かせない。人事評価のしくみこそ、常にPDCAサイクルのなかで機能させるという意識を。

「業務上で必須となる倫理観」と「閉鎖コミュニティで形成されるルール」を相対化させないために

① 「閉鎖コミュニティに逃げ込みたい」という心理を理解する

個人

- 「自分が社会や組織に認められていない」という漠然とした不安感がある
- 「自分としてきちんとやっている」つもりが、組織から正当に評価されていないと感じる
- 過剰なストレスがたまり、「自分がやっていることの意味」を冷静に振り返ることができない

↓

閉鎖コミュニティ

- ここならば、仲間内のルールに従っていれば自分を評価してくれる（安心感）
- 自分をいちいち振り返る必要もない（思考停止への安住）

② 上記の「逃げ込み」心理をいかに解消していくか？

個人が普段抱いている価値観や、「よかれ」と思ってしている業務を現場密着で把握

→ これを組織における評価の物差しと照らして、物差しが硬直化しないように常に更新をかける作業を

→ フィードバック

常に「成功体験」を与えたり、日常的な「評価の場」（本人の努力を表彰するなど）を作り続ける

ポイント！

- **閉鎖されたコミュニティのなかで倫理観がないがしろにされるリスクを理解**
- **閉鎖コミュニティの「逃げ込み」を防ぐべく、スタッフを評価するしくみを見直す**

04-06

夜間でも介護の手間は減らない
心のエネルギーを特に低下させる「夜勤」への対応を強化

心のエネルギーを最も低下させる業務の一つは、やはり夜勤です。生理的なサイクルとズレた時間帯での勤務という点もさることながら、人件費コストを考えた場合、どうしても1ユニットに一人程度という配置にせざるをえないことも、その理由でしょう。

利用者は夜間寝ているから介護の手間は少ない——という声もありますが、認知症高齢者の場合、昼夜が逆転しているケースも多く、夜の独特の静けさが不安を助長してかえって不穏になるということもあります。また、利用者が夜間にトイレに立ったりする場合、寝起きでふらつくということもあって、**転倒リスク**が高まったりします。

いずれにしても、夜間のほうが緊張度は高まる一方で、頼りにできる人員が少ない（もしくは皆無）となれば、当然、心の疲労度は高まることになるでしょう。

低賃金をカバーするため、「進んで」過剰な夜勤をこなすスタッフも

問題なのは、それでも「**夜勤手当**で低賃金をカバーする」という動機のスタッフもいて、人手不足の折に過度の夜勤シフトに入ってしまうケースがあることです。

シフト管理を行う立場としては、「自分から進んで夜勤をやってくれる」ことを容認す

転倒リスク
目の届く廊下だけでなく、ベッドから降りたところで転倒するなど、居室内でのリスクも高い。昨今は、ベッドの下にマット式のセンサーを敷き、寝返りの状態から「目を覚ましているか否か」を予測するシステムも開発されており、そのタイミングで居室を訪問するというやり方もある。

「夜勤」がスタッフの心に及ぼす影響とは？

施設等における「夜間」の特徴

- 昼夜逆転の傾向がある利用者
- 夜になると不穏が強まる利用者
- トイレに起きたときの「ふらつき」の危険　など

＋

少人数になることへの業務負担

→ **スタッフの緊張度が高まる** ＋ **身体のサイクルがズレることへの負担**

るのではなく、一人あたりの適切な夜勤回数を設定して、それ以上はさせないという強い方針を示すことが必要です。

　人手不足が深刻になってくると、夜勤専門の非常勤スタッフや派遣スタッフなどを活用するケースが見られますが、ただでさえ、こうした立場のスタッフが（正規スタッフとのコミュニケーション不足で）心のエネルギーを低下させやすいことを考えれば、大きなリスクに結びつく危険があることも認識すべきでしょう。

　仮に、月5回以上夜勤に入らざるをえないというスタッフがいる場合には、心の状態を量る面談とともに、法定のものとは別に臨時の健康診断を受けさせます（コストはかかりますが、リスク回避のために必要な経費ととらえてください）。

夜勤手当

労働基準法では、夜間の時間帯（午後10時から午前5時）の労働に対し、通常の労働時間における賃金の2割5分以上の割り増しをすることが義務づけられている。この割り増し分を「夜勤手当」としているケースも多い。なお、月60時間を超える時間外労働については、大企業（常時使用する労働者が100人超など）は5割増し賃金の支払いが必要（令和5年から中小企業も同割合に）。

夜勤明けの生活について、一定の指針を示すことも必要

もう一つ重要なのは、夜勤明けの休日の過ごし方について、個人の自由に全面的に任せるのではなく、組織としても一定の配慮を行うことです。

都内のGグループホームでは、「夜勤明けの睡眠のとり方」について、地元の協力医である脳神経科の医師のアドバイスをあおいでマニュアルを作成しています。

例えば、身体のサイクルを完全な昼夜逆転にしないため、夜勤明けの日中は軽く仮眠をとるだけにして、あとはできるだけ身体を動かすことを勧めています。ちょうどよい疲労をもって夜になるとぐっすり寝られるというわけです。

また、夜勤明けの**日中仮眠**も、できるだけ身体のサイクルが崩れないように、部屋に暗幕などを下げて太陽の光が入らないようにします。

いずれにしても、夜勤というのは、人間の身体にとって特殊な勤務形態であるという認識が組織全体に求められます。管理者としては、定期的に夜勤帯に自ら入り、夜間の利用者の動きがどうなっているかを自分の目で確かめます。

例えば、日中は比較的不穏行動が出ないという利用者であっても、夜間にBPSDが著しくなるケースもあります。夜勤スタッフからの申し出を待つのではなく、認知症専門医などと連携し、BPSDの緩和について先手を打つことが必要です。

日中仮眠
無理に寝ようとしてアルコールを口にするケースもあるが、過度の飲酒は睡眠を浅くしてしまうので、その後の疲れがとれにくいという状況を生みがちである。

夜勤の負担を最小限に抑えるには

1. 法人の都合だけで夜勤シフトを設定しない

❶ スタッフ一人あたりの適切な夜勤回数を設定
（できれば一人月4回まで）

❷ 非常勤、派遣のみの夜勤チームにしない
（コミュニケーション不足の負担がさらに増加する）

❸ 月5回以上の夜勤者には、臨時の健康診断を
（50人以上の現場には、産業医との提携も）

2. 夜勤明けの過ごし方のマニュアル作成

（例）

日中はできるだけ外で体を動かす

日中の仮眠時は暗幕をひく

酒の力に依存した睡眠は極力避ける

3. 夜間の利用者の動きを管理者がチェック

利用者の状態像変化 → 夜勤スタッフへの負担が増えている？

ポイント!

- 「夜勤明けの睡眠のとり方・すごし方」についてマニュアルを作成する
- 過重な夜勤が見受けられた場合は、法人経費で臨時の健康診断を行う

04-07

いざ虐待が疑われたらどのように対応していくべきか 虐待は許さないという強い意志を示し続ける

実際に虐待が発生したら、どのように対応すればよいでしょうか。

昨今の虐待事件において、**法人側の見解**などを見ると、そのほとんどが「察知できなかった」「虐待かどうかはこれから調査してみないとわからない」という内容です。

確かに事実関係をつかむことは大切ですが、これでは「結局、対応は事後的にならざるをえない＝現場管理ができていない」と認めていることになります。

なかには、「叩いたのは、相手の手のひらだけ」という状況説明があったりしますが、たとえ手のひらであっても「身体的に暴力がふるわれた」ことに変わりはありません。これでは一定の虐待をしなければ認知症対応はできないということを意味し、高齢者介護のプロとしては「法人全体が完全に失格である」と述べているに等しいことになります。

利用者の「異変」を認めたら、虐待の目撃事例を探る

すでに述べたように、現場で虐待が生じているか否かについては、利用者の状態にきちんと目を向けていれば察知できます。スタッフが近くを通るたびに、何となくびくびくしているシーンなどがあれば、虐待が発生している可能性は高いでしょう。

法人側の見解
虐待事件あるいは大きな事故等が発生した場合、訴訟リスクなどを想定してか、法人側のリスク開示が中途半端になるケースが多い。しかしながら、こうした対応は家族側の「真実を知りたい」という意識を誘発し、かえって訴訟リスクが高まることも頭に入れる必要がある。

「虐待が察知できない」は、それ自体が大きなリスク

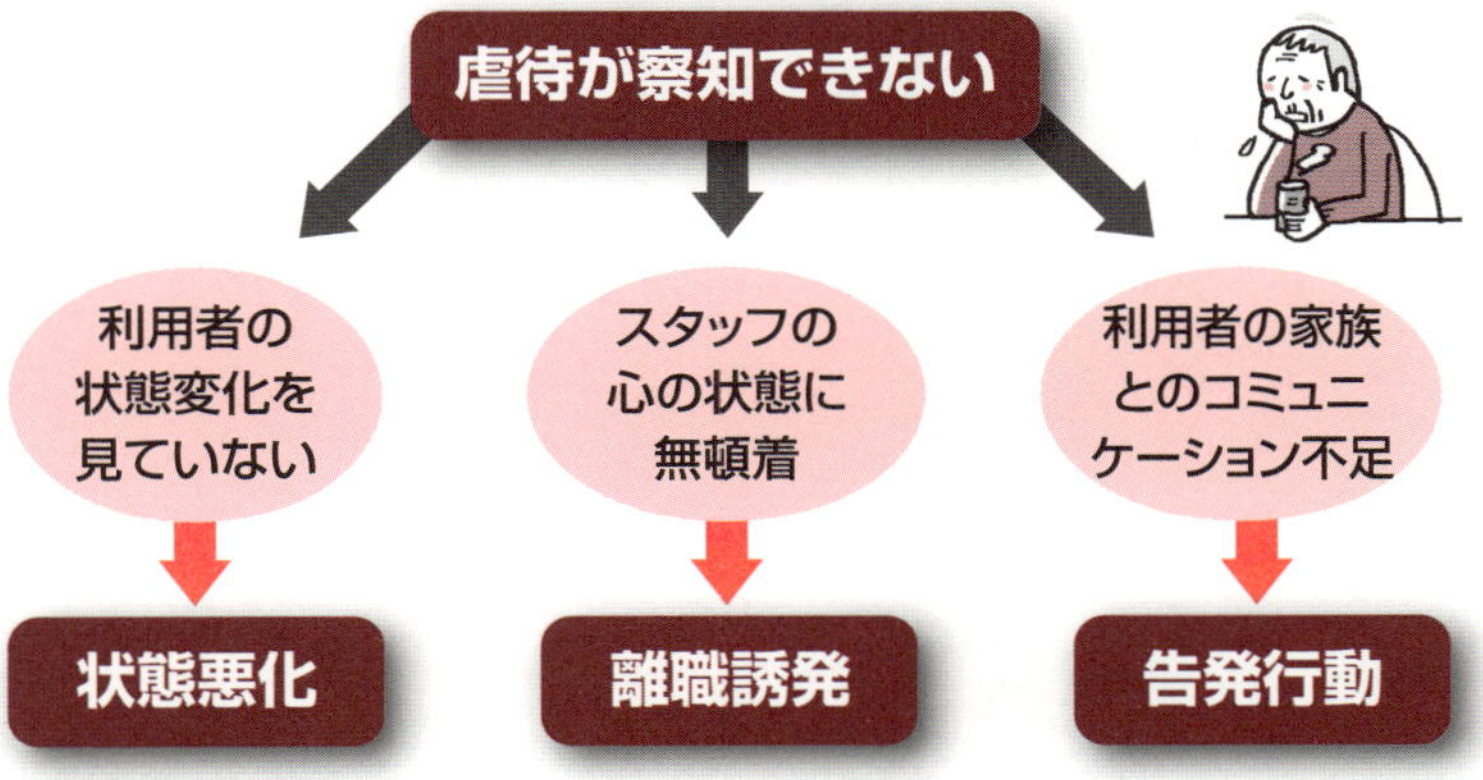
虐待が察知できない
利用者の状態変化を見ていない
スタッフの心の状態に無頓着
利用者の家族とのコミュニケーション不足
状態悪化
離職誘発
告発行動

そうしたシーンを認めたら、すぐに現場スタッフに「虐待を目撃していないか」という点についてヒアリングを行いましょう。ただし、告げ口のようになってしまうことに（特に若い人などは）拒否反応を示し、正確な情報が上がらないことがあります。

例えば、北海道にあるF老人保健施設では、施設内オンラインで管理者あてにスタッフが**匿名のメール**を送れるようになっています。つまり、ネットによる投書箱のようなものです。

こうしたシステムを導入しながら、少しでも通告の窓口を増やしていきます。

「それらしい行為」でもリスクがそこにあることを認識する

虐待の情報が上がったら、それが「いつ」「どこで」「どのような状況において」発生

匿名のメール

こうした「匿名メール」の仕組みは、あくまで「現場で何が起きているか」をリサーチする一手段に過ぎない。この施設の管理者によれば、「現場ラウンドによって事実を正確につかむことがあくまで基本。匿名メールだけに頼ることは、かえって実態把握を不明確にする危険があるので注意したい」としている。

したかを通告者に対して再度確認します。虐待に関して「ニセの情報」が上がるとは考えにくいものですが、それらしい行為を虐待と認識してしまうこともあります。

もっとも、「それらしい行為」（実際には叩いていないが叩くようなふりをした、など）であっても、その多くは、放置することで身体的虐待に発展する可能性があるといえます。

情報が正確でないと判断される場合でも、「火のないところに煙は立たない」という意識をもって、そこには何らかのリスクがあると考えましょう。

先の匿名メールＢＯＸの場合、「匿名」という性格から一方通行になることが多く、確認作業がむずかしいことがあります。その場合は、まず利用者の状態などを十分に確認し（皮下出血などは認められないか、本人が家族に訴えていないか、など）、「**物証**」を固め、虐待を行ったと思われるスタッフに対して聞き取り調査を行いましょう。

ただし、物証を固めるのに時間がかかる場合は、その間に虐待が再発してしまう危険がともないます。このあたりはスピード勝負ですが、例えば、特定の利用者が虐待を受けている場合は、家族の了解を得て一時的にユニットなどを移すことが必要です。

あるいは、特定の虐待事例をあげるのではなく、「そうしたリスクが高まっている」という判断を理由に「虐待対策のための徹底検証委員会」などを立ち上げます。そうした動きが出てくれば、虐待しているスタッフも一時的にせよ、行動は自重するはずです。

とにかくデリケートな対応が必要になりますが、大切なのは法人全体で「虐待は許さない」という強い決意を示し続けることです。このことを法人全体で共有しましょう。

物証
利用者のプライバシー保護があるため、施設側が居室内にカメラや録音装置を設置することは難しい。よって、「皮下出血があるかどうか」などに頼らざるを得ないケースが多く、入浴介助などで皮膚の状態観察を強化することなどが求められる。

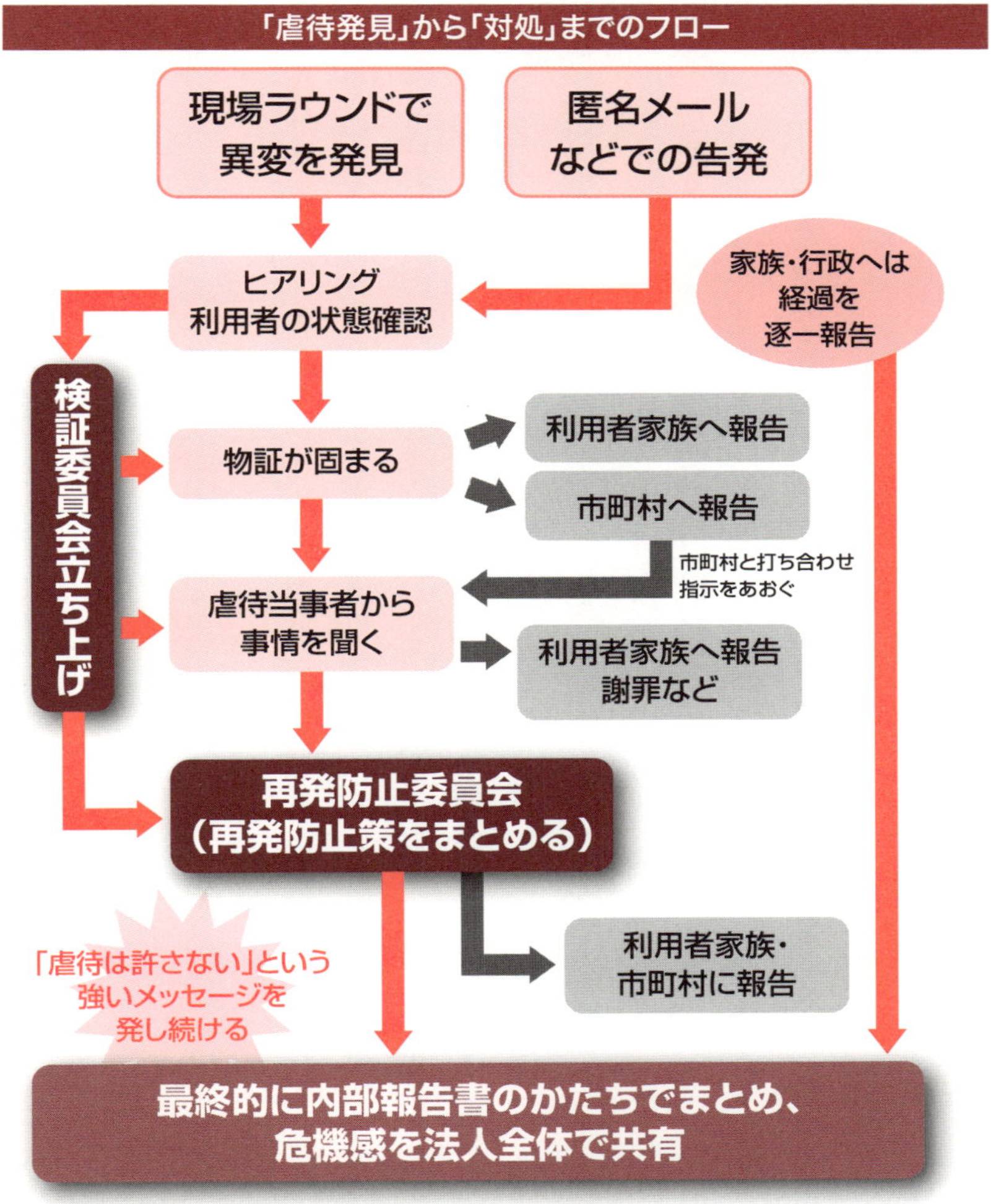

ポイント！

- 現場ラウンドに加え、管理者あての匿名メールBOXを設けて、事前情報を収集する
- 虐待検証・再発防止委員会などを立ち上げ、「虐待は許さない」という法人の強い意志を示す

04-08

法人の存続さえ脅かす重大なケースを防ぐには一線を越えさせない状況を整え、危険を事前に察知する

最後に、窃盗や強盗、さらには利用者への傷害・殺人など、極めて重大な刑事事件となるケースについて考えます。殺人でいえば、平成26年に神奈川県の有料老人ホームで発生した事件（被告は一審で死刑判決。控訴中）が社会に大きな衝撃を与えました。平成29年に岐阜県の老人保健施設で発生した入所者の死傷事件についても、職員が傷害罪で逮捕され、その事件性の有無、犯行動機などが今後裁判で明らかになっていくと思われます。

とはいえ、いったんこうした事件が発生すると、「何か**構造的な問題**もあるのではないか」という見方も生じるものです。同業界にかかわる法人としても、利用者の信頼を確保するため、「防ぐために何が必要なのか」について思考を継続させることが求められます。

重大犯罪を犯す人間の行動などは制御できないか？

恐らく法人トップの多くは、「殺人を犯すような人間の行動など、制御することはできない。窃盗なども、多くは確信犯なのだから防止は不可能」と考えるかもしれません。

確かに、「どのような人が重大事件を犯すのか」という法則などはありません。報道などで、犯罪を犯した人の生い立ちや性格を絡めて「さもありなん」という話が語られます

構造的な問題
介護人材不足が社会的にも共通認識となるなか、「犯罪を犯しそうな人でも雇わざるを得ないのではないか」という偏見が介護業界に向けられることもある。こうした偏見を放置すれば、真面目に働いている職員の肩身も狭くなり、人材不足がいっそう進みかねない。今、法人に問われていることの一つが、「人づくり」にかかわる情報発信であることは間違いない。

重大犯罪のリスク軽減を進めるための基本

従事者本人の犯罪につながるかもしれない動機や素地 ＋ 一線を超えさせてしまうさまざまな環境要因 → これが重なったとき重大犯罪が発生するという考え方

まずはこちらを排除する

- ●一線を超えさせないためのルール設定
- ●過剰なストレスを事前に取り除く対処

が、とても一般化できる話ではなく、無用な偏見や差別を生み出しかねない危険もあります。

ただし、人によって「犯罪を犯しやすい素地」があるとして、そこから「一線を超えさせない」という視点でのリスク軽減を図ることはできます。

ある施設では、職員が利用者の居室に入る際には、必ず「居室入口のドアは開けたままにする」というルールを定めています。

もちろん、おむつ交換などプライバシー保護が特に問われる際は例外ですが、その場合は「職員は**2人1組**となって居室訪問を行う」ことを定めています（夜間など人手が手薄な時間帯は、「夜間には利用者にぐっすり眠ってもらうため」という方針のもとでおむつ交換はしないとしている）。

決して、これだけで重大犯罪をゼロにで

2人1組
「他者の目がある」という状況を作ることは、リスクマネジメントの基本。人材不足のなかでは「実現不可能」で一掃されがちだが、「基本は2人1組」という理念が組織内にある（その実現に向けた努力を法人として払っていることを）だけでも、従事者側の意識が変わることも多い。

きるわけではありません。しかし、こうしたルールを定めること自体が「一線を超えるかもしれない」という心理に、ぎりぎりの所で留め金をつけることはできます。ハインリッヒの法則でいえば、リスクのすそ野を少しでも狭めることが、重大な結果を抑止することにつながるわけです。

ストレスコントロールが難しくなっている人の特徴

リスク軽減ということでは、従事者のストレス管理を地道に行うことも必要です。どんな人でも、過剰なストレスを負うことで理性的な判断が鈍ることがあります。もちろん、理性を鈍らせることが、即犯罪に結びつくわけではありません。しかし、「一線を超えるか否か」という境界にある人なら、結果は変わってくる可能性もあるでしょう。

本章で述べたように、まずは「従事者の言動が荒くなっていないか」などのチェックを徹底させましょう。そのうえで、気になる状況の従事者がいたら、（キャリアステップにかかる定期面談という名目で）話を聞き、**配置転換や夜勤・残業の軽減**を図ります。

こうした面談のポイントは、時折、肩の力が抜けるような雑談をはさむことです。張り詰めた空気がちょっと緩んだとき、態度が急激に変わる人というのは、それだけストレスコントロールが難しくなっている可能性があります。採用面接などの際にも応用できることなので、管理者としては頭に入れておきたいノウハウの一つです。

配置転換や夜勤・残業の軽減

これも人材不足のなかでは「ままならない」で終わってしまいがち。だが、大切なのは法人として実現に向けた努力を続けるかどうかにある。組織内の「あきらめ」や「思考停止」を放置することが、さまざまな事故・事件を引き起こす元凶ととらえること。これが、介護事業を運営する者の土台中の土台であるという認識が求められる。

「一線を超えさせない」ための組織的取り組み

1. ケアの環境を「密室化」させない

ケアの環境	組織的な取り組み
居　　室	居室入口のドアは常に開けておく（利用者が外からの視線を気にすることがないような立ち位置、開け方を）。居室内に監視カメラは設置できないが、廊下のカメラで入口部分を映せるようにする
おむつ交換などプライバシーが重視されるとき	（利用者が嫌がらない範囲で）原則として２人１組でケアにあたる。夜間は「ぐっすり寝てもらう」ことを目的として、おむつ交換はしない。その他の夜間ケアは上記のルールを準用する
訪問介護など	サービス提供責任者による「抜き打ち訪問がある」ことをヘルパーに周知（名目は、利用者の状態把握とする）

2. 職員のストレス管理をまめに行う

現場ラウンド等で「言動が荒い」など、気になる職員がいる……

↓

定期面談の名目で、本人と話をする機会を持つ

適度に（面談20分で、その後の10分など）雑談などを組み合わせて、相手のストレスコントロールの状況を探る

↓

状況次第で、一時的な**配置転換や夜勤・残業の軽減**を図る

ポイント！

- 重大犯罪を防ぐのは難しいが、「一線を超えさせない」ための環境づくりでリスク軽減を
- 「防ぐのは無理」というあきらめや思考停止こそが、実は重大犯罪を生む一番の温床

COLUMN

個別ケアの基本を知る「柔らか頭」の発想

その人らしさを尊重するという理念はあっても、具体的なケアのなかでは「通りいっぺん」になってしまうことが多いものです。例えば、施設や通所での食事といえば、食堂で大テーブルを囲んでという光景がほとんどです。確かに「みんなでにぎやかに食べた」ほうが、食が進むこともあります。しかし、そういう人ばかりではありません。

このときにどんな発想でケアを進めていくのか。管理者としては、大胆なアイデアを披露してもよいでしょう。若いスタッフにとっては、「そういうのも“あり”なんだ！」と気づくことが、現場業務に新鮮な風を送り込むこともあります。例えば、下記のような案はいかがでしょうか。

1．食事は外のベンチに腰かけて、おにぎりを

昔、農作業をしていた人の昼食はそれが当たり前だったかも。

2．入浴時には、介助するスタッフと一緒に大合唱

それが「家のお風呂」環境に近づけることもあります。

3．ときには、「屋台風カウンター」で居酒屋談義

屋台風のカウンターをつくって雰囲気を出してみては。

4．そろそろロック世代も利用者の仲間入り

例えば、ビートルズが好きな人を集めて、鑑賞会を開催してみてはどうでしょう。

第5章

チーム内人間関係編

スタッフ間、対利用者・家族の人間関係を上手に調整する

05-
01

リーダーの苦手意識はチーム内に伝染する
見えにくい「いじめ」の原因。どのような構造が働いているか

特養ホームの非常勤で働くJさんは、同僚のKさんがほかのスタッフとほとんど話をしていないことに気づきました。Kさんにその旨を聞くと「なぜかわからないけど、このユニットと隣のユニットの人たちに話しかけても相手にしてもらえないんです」とのこと。

リーダーの「苦手意識」がチームに伝染した!?

Jさんは「Kさんはいじめられているのではないか」と思いました。Kさんはどちらかといえば**仕事の要領**はよくなく、他人と話すのもあまり得意そうではありません。それでもチームカンファレンスのときなどは、Kさんとほかのスタッフが普通に意見交換しているのを見ています。また、ほかのスタッフがKさんの悪口をいっているのをきいたこともありません。Jさんは思い切って、リーダーに聞いてみました。

リーダーがいうには、「特にKさんと仲たがいしているわけではない」という前置きをしたうえで、「仕事の手際が悪く、慌ただしいときに彼と話すとイライラすることもあるので、話すのを少し避けている」ということでした。しかし、Jさんは釈然としません。もとは、リーダーがKさんとコミュニケーションしづらいというところからスタートし

仕事の要領
業務がルーチンワーク化してくると、決められた仕事の手際だけが「現場の価値」になりやすい。そのため、手際の悪いスタッフへの疎外が強まりやすい。つまり、チーム内の不和は「業務の質」も大きく影響しているといえる。

ているわけですが、ではその空気がなぜユニット全体や隣のユニットにまで広がったのでしょうか――こうしたケースを介護現場で聞くことがよくあります。

この場合、リーダーがKさんを「少し苦手」と感じている空気がほかのスタッフに伝染した可能性があります。特に、業務を行ううえでリーダーからの「指示待ち」という職場風土ができ上がっていると、この伝染は広がりやすくなります。

同時にKさんの側では「リーダーから避けられている」という感覚が、本人の業務への姿勢を複雑にします。「このままではいけない」「リーダーに認められるようにならなければ」という思いが、本人にとってプレッシャーとなり、余計に自然体の業務がしにくくなります。それがさらに他者から疎外される要因となります。

この二つの要素が重なったとき、「どうもKさんとはチームを組みにくい」→「Kさんの自信がいっそう失われていく」という悪循環を生みます。

また、Kさんのユニットから隣のユニットに異動があり、2つのユニット間で連携が必要となった際、「Kさんに申し送ると、うまく伝わらない」といった発言が出てしまえば、Kさんを避ける風潮が隣のユニットにも広がるわけです。

この流れのなかに、はっきりとした悪意は存在しませんが、客観的に見ると、「いじめ」のような状況が起こるのです。こうした空気が介護現場で生まれたら、それが本格的な「チーム内不和」に移行する前に手立てを講ずることが必要です。

ポイント!

- 現場に「指示待ち」の風土があると、チーム内の不和が広がりやすい
- チーム内の微妙な空気が、メンバーの異動によって他部署にも伝染する

05-02

ケアは全面的に現場スタッフに任せる 職責をはっきりさせることで、チーム内の関係がよくなる

前項のような人間関係での悪循環を防ぐうえで、ポイントになるのは、職員一人ひとりが「自分の頭で考え、行動できる業務風土」が培われているかどうかです。つまり、チーム全員が自分の**職責**を理解し、それを果たすことに集中できていれば、チーム内で「誰かに足を引っ張られる」といった雑念に縛られる必要がなくなるからです。

都内にあるグループホームでは、ある程度のベテランでも「自信をもって認知症ケアにあたる」という状況がなかなか生まれず、スタッフ同士が何となくイライラする空気がありました。離職率が高止まりするだけでなく、利用者の周辺症状の悪化が見られたといいます。ホームの代表はいろいろと悩みましたが、そのなかで、退職希望を申し出た一人のスタッフの言葉にひかれました。それは、「自分が日々こなしている業務に中身がないような気がする。まるで空気と格闘しているような感じ」というものでした。

具体的なケアについては、個々のスタッフに全面的にゆだねる

代表は「空気と格闘」という表現に注目しました。「なぜ、自分がその業務をこなすのか」について自信がもてない。だから、管理者やリーダーのほうばかりを向いて（指示待ちに

職責
介護労働安定センターの調査によれば、早期の離職防止等のための方策として、「職員の仕事内容と必要な能力等を明示している」という具合に、職責をポイントにしている施設・事業所は14.2%にとどまっている。「能力や仕事ぶりを評価し、賃金などの処遇に反映している」と比較して、3分の1程度。

職責の明確化がチームの意欲を高める

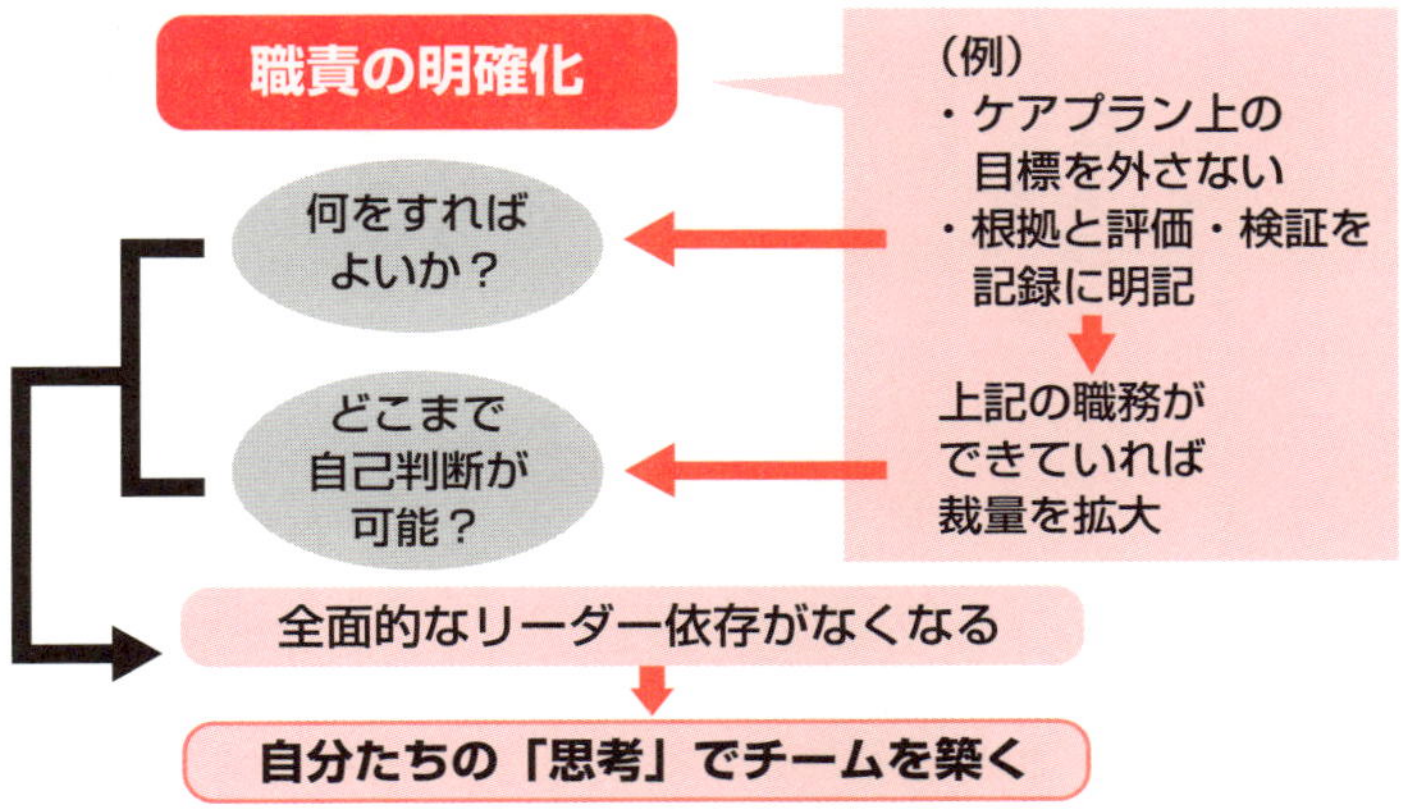

なって）しまい、身近な同僚の存在がうっとうしくなるのではということです。

そこで、ケアプランに沿って具体的にどのようなケアを行うのかという計画作成について、全面的に現場スタッフに任せることにしました。ただし、自分なりに考えて行ったことは、すべて記録に残すことを条件とします。その際、「なぜ、そうしようと考えたのか」という根拠と、「やってみてどうだったのか、次にやるときにはどうすればよいと思うか」という評価・検証まで記録することを義務づけました。

つまり、**ケアプランとの照合**と一定の条件をつけた記録作成——これを重要な職責としつつ、現場スタッフの**業務裁量**を大きく拡大したわけです。

代表によれば、最初はおっかなびっくりだったといいます。現場リスクが拡大しな

ケアプランとの照合
平成27年度の運営基準改定から、ケアマネジャーから各サービス提供事業者に対し、「個別サービス計画書の提出を求めること」が義務付けられている。ケアプランと個別サービス計画の整合性を確保することが目的。

業務裁量
「職責を明確にしないまま、やる気向上のために裁量だけを広げると、かえって現場は混乱する」（老健の管理者）という声が目立つ。

いように、ＰＤＣＡサイクルなどの考え方についての研修にも時間を割きました。

職責を明確にしたことにより、意外な効果が現れた

効果は意外なところから現れました。自分の頭で考えるとはいっても、最初は大きな不安がともなうものです。やはり、自分が正しいかどうかを誰かに確認したいのでしょう。でも、職責とともに大きな裁量を任されているわけですから、安易に管理者やリーダーに教えを乞うこともできない。そこで、カンファレンスなどの場以外でも、身近な同僚に「どうだろうか」とさりげなく尋ねるという風潮が生まれたのです。

こうした**非公式なやりとり**が活発になってくると、尋ねた側にその気はなくても、尋ねられた側は「何となく自分が頼りにされている」という感覚が生まれます。

このことが、その現場で働くことの意義を少しずつ高め、「仲間同士でやりとりする表情が少しずつ輝き始めた」と代表はいいます。興味深いことに、活き活きとした表情でやりとりを続けていると、利用者が「どうしたの？　何を話しているの？」と感心を寄せてきたそうです。何となく後ろ向きな雰囲気でやりとりをしていたころは、利用者も（近寄り難いと感じているのか）、どちらかといえばその場を避けている様子がありました。

つまり、仲間同士が「言葉を通じ合わせる」という風土は、利用者の参加意欲の高まりにもつながったわけです。

非公式なやりとり
オフィス環境のデザイナーによれば、「オフィス内で立って話ができるミニテーブルなどを随所に設置することで、インフォーマルな打ち合わせ機会が増え、チーム内コミュニケーションを後押しする効果がある」と言う。

職責の明確化の手順とその効果

1. 裁量の拡大と、そのための要件の厳格化

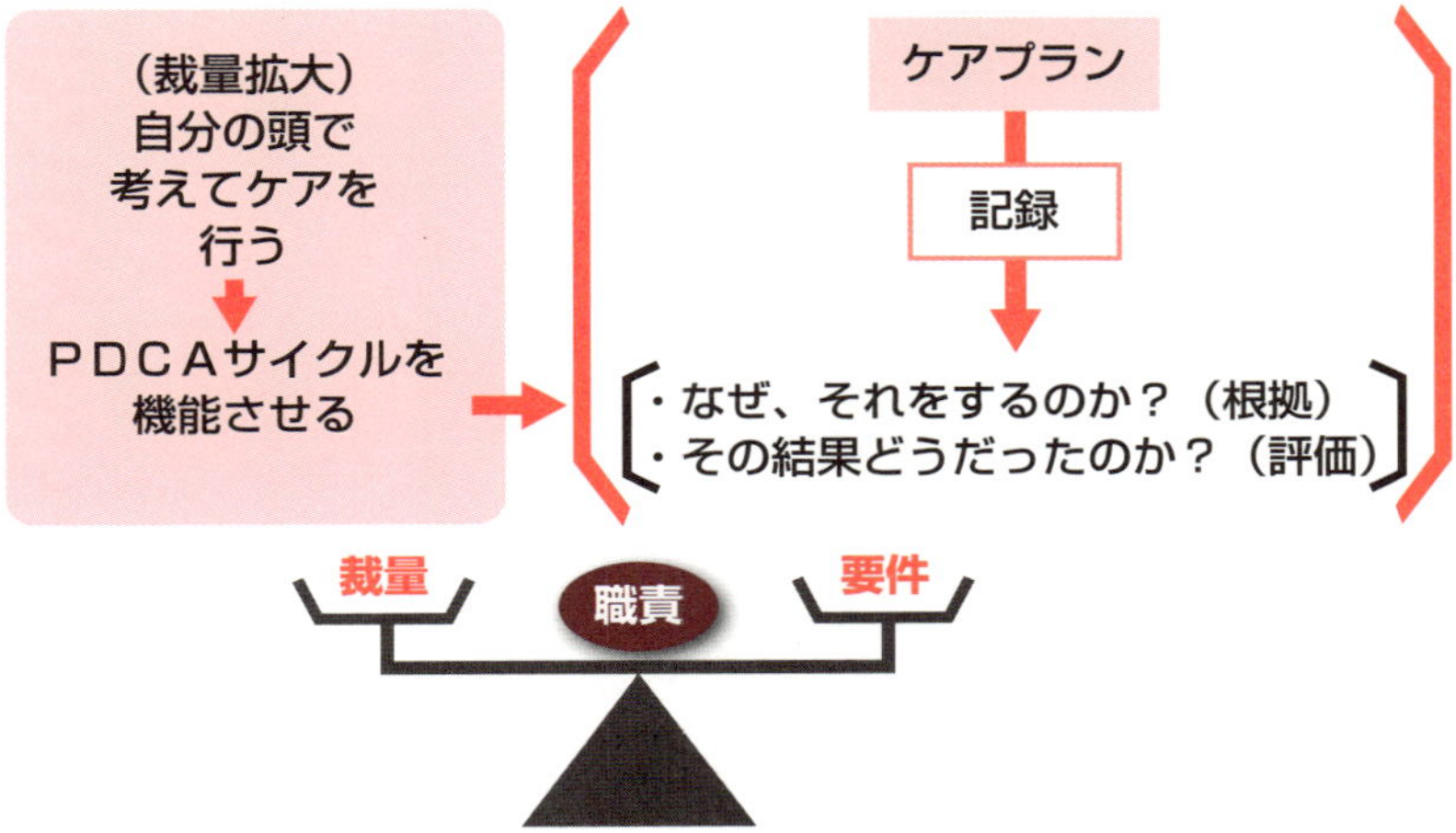

2. その結果、どのような効果が現われたか？

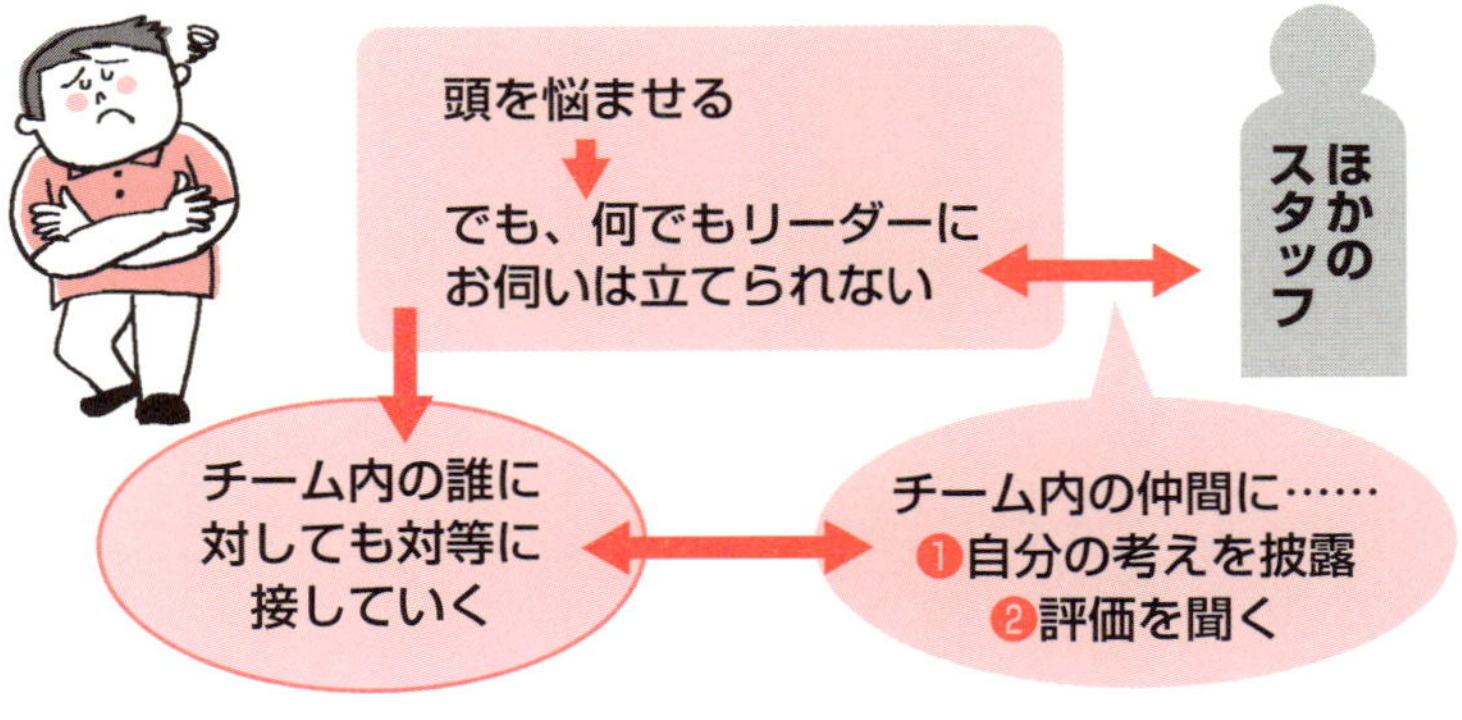

ポイント!

- リーダーや管理者への「お伺い」に頼る風土を払しょくすることが大切
- 自分の職責が明らかだからこそ、仲間と対等の言葉が交わせる

05-03

具体的な評価項目を設定する ベテランスタッフなどによる「できる人」へのやっかみに対処

チーム内の関係をぎくしゃくさせてしまう要因として、もう一つ無視できないのが、スタッフ一人ひとりが考える実績と実際の評価のバランスがとれていないときです。

つまり、「なぜ、あの人は評価されて、自分の評価はいまひとつなのか」という思いが生まれ、それがエスカレートするなかで**「えこひいき」的な考え**が浮上するわけです。

いったん「この組織では、正当な評価がなされない」と受け取られてしまうと、業務意欲が低下するだけでなく、評価されている人が疎外されるリスクが高まります。

こうしたケースが発生しやすい状況として、「評価されている」のが経験の浅い若いスタッフで、経歴の長いベテランスタッフへの評価に追いついてしまうケースです。

例えば、介護業務の仕組みや内容が短期間で一気に近代化する（例：記録の作成・共有をICT化する、PDCAサイクルを思考の基本とする、など）と、「なかなかついていくのが難しい」という心理がベテラン側に生じやすくなります。ここをきちんとフォローしつつ、評価の公正性を目に見える形で提示できないと、「自分たちもがんばっているのに、なぜあの職員だけ？」という視線が強まりかねません。

解決に向けては、「昇給などにかかる評価基準」をまず明確にすることです。

都内のT通所介護事業所では、1年に1回、スタッフ全員を対象とした「**評価面接**」を

「えこひいき」的な考え
人事評価も「人」が行うことを考えれば、どんなに評価基準を客観化しても「えこひいき」という見方を完全に払しょくするのは難しい。評価者（管理者）が現場スタッフとどのように接するか（高く評価している人材ほど厳しく接する──その後のフォローも必要）という点も大きなポイント。

「えこひいき」視線を払しょくするための公正な評価

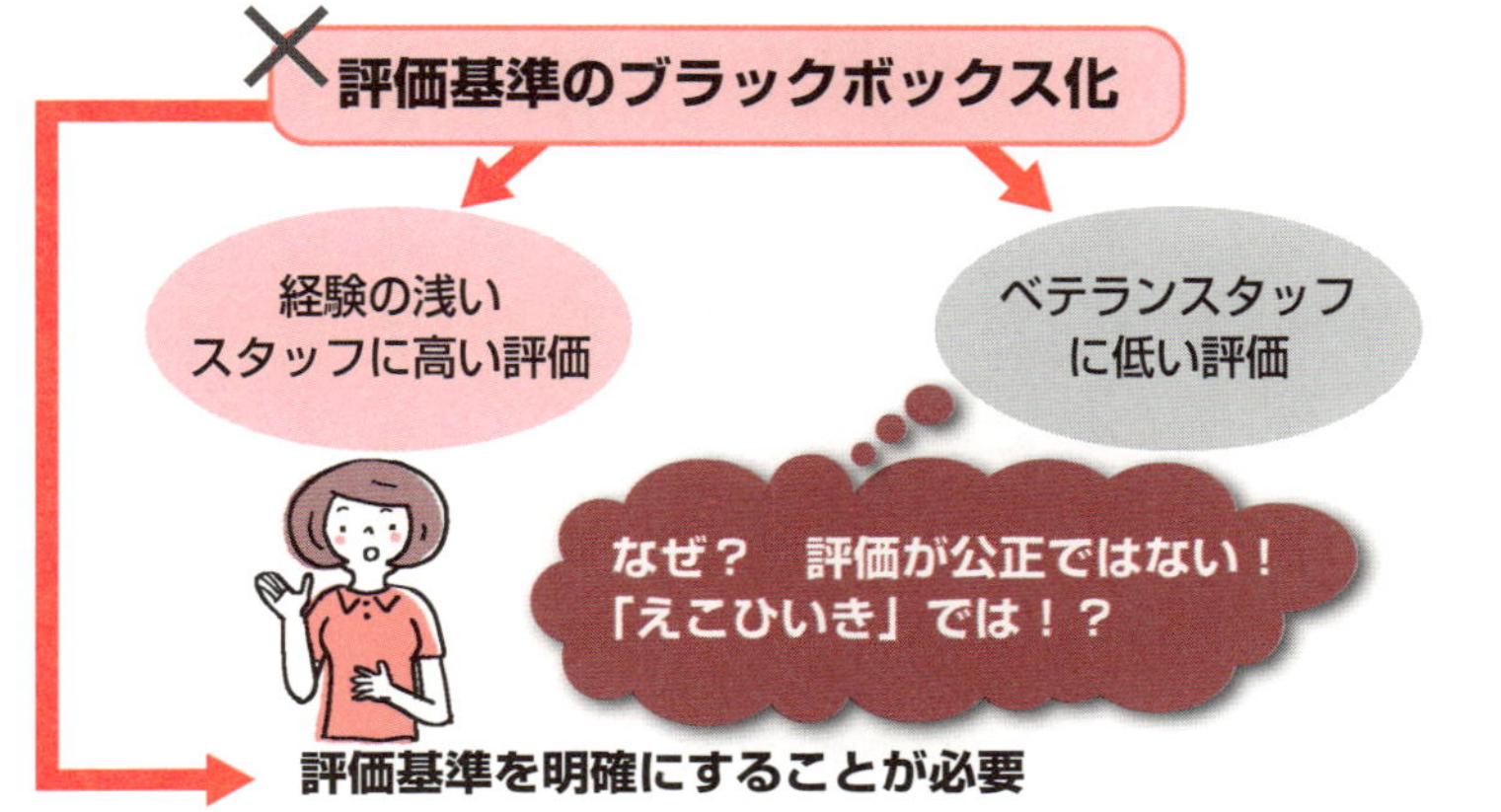
評価基準のブラックボックス化
経験の浅いスタッフに高い評価
ベテランスタッフに低い評価
なぜ？　評価が公正ではない！
「えこひいき」では！？
評価基準を明確にすることが必要

行っています。事業所の介護課長によれば、「この面接を始める半年前に、何を評価するかという基準を20項目立てて、全員に示した」といいます。

専門職の目も通しながら、具体的な評価項目を

人事評価というと、一般企業の場合、とても複雑な評価指標が示されるケースがあります。しかし、それでは「本当に公正な評価が行われているのか」が、現場スタッフには見えづらくなります。そこで、まずは20項目という数に絞り込んだのです。

その項目の内容も、できるかぎり「具体的なもの」になることを意識したそうです。

例えば、自立支援において必要となる具体的な介護技術を取り上げ、「立ち上がりや移動の介助の際、利用者に健側の手や足

評価面接　都内のある事業所では、評価面接の最重要イベントと位置づけて、その間は管理者への来客・電話等まですべてシャットアウトするという。

人事評価　76ページで述べたように、10月スタートの新しい処遇改善策（特定処遇改善加算）の導入を機に、「現場の職員自らが、自分たちの人事評価について考える」というボトムアップ的なしくみもこれからは考えておきたいポイントの一つ。

をきちんと使ってもらうよう、促しているか」といった項目を立てます。難しいのは、「自分はできている」と思っても、管理者の目から見て「できていない」という評価の食い違いが生まれることです。

そこで、リーダー・副リーダーなどの**複数の評価**を立てるとともに、評価項目の内容によって専門職の目を通させることが大切です。例えば、自立支援による機能向上を目指した評価項目であるなら、機能訓練指導にたずさわる看護師やリハビリ職の評価を入れます。

ベテランスタッフならではの実績も、きちんと評価の対象に

もう一つ重要なことは、ベテランスタッフを評価する場合（入職後何年以上という基準を明確にする）は、それまでの実績を評価にプラスすることです。

例えば、「若いスタッフへの日常的な指導者役を果たしてくれている」といった項目が考えられます。これを行うことで、新しいシステムへの順応が評価の中心になっていても、「自分たちも評価される余地がある」という安心感につながります。

何よりも、「法人側が自分たちの苦労をきちんと見てくれている」という意識が生じます。「ベテランだからこそできる」ことへの自負が生まれれば、若い人たちへの「やっかみ心」などはだいぶやわらげることができるでしょう。

こうした評価作業が定着してきたところで、さらに評価項目を増やすことも考えます。

複数の評価
人材マネジメントの世界では、複数評価法には2種類あり、1次評価は現場管理者、2次評価は部門統括者が担当するという「段階的な評価制度」と、ここで紹介した多職種による「多面的な評価制度」に分けられる。

評価体系の見直しで、スタッフの「やっかみ」をなくす

1. まず昇給等にかかる評価基準を絞り込む

(例)

・食事前に嚥下機能を高める体操を促している
・入浴前にバイタル情報を看護師から得ている

⇒

複数者の視点で「できている」「できていない」を評価する
(項目によっては、関連する専門職の評価を加える)

最初は20項目くらいに絞る

2. ベテランスタッフに対しては、「実績」も評価する

ベテランならではの業務の実績

若手に対する日常的指導	シート類・マニュアル類の改編	業務がしやすい環境の整備
↓	↓	↓
自分の理論の押しつけにならないこと	きちんとチーム内のコンセンサスがとれていること	自分のためだけになっていないこと

実績評価に必要な条件を見落とさない

ポイント!

- 明確な評価基準を定めたうえで、専門職を含めた複数の目でスタッフを評価
- ベテランには、「自分たちも評価される余地がある」と思わせることが大切

05-04

チーム内人間関係などのクレーム対処
相談者の具体的な状況を把握し、秘密保持を最優先に考える

チーム内の人間関係がゴタゴタしてくると、リーダーや管理者に対して、「ほかの同僚」に対するクレームや相談が寄せられるケースも出てきます。なかには、「やっかみ」などから小さなこともオーバーに訴えてくることもあり、すべて真に受けて対応していてはきりがないということもあるでしょう。とはいえ、「たいしたことはない」と放っておくことで、「やっかみ」などをエスカレートさせる可能性があります。この点を考えれば、何かしらの対処方法をあらかじめ設けておくことが必要です。

さらに、本章6に述べる「利用者や家族からの訴え、クレームへの対処」が、より重要な業務として控えています。それらを処理するためのフロー構築のモデルとして、**組織内のクレーム処理**にあたっていくという考え方をとりたいものです。

リターンがしやすいように、定期の相談会を開催する

第4章7の虐待告発のケースで紹介した「匿名メールBOX」を採用している施設ですが、これだけだと相談者へのリターンが難しくなります。

そこで、月1回、決まった日をスタッフからのクレーム・相談を受け付ける日にあて、

組織内のクレーム処理

中小規模法人が多い介護業界では、組織内のクレームや第7章で述べる「内部告発」を受け付けるといったコンプライアンス処理の専門部署が整っていないケースが多い。「組織内の不満や相談」をどのように処理するかという仕組みを、いかに整えるかが業界全体の課題ともいえる。

スタッフからのクレーム処理もきちんとフロー化する

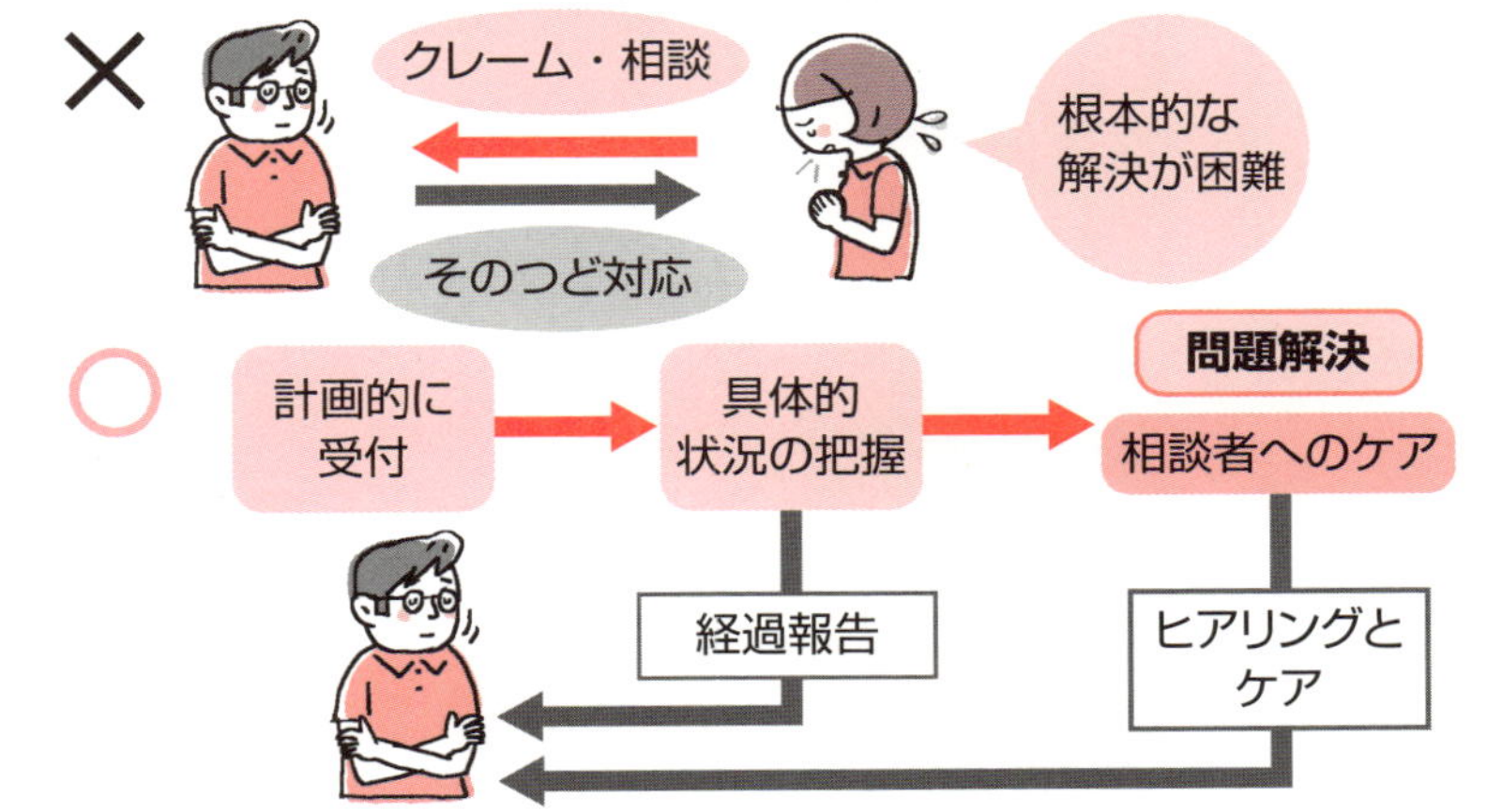

管理者が専従で面談方式による対応を行うことにしました（定期相談会）。相談したいスタッフは管理者宛てにメールで予約を入れ、当日の面談時間を設定します。

これ以外の緊急クレームや匿名メールだけの相談については、「対応するかどうかは法人として決める」という規定を設け、確実にリターンがほしい場合は「定期相談会」を利用してほしい旨を告知します。

こうしたクレーム受付を公式のものとすることで、スタッフのなかの「クレームのためのクレーム」や「安易に誰かを貶めるためのクレーム」などを抑制する効果もあります。

重要なことは、この相談会で受け付けた案件については、完全な解決に至っていない状況であっても、**処理経過を随時リターン**するということです。対応に時間がかか

処理経過を随時リターン

ある施設では、部下からの相談事などに対しては、①まず翌日までに「どのように解決に向けるか」という方向性を伝える、②その後は2日おきに解決までの経過報告を行うというルールを設けている。「ルール化することで、相談者が業務に集中できる環境を整えた」という。

るからといってその間何のリターンもしないと、相談者のストレスがたまり、矢継ぎ早のクレームとなって返ってきてしまうことがあるからです。

事情を探るうえでは、相談者の秘密保持を最優先に考える

さて、スタッフ同士のトラブルによるクレームに特化した場合、まずは具体的な状況を確認します。例えば、「いじめにあっている」という相談だけを受けても、客観的な状況が不明確であれば、**本人の思い込み**ということもありえるからです。

ここで求められるのは、マネジメントする者としてのインタビュー能力です。大切なのは、「何をされている」だけでなく、「どのように」という要素を聞き出すことです。

例えば、「自分の書いた記録を隠されてしまった」という訴えがあった場合、「それは記録を書いた直後なのか」「隠された記録は結局見つかったのか」「誰かが廃棄しているシーンを見たのか」という点を掘り下げて聞き出します。ただし、相談者側に「自分の訴えを疑っているのでは」という心理も浮上しやすいので、随所に「それは大変だったね」などと相手をいたわる言葉をはさんでいくことが必要です。

そのうえで、相談の対象となる人（いじめを行っている人）に事情聴取を行いますが、あくまで相談者が特定できないよう、「秘密を守る」ということを最優先に考えましょう。どうすれば秘密の漏れない聴取ができるかを普段からシミュレーションしておきます。

本人の思い込み
ただし、思い込みであっても、思い込むだけのリスクがある（本人にケアの必要な心の問題があるなど）ことは頭に入れておく。

定期的な相談会を運営する流れ

1. 月1回の相談会を実施することを告知

リーダー → 相談会（相談の入り口なので一人30分程度） → 随時のリターン

相談者（スタッフ） → メールで予約 → リーダー

相談者（スタッフ） → 相談会

確実なリターンがほしい場合は相談会を利用する旨を告知する

・匿名メール
・緊急の相談
→ 対応するかどうかは法人で決める

2. 状況を掘り下げるインタビューと相談者へのケア

＜相談例＞
「○○さんに□□をされて困っている」
→
❶具体的に「いつ」「どのような状況で」？
❷具体的に「どのような不利益」を受けた？
❸どうなれば「解決」とするか？

相談のスタートラインとゴールラインを明確にする

相談の合間に「たいへんだったね」「きつかったね」といわたりの言葉を

この言葉だけで相談者の苦痛が和らぐこともある

ポイント！

- 予約付きの定期相談会を開くことで、安易なクレーム・根拠のないクレームを抑制する効果がある
- 相談者をいたわりつつ、事情をしっかりと掘り下げる

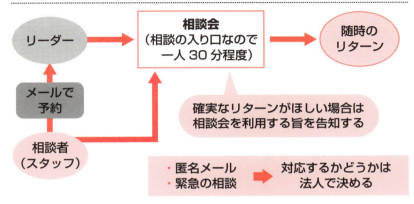

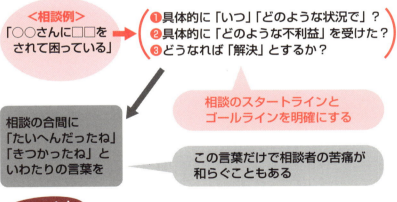

05-05

現場スタッフと利用者・家族の両方へケアをほどこす

利用者や家族からの訴え、クレームへの対処

現場のスタッフにとって、大きなストレスとなる要因に、利用者および家族との人間関係があります。介護職なのだから当たり前といってしまえばそれまでですが、心のエネルギーが低下している状態で利用者や家族からのきつい言葉などを受けると、スタッフ側の反応もついきつくなってしまうおそれがあります。

これを放置すると、利用者の意欲が大きく低下したり、**介護拒否**など現場への負担が増すリスクが高まりかねません。また、家族との関係が悪化すれば、法人へのクレームが急増したり、ちょっとした事故などですぐに訴訟などに至るケースも増えてきます。

普段から訴えを吸収するルートを数多く設ける

まず考えたいことは、現場のスタッフと利用者・家族の関係が良好であるかどうかをアセスメントすること。そのうえで、厳しい状況が発見されたら、スタッフと利用者・家族の両方へのケアをほどこすことです。また、その前提として、現場スタッフに対し、利用者・家族のきつい訴えにどう対処するかという研修を積むことも望まれます。

関東にあるA老人保健施設では、まず、利用者・家族の訴えが直接現場のスタッフにで

介護拒否
介護職員による介助などを拒否する姿勢というのは、職員との信頼関係が十分にできていないというだけでなく、職員側が業務に集中できていない状況（利用者にしてみれば、「急に手が出てきた」ような感覚に陥り、思わず拒否姿勢を取るなど）を示していることがある。

利用者・家族からのクレームが及ぼすリスク
それまでの不満がたまっていることが多い
クレーム
思わずきつい対応
対立がこじれる
業務がきついと心のエネルギーが低下
利用者・家族
現場のスタッフ
両方のフォローを未然に行う

きるだけ向かないよう、普段から訴えを吸収するルートをいくつも備えました。

多くの施設でよく見られるのが、ロビーに置かれた「意見箱」や家族との定期的な手紙交換、そして、利用者への面会時に管理者が意識的に声をかけるなどの手法です。

A老健でも、同様の方策をとっています。加えて、支援相談員による定期的な利用者宅訪問機会（平成30年度から、たとえば**入所前後の訪問指導の割合**が老健の評価指標に位置づけられた。これを強化すべく、作業療法士等も支援相談員とペアで訪問）も活用しています。

施設内では周囲の耳目があるため口にできないことも、自宅で、しかも支援相談員等と少人数でとなれば、いろいろな話も出てくるとA老健の施設長はいいます。

また、定期的に家族会を開いていますが、

入所前後の訪問指導の割合

指標では、実施率が30％以上で「10」、10％以上で「5」、10％未満で「0」。こうした指標のトータル値によって老健の報酬区分が変わってくる。老健の在宅復帰・在宅療養支援機能を強化するための新たな施策。

そこではいくつかのグループ単位でピアカウンセリングのような「サービス利用の体験談の披露」を行い、グループ単位の家族リーダーがそこで出てきた訴えをとりまとめて、施設側に報告をお願いする方策もとっています。

訴えに対しては「メモをとる」習慣を定着させたい

こうした訴えのルートを確保したうえで、それでも現場スタッフに訴えが向く場合には、そのための対処法をあらかじめ教えておく必要があります。

基本は、まずクレームに対しては、言い訳をせずに「申し訳ありません」と頭を下げることから始めます。そのうえで、どのような訴えでも黙って耳を傾けます。

その際、実行したいのは、現場スタッフに常にメモ帳を携帯させ、その場で必ず**メモをとる**という習慣です。これは訴えの内容を正確に記憶しておくという点だけでなく、「メモをとる」という行為自体が相手に対して真摯な印象を与える効果があります。

そして、こうした訴えがあった場合には、必ずマネジメントする者に報告させます。これは家族に対して早急にリターンを行い、家族側の納得をきちんと引き出す目的がありま す。同時に、訴えを受けたスタッフに対し、「貴重な情報をありがとう、きつい訴えを聞かされて大変だったね」という具合にその場でフォローを行うためでもあります。

メモをとる
メモをとることによって、訴えを受けているスタッフ側も「カッとなる感情」を抑えやすくする効果がある。ただし、逆に「メモなんかとらずに、ちゃんと聞け」という態度をとる人もいるので、臨機応変に対処することも含んでおこう。

利用者・家族の不満・訴えをこまめに吸収するルートを確立する

例1 多くの施設でよく見られる手法

意見箱（掲示板などでリターン）

定期的な手紙対策（連絡ノートも）

面会時などでの声かけ

例2 相談員などによる定期的な家庭訪問

自宅だからこそいいやすいこともある

例3 家族会における訴えととりまとめ

同じ思いの人がいると意見をいいやすい

それでも現場に訴えが向いた場合……

訴え・クレーム → まず言い訳せずに謝罪 → 相手の訴えはメモをとる（例外もある） → 上司に伝えること、一両日中に返事することを伝える → 管理者に報告

ポイント！

- 家族の訴えを事前に吸収するべく、定期的な在宅訪問も行ったり家族会を活用する
- 訴えを受けたスタッフに対しては、その場でフォローの声かけを行う

05-06

カギは、組織で一丸となって取り組めるか否か 深刻化する「利用者・家族によるハラスメント」

現場従事者の離職を誘発しかねない問題で、近年、深刻化しているものの一つが「利用者・家族等によるハラスメント（パワハラやセクハラ）」です。「深刻」という意味のなかには、その内容や頻度もさることながら、「表に出にくい」「解決に向けた道筋が十分に定められていない」という点も含まれます。

事業者や現場の従事者にとって、利用者・家族は「支援を行う対象」です。ゆえに、組織のなかに「がまんする」という風土が生じがちです。「がまん」が前提となってしまえば、「解決すべき課題」としての優先順位はどうしても後回しにされがちです。仮に従事者が管理者等に相談しても、「うまく受けこなすこともプロの役割」などという理屈でスルーされる光景もまだまだ多いようです。

ハラスメントに対処する組織としての3ステップ

厚労省内の事業で「利用者・家族によるハラスメント」に関する調査が行われています。調査によると、「利用者からハラスメントを受けた従事者」は、過去1年だけでも訪問介護で33%、通所介護で36%、特養ホームに至っては62%に達しています。

パワハラ
（利用者等に）「叩かれる」「蹴られる」といった身体的暴力のほか、精神的な暴力も多い。後者では、介護保険では対応できないサービスを求められ、断ると「文句を言ったり」「支払いを拒否する」というケースも。

セクハラ
「さわられたり、抱きしめられたり」というケースのほか、「卑猥な言動を繰り返す」「女性のヌード写真を見せる」といったパターンも。

特養ホームにおける「利用者・家族等からのハラスメント」の状況

●利用者からハラスメントを受けたことのある職員の割合

71%（過去1年に限った場合でも……**61%**）

●利用者からハラスメントを受けた職員の状況

ケガや病気（精神的なものを含む）になった……**22%**

仕事を辞めたいと思ったことがある……**36%**

●受けたことのあるハラスメントの具体的内容（複数回答）

身体的暴力……**90.3%**　精神的暴力……**70.6%**

セクハラ……**30.2%**　その他……**2.2%**

もっとも割合の高い特養ホームの場合、「ハラスメントを受けた従事者」のうち36％は「仕事を辞めたい」と思い、「ケガや病気（精神的なものを含む）になったことがある」という人は22％にのぼります。まさに、組織面でも大きな危機といえるでしょう。

では、こうした「利用者・家族等によるハラスメント」に、法人としてどのように対応すべきでしょうか。流れとしては、大きく3段階が考えられます。

①事態が深刻化する前に「**リスクケースを把握**し、組織として共有する」こと。②「リスクの高いケースに対して、組織として防衛策を整えること」。③「ハラスメントを受けた従事者へのケアや対応を、やはり組織として実施すること」です。

いずれに共通するのも、組織一丸となって対応することです。決して、現場の管理者レベル

相対的に女性職員の割合が高い業界としては、さらなるケース収集とその対処が求められる。

リスクケースを把握

先の特養ホームでは「従事者の6割」がハラスメントを受けているにもかかわらず、施設としての把握は4割にとどまる。また、ハラスメントを受けた職員のうち、「相談しなかった」という割合も3割以上にのぼる。

での対症療法的な対応だけで済ませてはならないということです。

2人体制や管理者動向、担当替えなどのルール化を

①については、ケースを埋もれさせないことが第一です。本章で述べた相談窓口の強化のほか、「セクハラ・パワハラ」の具体的なケースを従事者に示し、同様・同類のケースがあったら、「必ず管理者に報告する」ことを義務づけます。

寄せられたリスクの検討は委員会などで行いますが、認知症の人によるハラスメントなどの場合、「なぜ、その人がそういうことをするのか」という**課題分析**もそこでは必要でしょう。課題の根本に目を向けないと、同様のケースが再発する可能性もあるからです。

②の基本としては、「2人体制でのケア（管理者が同行してリスクを推し量るというケースも含む）」をルール化することです。「人材不足の折、難しい」と思われるかもしれませんが、「組織一丸での取組みができるかどうか」が問われる試金石です。

これは利用者側へのけん制となるだけでなく、従事者側の安心感を確保して連鎖離職の防止にもつながります。この軸が揺らげば、逆に人材不足に拍車がかかりかねません。

③については、管理者面談だけでなく同僚間のピアカウンセリング的な対応も考えたいもの。これにより、「（被害者は）私だけではない」という安心につながります。もちろん、担当替えなどの調整も、この場を通じて行うことになります。

課題分析
管理者に対して「ハラスメントが発生する背景」について尋ねた項目によると、全サービスを通じ、「利用者・家族の生活または生活歴」という回答が多い。「利用者・家族等がサービスの範囲を理解していないから」という回答も一定数ある。

利用者・家族等のハラスメントに対する「組織としての取組み」

❶リスクケースの把握と共有

過去に発生したハラスメントケースを従事者に周知する ➡ 同様のケースに遭遇した場合は、管理者への報告を義務づけ ➡ 寄せられたリスクは専門の委員会等で収集・分析し共有を図る

それ以外のケースでも、まずは管理者に相談することを奨励。自分から「いい出しにくい」こともあるので、定期面談などでも、こちらから確認

❷リスクケースへの対応をルール化

リスク段階（ハラスメントの度合い）に応じた対応フローを定める ➡ ２人対応体制や管理者同行、管理者による利用者面談などをルール化 ➡ マニュアル化したうえで、現場従事者のみならず利用者側にも周知

重要事項説明書に、介護サービスを利用するうえでの取り決め（保険外サービスの要求はNGなど）を明確化し、家族会等での周知なども行う

❸ハラスメントを受けた従事者へのケア・対処

ハラスメント相談を行った従事者に対する、管理者による面談 ➡ 必要に応じて臨床心理士などを招へいしながらのケアをほどこす ➡ 本人の希望も聞き取りながら、担当やシフト替えを行う

必要なケアを受けさせたあと、該当職員同士を集めて、お互いが定期的に「今の思い」を打ち明けられる機会を設けることも

ポイント！

- **利用者・家族等からのハラスメント被害は潜在化しやすい。組織で共有を推進する**
- **2人体制や管理者同行をルール化することで、従事者の組織への信頼を回復する**

05-07

異なる職種間にありがちな「関係ストレス」の緩和
業務外の周辺部分で交流する機会を設ける

施設等では、さまざまな職種による**カンファレンス**などが行われます。また、国が進める地域包括ケアの流れで、在宅でも多職種連携の機会が急増しています。

そうしたなかで、もう一つの人間関係の課題として、異なる職種が対象になるケースが増えていくと考えましょう。特に介護職の場合、業界の特徴的なヒエラルキーのなかで、ほかの専門職（医師や看護師、リハビリ職など）よりも下位に位置づけられがちです。

例えば、医師や看護師などと話す場合、どうしても相手が上から目線になってしまうことがあり、相手の言葉がちょっときつくなってくると、それだけで**介護職側のストレス**が増大することがあります。

福祉先進国で見た「介護と看護」のフラットな関係

連携相手が同じ法人内であれば、まず、「職種を通じたフラットな関係」を築くことを組織目標として強く掲げることが求められます。

東北の特養ホームに勤務する管理職のDさんは、福祉先進国であるデンマークへの視察旅行を言い渡されました。そして、Dさんが渡航先で目にしたのは、介護職と看護職がま

カンファレンス
訪問・通所リハビリにおいて、平成27年度の報酬改定で「リハビリテーションマネジメント加算」の新設・拡充が行われた。より高い加算を取得するための要件として、居宅ケアマネジャーなども参加する「リハビリテーション会議（リハビリカンファレンス）」の開催が義務付けられている。

多職種間の関係ストレスの構図

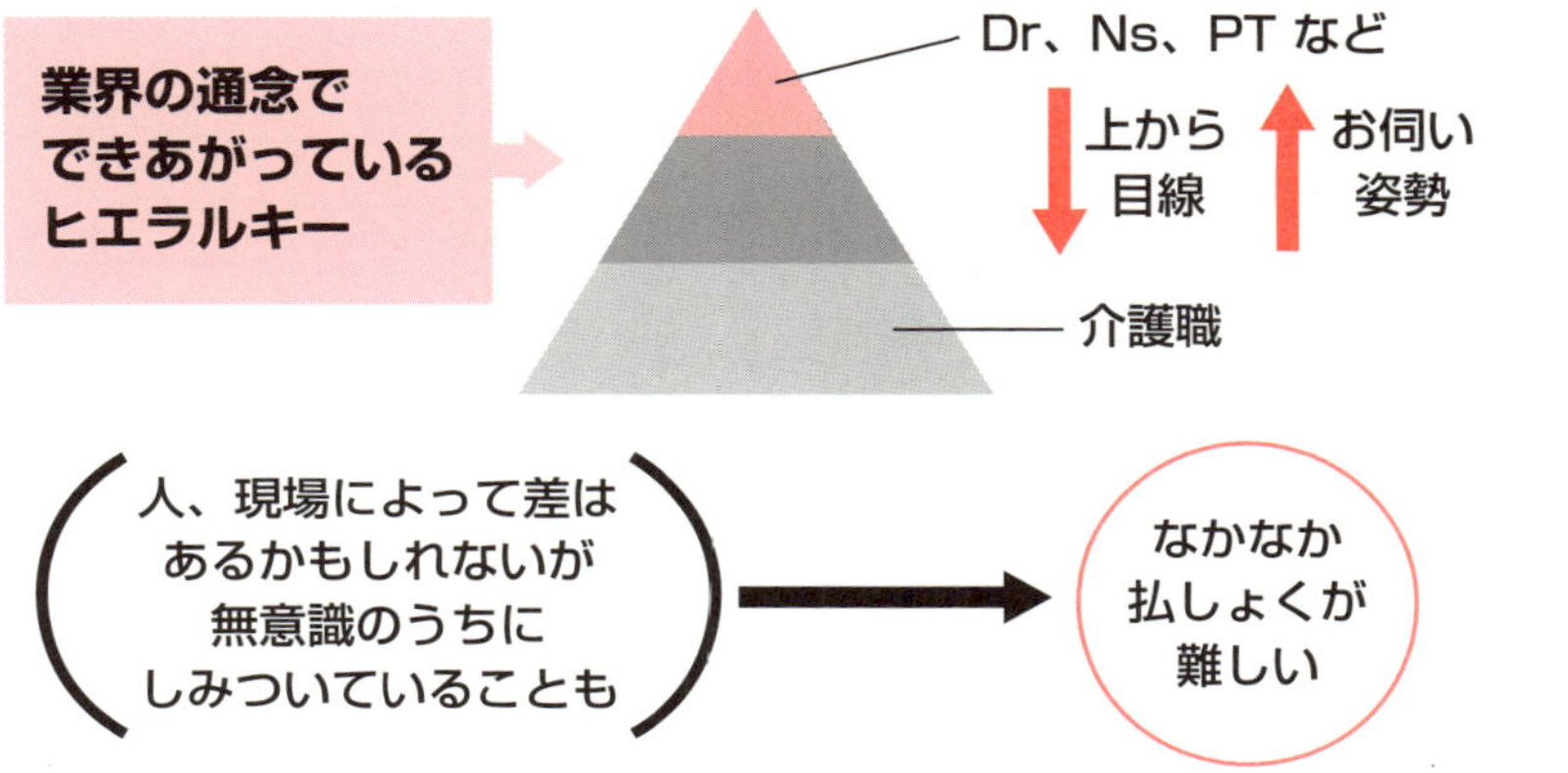
業界の通念でできあがっているヒエラルキー
Dr、Ns、PT など
上から目線
お伺い姿勢
介護職
人、現場によって差はあるかもしれないが無意識のうちにしみついていることも
なかなか払しょくが難しい

たく同じ目線で話し合いを行っている光景でした。現地の案内人の説明では、介護職も看護職もそれぞれの専門領域に対して同等の教育を行い、その結果、両者がお互いの専門領域を尊重しつつ対等の目線が生まれているそうです。日本のように看護の下に介護が位置づけられるような風潮はない、とのことでした。

カルチャーショックを受けたDさんは、帰国後の報告会で、法人に「**介護と看護のフラットな関係づくり**」を訴えました。しかし看護側は「日本の場合、教育体系が違うのだから、よほど介護側が医療知識などを勉強してくれないと難しい」といいます。

そこで法人トップは、日常のケース検討会などとは別に、一定のテーマについて、介護と看護が交互に講師役を務める研修会を開いてはどうかと提案しました。

介護職側のストレス

特に、相手が年下で自分がベテランの介護職であったりすると、人生経験上のプライドまで傷つけられてしまいがち。

介護と看護のフラットな関係づくり

国は地域包括ケアシステム推進のため、多職種協働による在宅医療連携の拠点整備事業を行っている。多職種間で「顔の見える関係づくりが難しい」という課題解決のため、連携のための専門拠点を設け、多職種による合同研修の場を催すといった取り組みが始まっている。

あえて介護側が看護側に対してレクチャーを行う

具体的には、「認知症利用者の機能訓練意欲を向上させるには」という具合に、現場で日常的なテーマとなっている題材を取り上げます。そこで、介護側は「認知症の人の心理と生活支援」という観点から、看護側は「認知症の人の陥りやすい機能低下や疾患への気遣い」という観点からそれぞれに講師を立てて話をしてもらいます。

介護側が**看護側に対して講義を行う**という場面はこれまでほとんどなく、それゆえに最初は看護側を納得させられる話はできませんでした。しかしながら、何度か続けていくうちに、講師役も慣れてくるようになり、看護側も熱心に聴くようになったといいます。

やがて、現場レベルでは、カンファレンスのときに介護側が臆することなく、看護側に意見を述べる風潮ができてきました。一方、看護側も介護側に「生活支援の視点」での意見を求めたり、相手の話にじっくり耳を傾ける光景が見られるようになりました。

こうして少しずつ「フラットな風土」が生まれるようになると、それまで見えない壁のようなものがあった介護と看護の関係において、コミュニケーションが活発になり、特に介護側に漂っていた卑屈になりがちな空気が払しょくされていきました。

ある程度時間がかかる課題ではありますが、業務外という周辺部分から交流を続ける機会をもつことが、多職種連携の大きなカギになるのかもしれません。

看護側に対して講義を行う
山形県T市では、地元の中核病院の主催により、多職種間の合同研修が定期的に開催されている。その場で、例えば、介護施設の職員が「現場でどのようなケアを行っているか」を、病院の医師や看護師に報告するという場面もある。

フラットな関係を構築するための方策

1. 介護職が講師となる場を設定

介護職

「生活支援」の視点から現場の実践例などを報告

→ 医師
看護師
リハ職
管理栄養士

報告から得た「気づき」を語ってもらう

→ あらためて、介護職の専門性について認識を深めることにもつながる

2. 多職種がペアで報告者となるケース検討会

介護職
＋
看護職

→ ほかの専門職など

報告から得た「気づき」を語ってもらう

→ この作業を通じてそれぞれの職責が意識できる

できれば同年代のペアで → ケース報告をする前に……
・それぞれの視点のすり合わせ
・役割分担の整理

ポイント!

- 現場の課題を研修会(業務外勉強会)の形でとりあげ、多職種参加で実施
- 介護側が「生活支援」の視点で専門性を発揮できる場をつくる

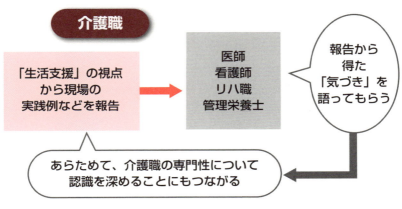

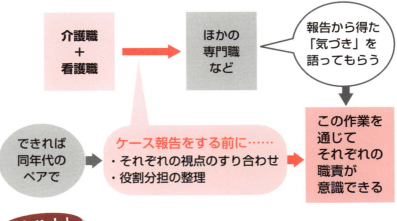

COLUMN

レクや慰労の場でも「業務スキル」は量れる

法人で行う忘年会や新年会、新人歓迎会などは、現場職員の業務スキルを量るうえでも絶好の舞台です――などというと、「そんな慰労の場にまで仕事をもち込むなんて」と思う人もいるでしょう。しかし、管理者であれば、緊張の解けた場だからこそ見えてくるスタッフの本質というものに目を向けるべきでしょう。実際に、職員の相談などに乗る際、こうした場で得た「スタッフの本質」を頭に入れておくことがあとで役に立つこともあります。

1．宴席の場ではどこに座るのか？

席が決められていない、あるいは幹事ではない場合、奥側（あるいは上司に近い席）に座るほど「心のエネルギー」は強い状態と見ることができます。

2．座敷席の場合、やたらと座り方を変える

腰やひざなどに痛みなどがあることも。座っているのがきつそうなら、立ち座りがしやすいように、下足場の近くに座を移動してもらうよううながしてみましょう。

3．周囲の人と話す範囲はどこまで？

隣席の人とだけ話し、遠くの席の人の話を聞いていない場合、業務上の疲労がたまっている可能性があります。できるだけリラックスできる雰囲気に。

第6章

対組織トップ編

上司や幹部をうまく動かして現場を改善するには？

06-
01

幹部の協力が得られないときの交渉術
なかなか動かないトップに、「上乗せ要求」でプレッシャー

現場のさまざまな課題に対処するうえで、どうしてもトップや幹部の判断・決裁がなければ事態が動かないケースがあります。例えば、**人員補充のための採用**などといった人事の問題、あるいは、虐待防止のように法人全体で取り組まなければならない問題などです。しかしながら、現場に精通する管理職が考えるほど、幹部が危機感や当事者意識を共有しているとはかぎりません。ときには「現場レベルで対処できる方法を探せ」という具合に、抜本的な解決に向けた協力がなかなか得られないこともあります。

しかしながら、ここで何とか幹部を動かさなければ、現場の改善が中途半端になることも考えられます。現場の失望感は高くなり、さらにスタッフのモチベーションが下がるなどの事態を生みかねません。そうなれば、マネジメントする者としての能力まで問われることになってしまいます。まさに板挟みの苦しさを、常に抱えることになるわけです。

「影のリーダー」の存在が、改革を進めるうえで大きな壁に

管理者としては、現場のスタッフをどうマネジメントしていくかと同時に、トップをどう動かすかという「もう一つのマネジメント」にも力を注がなければなりません。

人員補充のための採用
現場は「正規職員」を求めているのに、トップが「非正規職員で穴埋め」という感覚のケースも。一見、「人員補充」では合意しているようで、後々現場とトップの大きな対立に発展しかねない。

現場管理者が「板挟み」になるリスク

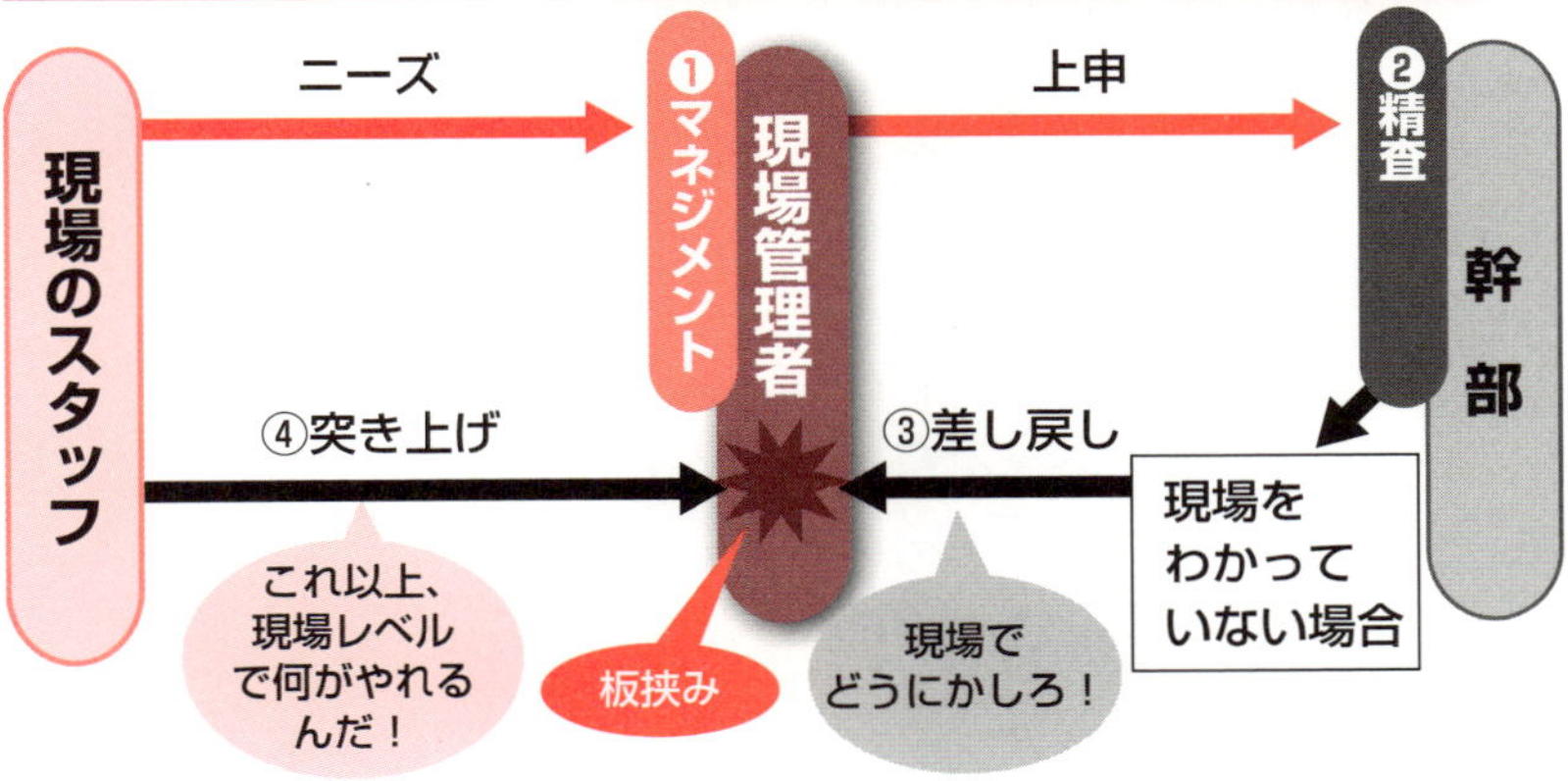

関西のH特養ホームに、外部の法人から管理者としてスカウトされたKさんという人がいます。現場での事故が多発するなかで、改革を望まれたのです。スカウトされたからには「期待通りの改革を」と臨んだのですが、例えば、**指示・命令系統の改善**のために「組織の再編成が必要」という提案をしても、なかなか施設長が首を縦にふってくれません。

どうやら「影のリーダー」となっていたベテランスタッフが「改革によって自分たちが排除される」という危機感を抱き、法人理事に対して、「あまりに大胆な改革は、施設にとってもマイナスである」と吹聴したようです。それが施設長への圧力となったと思われます。

失望したKさんは、「自分はここにいる意味がない」と退職を考えました。しかし

指示・命令系統の改善
ある特養ホームで現場の離職率が高まり、その原因を調べたところ、「リーダー」とベテランスタッフ（影のリーダー）が、それぞれまったく正反対の指示を出すことがあり、新人スタッフが混乱している」という事実が浮かんできた。

ながら、若手リーダー数名に「辞めないで頑張って」といわれ、もう少し頑張ってみようかと思い直したといいます。しかし、どこから手をつけていけばよいのか……。

Kさんが考えたのは、施設長を動かすための仕掛けでした。

まず、「最初の提案のときよりも、深刻な事故リスクが急速に高まっている」と申し出て、第二弾の改革案を提示しました。

そこに、最初よりもハードルの高い要望を示したのです。

最初の提案では、現状の組織を改編するというものでしたが、第二弾では「専門職の人事評価制度の見直し」「現場運営のチェック体制強化のために、**臨床経験のある看護師**を外部から招へい」という具合に、人事労務にかかわる大胆な改革案となりました。

実は、〝抵抗勢力〟である「影のリーダー」はベテランの看護師。明らかに、この〝抵抗勢力〟を狙い撃ちしたものだったのです。この改革案を提示したうえで、「緊急性が高いし、施設長もお忙しいでしょうから、私から理事会に提案してもよろしいのですが……」と申し出ました。施設長としては、特定の理事からストップがかかったことを公にはしたくないので、「いや自分でかけあう」と慌てて押しとどめました。

もちろん、ここまで過激な提案は理事会でも受け入れられません。そこで、「最初の案ならば……」という空気に傾きました。「これで失敗すればKさんの責任追及ができる」という思惑もあって、「影のリーダー」側もそれで納得したそうです。もちろん、最初から辞める覚悟のKさんには痛くもかゆくもないことには、考えが及ばなかったようです。

臨床経験のある看護師

利用者の「容態急変」のリスクが高まっている場合、急性期病棟の臨床経験がある看護師がいることで、現場の安心感が高まることもある。「手術室経験のある看護師がほしい」という施設長もいる。逆に「在宅での重度療養支援の経験の豊かな看護師」を求める声も。

幹部を「動かす」ための上乗せ交渉術

1. まずは本来の要望に「＋α」を加える

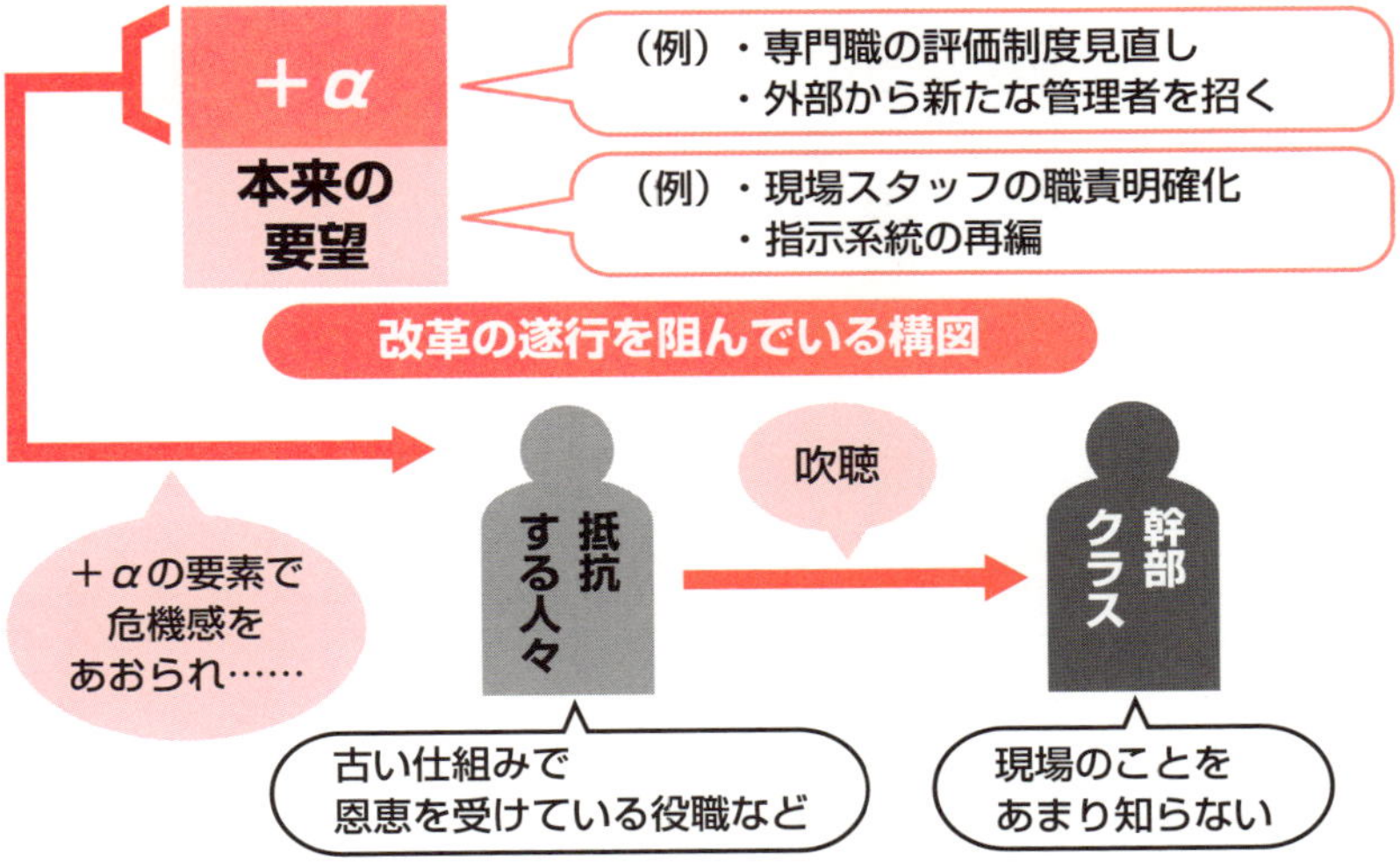

2. 「抵抗する人々」の心理をうまく利用する

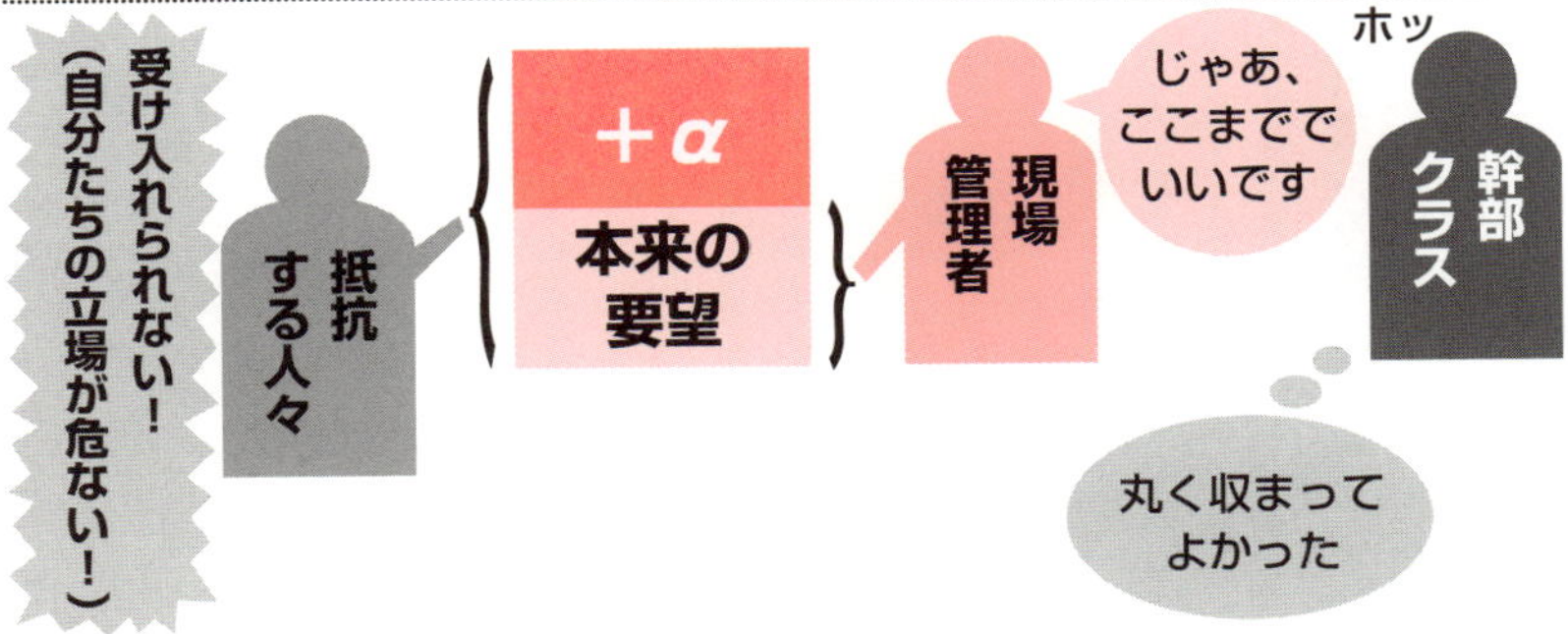

ポイント！

- なかなか動かない相手には、思い切った上乗せ要求をしてみよう
- “抵抗勢力”はどこにいるのかを見極めた戦略も立てておきたい

06-
02

「この人材は味方につけたほうが得」という依存心を植え付ける

コスト管理の改善を積極的に行う

前項のような「ハードルの高い要求→思惑通りの落としどころ」というのは、交渉術としては割とオーソドックスなものでしょう。ただし、このケースは「辞める覚悟があるので、責任追及されても大丈夫」という前提があって成功したものです。

日常的に「上司を動かす」という方策としては、やや特殊かもしれません。

そこで、そのような切羽詰まった状況になる前に、普段から「うまく組織トップを動かす」ための環境を整えておきましょう。基本としては、「こいつの言うことは、ある程度聞いておいたほうが得だ」と思わせる仕掛けです。

収益にかかわる課題の解決を積み上げていく

「得だ」と思わせるためには、前提として何らかの実績を上げることが必要です。大きな実績でなくても構いません。例えば、「離職率が少し改善した」「現場で使う消耗品コストが減った」などという具合に、小さなことでも、確実に「**コスト管理の改善**」といった収益にかかわる課題の解決を積み上げていきます。

施設長クラスにとっては、収益改善は大きな収穫です。小さな果実だと最初はなかなか

コスト管理の改善
たび重なる介護報酬減となった平成18年度の改定当時、ある特養の現場管理者は「ボイラーや電気器具の修理などを自ら手掛けた」という経験を語る。平成27年度の報酬減後は、「食料品の高騰で、食材調達のルートの見直しを行わなければならない」と語る管理者も目立つ。

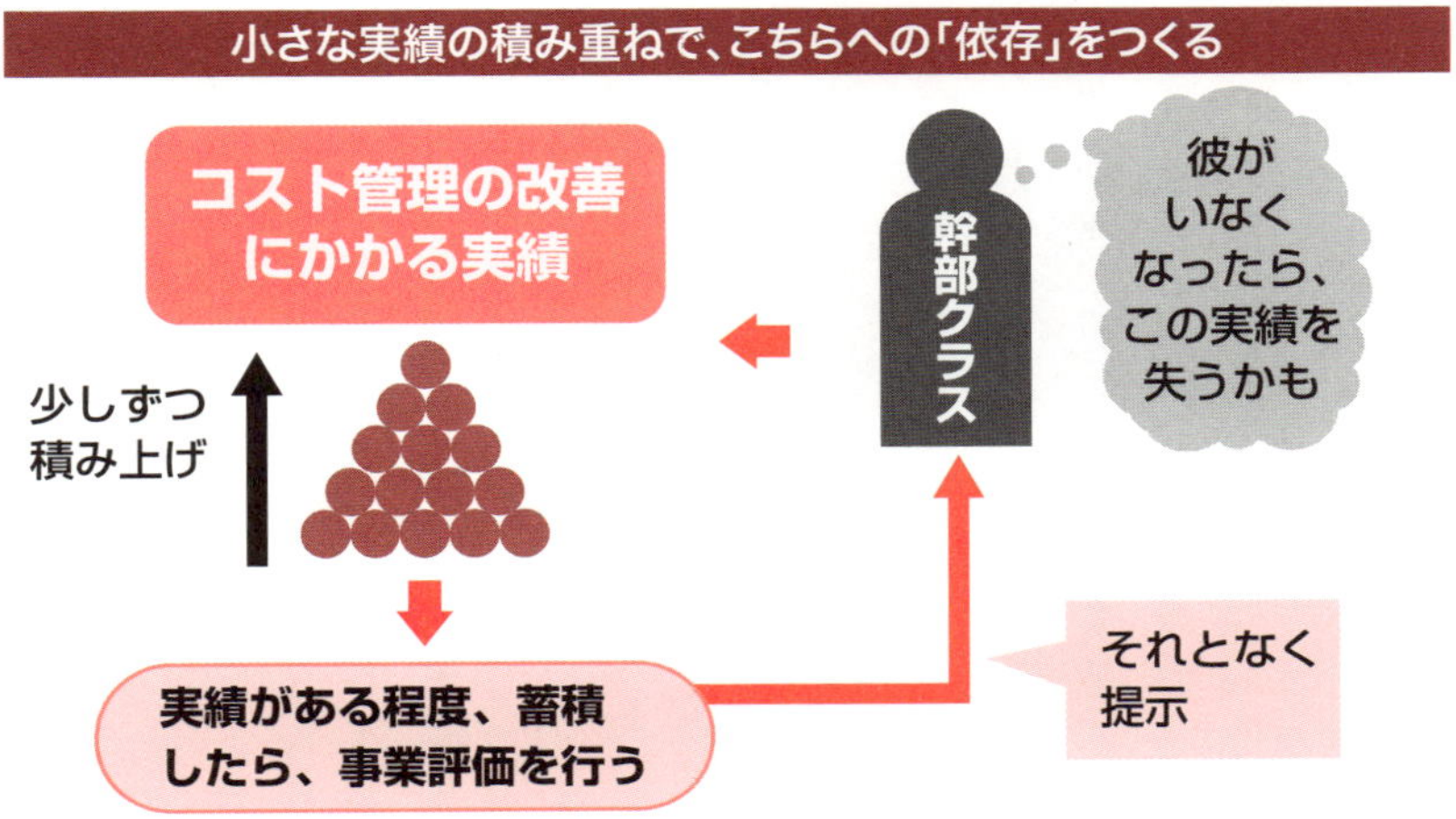
小さな実績の積み重ねで、こちらへの「依存」をつくる
コスト管理の改善にかかる実績
少しずつ積み上げ
実績がある程度、蓄積したら、事業評価を行う
幹部クラス
彼がいなくなったら、この実績を失うかも
それとなく提示

気づきにくいですが、そこもまたポイントです。果実がいつの間にか蓄積して、「気がついたときには、その人材を手離すことができなくなった」という状況がつくり出せるからです。

社会福祉法人が運営する施設のトップなどは、意外にその地位は安定していないものです。よって、現場をマネジメントしている人材が「自分にとっては有益かどうか」には神経質になり、「有益」となれば大きな依存心が生まれます。「いつの間にか」という状況は、この依存心をつくり出すうえで大きな効果があるといえます。

最初は微々たる成果でも、やがて「言いたいことが通る」

関西にあるO特養ホームで、以前、企業の財務を担当していたTさんが、社会貢献

社会福祉法人が運営する施設　法人トップが世襲制になっているなどの場合、跡を継いだ二代目などが福祉の造詣がまったくないというケースも見られる。こうした状況下で、法人トップ派と現場実務派の間で派閥抗争のような光景が見られることも多い。

の意思から入職し、現場管理者を務めていました。財務担当出身ですから、運営コストを引き上げている現場のさまざまな「無駄」がとても気になります。

例えば、現場業務において、介護計画書の下書きなどを無駄にプリントアウトしている光景が目につきました。あるいは、スタッフ用トイレの電気がつけっぱなし、洗いものなどを行う際にどう見ても「多いのでは」と思われる洗剤量を消費している……などです。

Tさんは、現場業務に支障が出ない範囲で、どこまでコスト削減が可能かを試算し、マニュアルをつくって現場リーダーに配付しました（その際、「最終的には、君たちの給与にも関係するんだ」という言い方で、モチベーションを高めたそうです）。

やがて、少しずつコスト体質が改善されていきました。Tさんはそれを業務報告書にまとめて、施設長に示しました。最初は微々たるコスト削減なので、施設長は気にもとめませんでしたが、大きな介護報酬減にさらされ、事の重大性がわかってきたようです。

あるとき、施設長はTさんに対し、「さらなるコスト削減のために、備品や食事などの納入業者（入札対象外）を見直す必要があるだろうか」という相談をしました。Tさんは、備品の納入価格をチェックしつつ、「一部の備品について、もっと**安い価格で仕入れる**ことは可能」とし、理事会の承認を得て、その手配も行いました。

こうした流れを経て、施設長はそのほかの案件でも、Tさんに業務を委任することが増えていったといいます。やがて、「現場から出たちょっとした提案なども、私を通じることで施設長が耳を傾けてくれるようになった」とのことです。

安い価格で仕入れる
「安かろう悪かろう」では意味はないが、例えば、ある程度まとまった量を仕入れることで単価が下がるというパターンもある。1回の仕入れ量を変化させた場合の見積もりなど、いろいろなケースで交渉してみると意外なコストダウンが図れることもある。

コストの改善策を考え、実績をまとめる

1. 小さなことから「コスト管理の改善」策を考える

（例）

利用者に直接かかわらない消耗品の節約 → 消費税がアップするなか、ますます重要に

入札にかからない納入業者の見直し → 既存業者にも見積もりの見直しを依頼

認知症の人のBPSDなどの改善 → 業務負担減だけでなく、バタバタ感がやわらぎ、物品破壊などのリスクも軽減

→ 現場を納得させる仕掛けをつくる

「君たちの待遇、業務負担減にもかかわる」ことを伝える

2. 四半期・半期ごとに「実績書」にまとめる

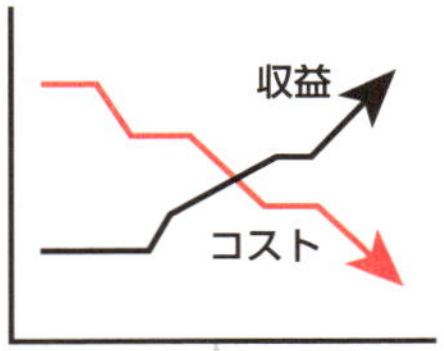

どれだけコストを削減し、収益が改善したか？

→ 業務報告書として提出

今後の原油価格高騰、円安による物価上昇など、先行きの危機もあおっておく

→ 少々の提案も「収益改善につながるかも」と思わせることができる

ポイント！

- 現場のコスト管理にかかわる成果を少しずつ積み上げていく
- トップの大きな信頼を得たところで、その他の現場のさまざまな要求実現を図る

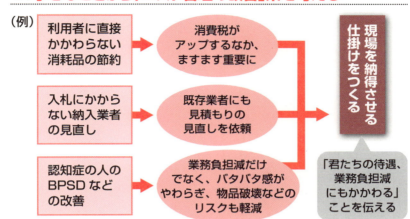

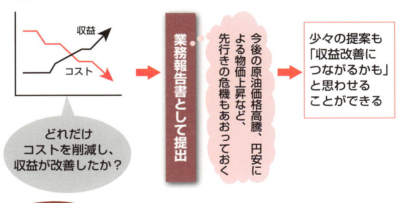

06-03

現場の処遇改善をトップに志向させる 現場スタッフの業務の評価をビジュアルで提示する

さまざまな環境を整えつつトップを動かすなかで、やはり難関となるのは、現場の業務負担を減らすための方策です。介護業界の場合、国の財政難が常に問題となるなかで、経営側としては人件費に思い切ったコストをかけることは「難しい」という心理があります。

平成24年度の介護報酬改定で、それまで報酬算定の枠外だった「介護職員処遇改善交付金」が「介護職員処遇改善加算」として、報酬上の加算の対象となりました。そして、平成27年・29年度の改定では、報酬上の重点化策の一環として同加算が拡充されています。具体的には、加算の区分を増やし、加算率を引き上げた区分について、介護職員の処遇改善に向けた取り組み要件のハードルを上げるという仕掛けがほどこされました。しかし、基本報酬がなかなか上がらない分、**法人の収益構造**が一方で厳しくなっています。そのため、事業規模を縮小したりする法人が増える懸念も囁かれています。

問題なのは「費用対効果」に対するトップの計算

ただし、処遇改善加算の要件として、賃金増を含めた処遇改善計画のほか、介護スタッフの資質向上を図る計画などの策定も義務づけられています。

法人の収益構造
平成29年度の介護事業経営実態調査によれば、大幅なマイナス改定となった平成28年度（平成27年度決算）よりも全体の収支差率は0・5％悪化している。一方で、人件費率は介護保険施設や通所系サービスで軒並みアップしていて、人材不足による収益構造のゆがみがうかがえる。

主だったサービスの収支差率と人件費率

サービス名	収支差率（税引き前）	対前年度比	人件費率	対前年度比
特養ホーム	1.6%	▲0.9%	64.6%	+0.8%
訪問介護	4.8%	▲0.7%	76.1%	+0.9%
通所介護	4.9%	▲2.2%	64.2%	+2.1%
地域密着型通所介護	2.0%	▲1.2%	63.7%	+0%

収支差率は悪化しているが……　→　人件費率は伸びている

出所：平成29年度介護事業経営実態調査

こうした制度上の要件は、トップを動かすうえで一つの「追い風」になると考えてよいでしょう。

問題なのは、経営側にとって「費用対効果」がどれだけ上がるかという計算です。苦労して処遇改善加算を算定しても離職率が下がらないとなれば、「もう処遇改善加算は取得せず、その分、法人内のストックを増やしたほうがよい」という発想につながってしまうかもしれません。

また、平成27年度・30年度の改定では、**人員基準を緩和**する流れが見られました。現在、財務省などはICTやロボット活用とのセットでさらなる基準緩和を示唆しています。人材配置がますます柔軟化されると、非常勤職員の配置なども今以上に増える可能性があります。これは、現場マネジメントにも多様な影響を与えるでしょう。

人員基準を緩和
平成27年度改定では、特養ホームや老健における専従要件が緩和された。訪問介護では、一定数のサービス提供責任者（以下、サ責）が確保されている場合において、そのサ責の配置基準が緩和された。平成30年度改定では、訪問介護の生活援助に研修時間を緩和した人材配置（生活援助従事者研修修了者）を行うことが可能になっている。

現場業務がはっきりと評価できる指標を整える

非常勤スタッフなどが増えれば、現場のマネジメントはますます複雑かつ気遣いの多いものになります。現場スタッフ一人あたりの負担も増え、一時的に給与が上がったとしても、「割が合わない」という点から実質的な処遇悪化につながる可能性もあります。

となれば、まずは上層部に「処遇改善の重要性」をしっかり認識してもらったうえで処遇改善加算の取得に前向きになってもらう必要があります。

この場合、やはり重要なのは「現場スタッフの業務をはっきり評価できる指標」です。具体的には、現場の創意工夫を行った取り組み（利用者の24時間生活変化をとらえるアセスメントシートを導入した、など）について、その**経緯をきちんと記録**に残すことです。そして、同時に利用者の状態がどのように変化したかをチェックします。

仮に、認知症の人のＢＰＳＤが改善され、言動が緩やかになったとします。ある施設では、先のような取り組みの前後で利用者の表情の写真を撮り、同時に「変化を喜ぶ」家族の手紙を添えて記録として残しています。現場スタッフのモチベーションアップに活かしている方法ですが、これを施設長クラスなどに示していく方法もあります。

現場をあまり見ない施設長などの場合、数字的データよりも写真や映像のようなビジュアルのほうが心を動かせる可能性が高いといえます。

経緯をきちんと記録
ある大規模法人では、新たな方策を導入する場合、①なぜそれを導入したのか、②その効果の目標をどこに置いているか、③実際に目標は達成されたのかという流れを業務記録に残すことを義務づけている。

上層部に「現場の処遇改善」の重要性を認識させる

（例）

現場で実践されている業務上の「創意工夫」 → 24時間生活変化シートの導入 ↓ 利用者の「している生活」を尊重し、支援するケア

A 状態像の改善を客観的指標で評価する

・リハビリの進捗
・バイタルの改善など

B「目に見える」変化を写真・映像で記録する

・時期をおいて定点で記録するとわかりやすい

まだ、足りないデータはないかチェック → 評価と記録をあわせて提示

↓

スタッフの「創意工夫できる余裕」が状況改善につながることを示す

ポイント！

- 現場の創意工夫の過程と利用者への影響を多角的な記録に残す
- 現場を見ないトップには数字よりビジュアルインパクトで攻める

06-04

トップと現場の接点のつくり方
まったく動こうとしないトップを現場に引っ張り出す方法

前項のような「実績」を披露しても、まったく動かないトップもいます。なかには、「介護のプロに給与を払うのだから、これくらい当たり前」という態度をとるケースもあります。こういう感性のトップというのは、「トップはもっと大所高所で難しい判断をしているのだから、現場の状況などを逐一鑑みている余裕はない」といった、**偏った経営観**がしみついています。この経営観を転換させるのは、並大抵なことではありません。

この場合、まず入口となるのは、何とか「利用者のいる現場にふれさせる機会を増やす」ということです。対スタッフという視点での経営観がなかなか変わらないのであれば、対顧客(つまり利用者)との接点のなかで感化を進めていくほかはありません。

イベント時の講話などで「現場に接する機会」を演出する

中部地方のR特養ホームでは、現場でマネジメントする者が意図的に利用者主体のイベントや施設内で行う家族会などを増やしていきました。そのたびに、施設長にあいさつをお願いし、その流れで利用者や家族と直接接する時間を増やしていったのです。

この施設長は、もともと人柄は悪くはないのですが、「トップはゆったり構えていて、

偏った経営観
極端なケースとしては、「介護職はボランティア精神で働くべき」としてサービス残業を強要したり、「施設側の言うことを聞けない利用者は出ていってもらう」と家族に公言するといった光景もいまだに見られる。法人トップの資質改善も、介護業界では大きなテーマといえる。

組織のトップを現場に引っ張り出す考え方

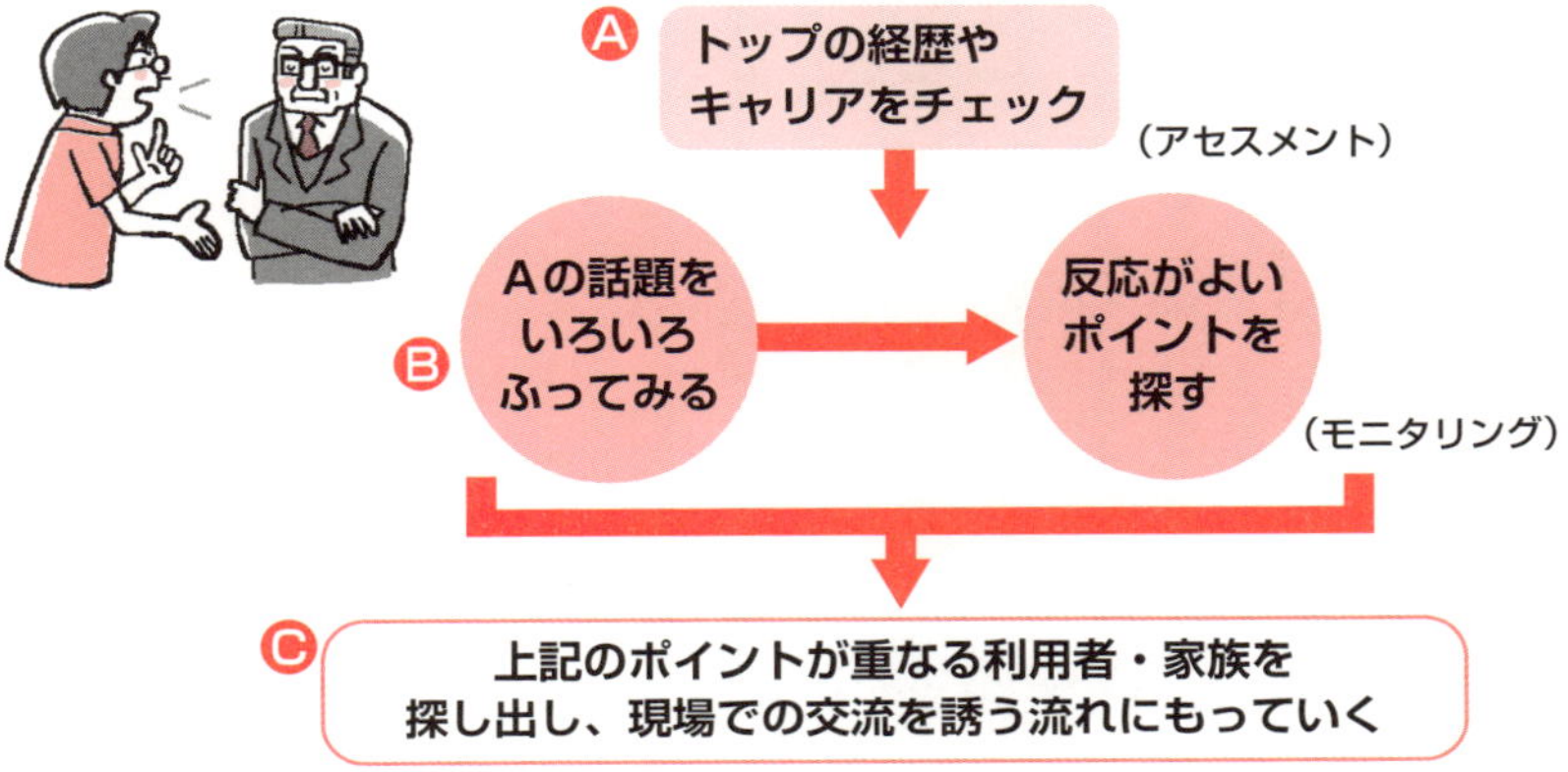
A トップの経歴やキャリアをチェック
（アセスメント）
B Aの話題をいろいろふってみる
反応がよいポイントを探す
（モニタリング）
C 上記のポイントが重なる利用者・家族を探し出し、現場での交流を誘う流れにもっていく

あまりバタバタと現場を歩くものではない」という経営観がありました。それゆえ、最初は「利用者や家族の前でのあいさつ」も渋っていたといいます。

そこで管理者は「家族のなかに**施設長の講話**を聴きたいという人が多い」と告げ（実際、一部の家族にお願いして投書でリクエストしてもらった）、プライドをくすぐりつつ何とか引っ張り出すことに成功したのです。

講話終了後は、現場で利用者や家族と立ち話をする機会もありますが、できるだけ表情豊かで人を明るくさせる利用者の側へ施設長を誘導します。

施設長としては、とても反応のよい利用者と対話することで「よい気分」となり、「時々現場に来てみよう」という新たな習慣をつくる土台ができるわけです。

施設長の講話
施設長が「医療職」であったりする場合、自らの研究実績を披露したいという動機なども見られる。論文集などもチェックしておくといいかもしれない。

トップの「関心のツボ」を押さえて、現場との接点をつくる

ただし、先のようなやり方が通用するかどうかは、やはりトップの人柄次第の部分もあります。もっとも、それは「人柄の良し悪し」というだけでなく、そのトップの生活歴やキャリアが影響しているという面もあることを頭に入れておきたいものです。

ある施設の管理者は、就任したとき、最初に施設長の**経歴をチェック**したといいます。そのうえで、施設長と会話する際に、その経歴に関係した話題をいくつか出してみて、最も反応がよい（上機嫌になる、饒舌になるなど）部分を頭に入れておきました。

そのうえで、その経歴によく反応してくれる利用者（同じような経歴の持ち主など）を探し出し、時々施設長が現場に顔を見せるときには、その利用者を紹介しました。「この方はやはり、施設長と同じく○○の教育委員会におられたことがあるそうです」。そこから先は、お互いの思い出話に花を咲かせてもらいます。その後、施設長が「○○さん（思い出話を咲かせた利用者）の最近の様子はどうかな」と、その人のことを気にする機会が増えました。これも、現場への関心を高める第一歩です。

こうした機会においては、できれば現場スタッフ（リーダー格の人）を一人つけて、その日の生活状況を施設長に説明する「ガイド役」を担わせてもよいでしょう。こうすることで、現場のケアの様子が施設長にも実感として伝わりやすくなるわけです。

経歴をチェック
現場の介護職歴が長かったその管理者は、利用者とのコミュニケーションの際に使っていた「アセスメントとモニタリング」の発想を応用した。

コストの改善策を考え、実績をまとめる

1. 組織トップのことを知って、現場とのパイプをつくる

（例）

法人史などを読んでみる
↓
（組織にいる期間が長い場合、過去の事業にかかわっていることも）

生き字引的なスタッフに話を聞く
↓
（以前からいる人ならトップの業績に通じていることも）

当人のブログや法人報をチェック
↓
（個人の価値観や過去の業績がわかることも）

↓

これらを話題に出して、反応を見る

↓

本人が饒舌になる話題は？　上機嫌になる部分は？

2. 上記のポイントを頭に入れて、現場で利用者・家族と話す

上記のポイントを話題に出す → （同様の体験・価値観の持ち主は？）

現場スタッフにもヒアリングして確認

１のトップと２の利用者・家族を意識的に引き合わせる

ポイント！

- 「反応のよい利用者」と接する機会を設けることがコツ
- トップの経歴をアセスメント＆モニタリングして「関心のツボ」を探す

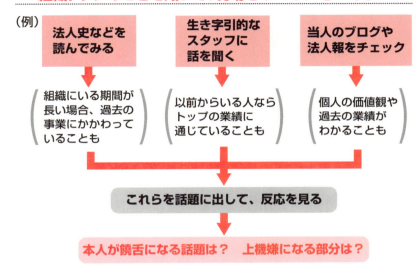

06-
05

相関関係から「決裁権」をもつキーマンを見つける
どこを押せば誰が動くか。組織の決定力学をうまく活用しよう

組織が大所帯になってくると、何か物事を決める際、実質的な「決裁権」をもっているのは誰なのかが見えなくなってくることもあります。

例えば、営利の事業所なら社長、施設なら施設長を説得できればOKと思いがちですが、実はそうした立場の人々は「別の誰か」に相談して決裁していることもあります。

特に、組織のトップが現場業務に疎かったりすると、**実務のわかる幹部**や現場での発言力が大きいベテランスタッフなどに意見を求めるケースもあるでしょう。となれば、その実質的な決裁者に対して説得を仕掛けるほうが早かったりします。

幹部クラスをめぐる「意思決定」の相関関係をつかむ

まずは、自分が所属する組織の力学がどうなっているのかを観察しましょう。

都内の複合型事業所で働くNさんは、学生時代から大所帯のサークルなどに所属していて、メンバーの相関図などを自分の手帳にそれとなく記していました。

「友人からは〝変な奴〟と言われたりするんですが、図にしてみると『この人はこの人の影響を受けているから、こういう行動をとるんだ』ということがよくわかるんです」

実務のわかる幹部
事務長などを務めている人のなかには、施設長などよりも組織内キャリアが長いという人もいる。世襲制などで、現場実務に疎いトップが就任した場合、その直後の組織運営などはこうした事務長などの権限が極端に強まることもある。

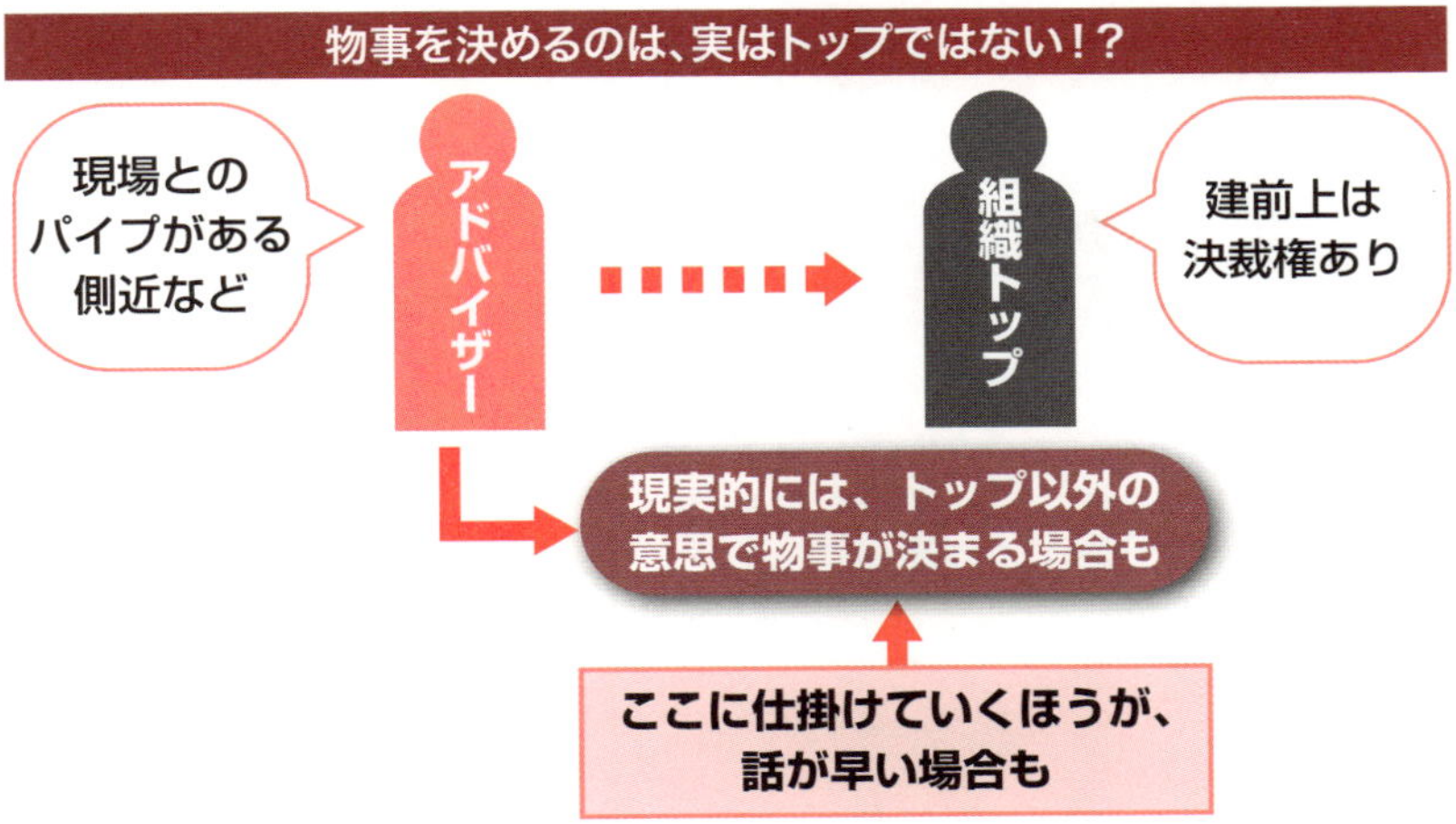
物事を決めるのは、実はトップではない！？
現場とのパイプがある側近など
アドバイザー
組織トップ
建前上は決裁権あり
現実的には、トップ以外の意思で物事が決まる場合も
ここに仕掛けていくほうが、話が早い場合も

この事業所に就職してからも、誰が誰によく指示を出して、誰が誰の言うことならよく耳を傾けるのかに注意していました。

相関図作成は学生時代の間だけでしたが、「介護現場の人間関係って本当に複雑なんですよ」とNさんは、昔の経験を活かす機会ができたことを複雑そうに語ります。

現場管理者としては、普段は現場に入っていることが多いので、事務局のようなスペース内での「組織の意思決定」の様子がよくわからないことがあります。

そういうときこそ、幹部や事務職の人間関係などについて、**気づいたことをメモ**しておくと役に立つこともあります。

また、幹部が現場に出てきたとき、決まった人と話している光景があれば、上層部と現場をつなぐパイプがどこにあるのかということも見えてくるでしょう。

気づいたことをメモ
営業職の世界では、顧客の性格や世帯の人間関係などを細かくメモにしているケースも見られる。トップクラスの営業マンの仕事術などが書籍化されているので、他業界の視点から一読しておくのもおすすめ。

実質的な「決裁権」をもつ人をどうやって動かすか？

組織内のキーマンが見えてきたら、（業務改革などのアイデアについて）その人の支持をまず取りつけることを考えます。ただし、こういう立場の人の場合、最終決裁を行うトップと立ち位置が近いわけですから、どちらかといえば慎重なタイプが多いといえます。

あまり焦って近づこうとすると、かえって警戒されるおそれもありますので、その人の本来的な職責にかかる相談事をまずもちかけます。

ある施設では、施設長よりも事務長の決裁権が強いという傾向がありました。その現場管理者は、いろいろな案件を通しやすくするため、その事務長をつかまえて「今年の**避難訓練**の日程とかは決まったんですか？」と話しかけてみました。

実は、数日前にその事務長が、パソコンで消防法にかかわるサイトを熱心に見ていたのを思い出したのです。その事務長は「いや、まだなんだけど。現場の状況からいつごろがよいと思う？」とすぐに反応しました。管理者の推測はまさに「当たり」だったわけです。

その管理者はすぐに現場リーダーにヒアリングし、即日候補日を出しただけでなく、当日の訓練プログラムまで立案しました。過去に避難訓練が行われたとき、その運営を任された経験があったからです。これ以降、事務長とよく話すようになり、現場提案などをすると「俺から施設長に言ってみる」と受けてくれるようになったそうです。

避難訓練
平成21年施行の改正消防法令により、小規模社会福祉施設（収容人員10名以上）に対しても避難訓練等を防火管理者のもと実施することが定められた。昨今では、地域住民にも参加をお願いしての訓練というスタイルも目立つようになった。

「影の主役」にアプローチするにはどうする?

1. 組織内の人の相関関係をリサーチ

- ❶誰とよく立ち話（インフォーマルな対話）をしているか?
- ❷重要事項を早めにつかんでいる人は？
- ❸トップと発想や考え方が似ている人は？

↓

データを蓄積すると、「キーマン」が見えてくる

2. 自然体でアプローチをかけるには

- ❶その人の職責にかかる相談事をもちかける
- ❷①への反応をとっかかりとして「恩」を売る
- ❸関係が築けたうえで本来の頼み事をする

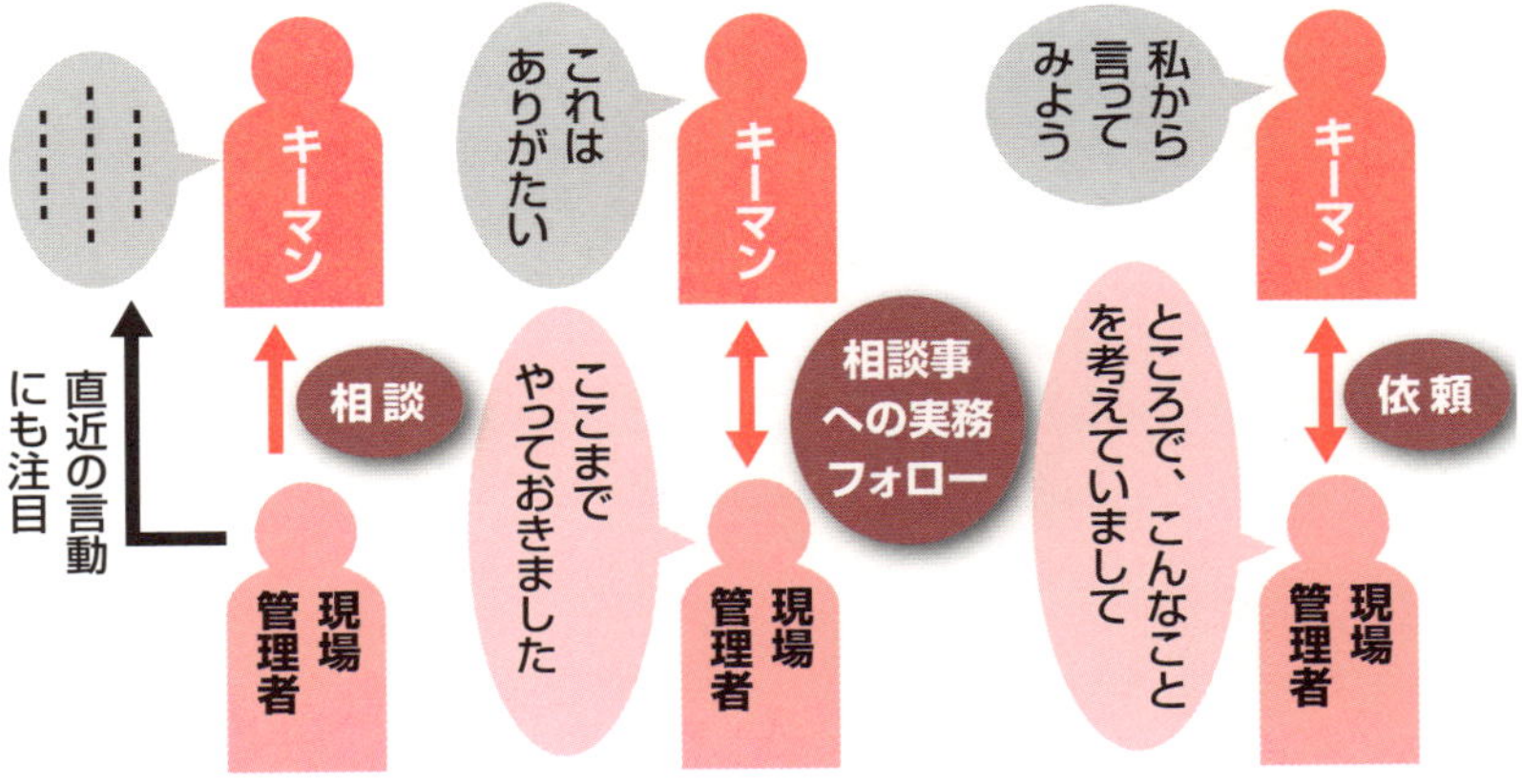

ポイント!

- 組織運営を「本当に担っている人」は、トップ以外にもいる!?
- 実質的な決裁権者に、実務関連で恩を売ってみることも突破口の一つ

06-06

トップが犯罪!? その場合の内部告発で注意したいこと

公益通報者保護法と通報する行政機関

介護・医療業界を問わず、例えば**社会保険給付の不正請求**や、もっとひどいケースでは利用者の財産横領など悪質な不正があとを絶ちません。一番まずいのは、こうした不正が組織内で公然の事実となっているにもかかわらず、皆が見て見ぬふりをするパターンです。

これが日常化してしまうと、発覚した際に「組織ぐるみの不正・犯罪」と社会的に認定されてしまいます。そうなった場合、その法人が解散した後、管理者クラスが転職をしようと思っても、「あの法人出身」というだけで敬遠されてしまうおそれがあります。

つまり、自分には直接的な責任はないにもかかわらず、社会的には「不正を犯した人間」と同類に見られてしまうわけです。その意味では、「見て見ぬふり」が日常化してしまう前に内部告発を行っていくことが、自分や部下の身を守るうえでも大切です。

社会保険給付の不正請求
介護保険がスタートした平成12年度から29年度までで、介護報酬の不正請求等により指定取消・効力の停止処分を受けた事業所数は、累計で2445事業所にのぼっている。

まずは、「公益通報者保護法」について知っておこう

ただし、多くの組織人は、そうそう内部告発などに詳しくはありません。まずは、組織内不正の内部告発について定めた「公益通報者保護法」を知っておきましょう。

これは前記のような不正について、その組織に所属する労働者などが内部告発を行おう

トップの不正を黙認すると、どうなるか？

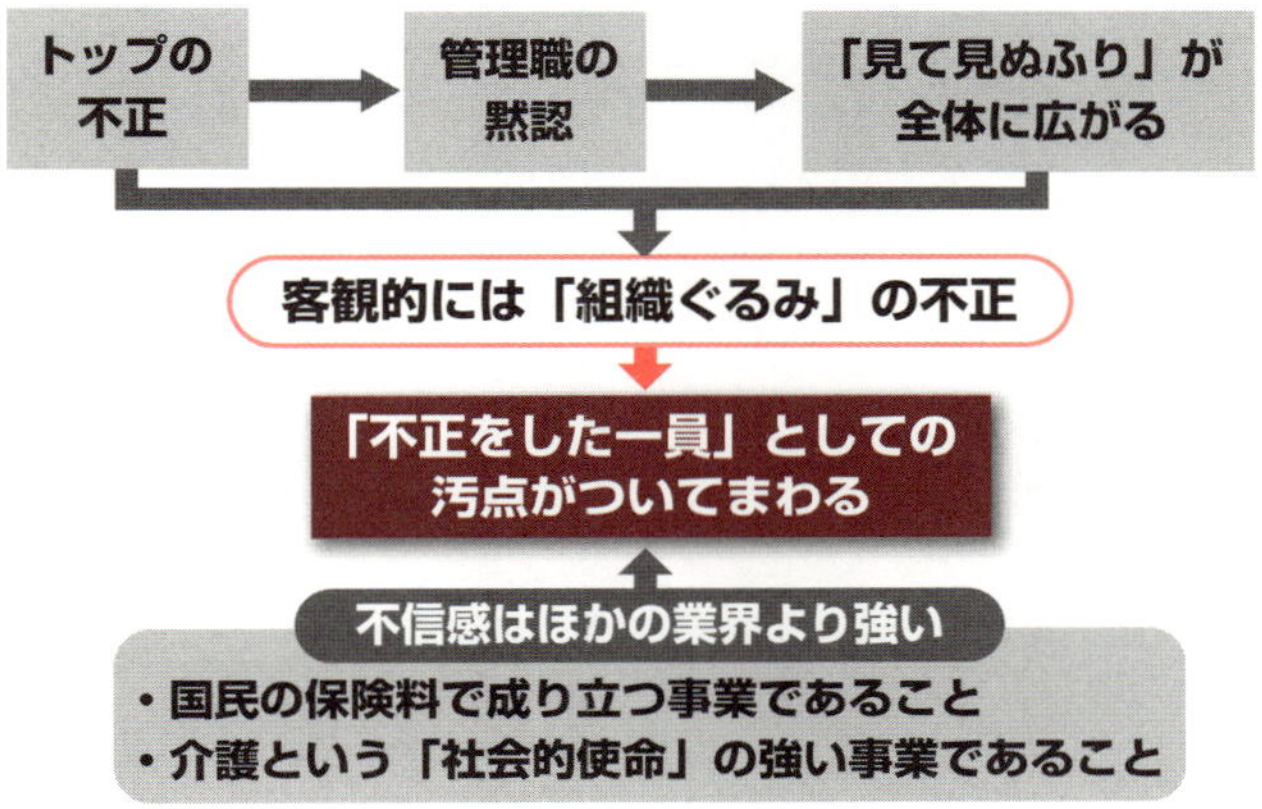
トップの不正
管理職の黙認
「見て見ぬふり」が全体に広がる
客観的には「組織ぐるみ」の不正
「不正をした一員」としての汚点がついてまわる
不信感はほかの業界より強い
・国民の保険料で成り立つ事業であること
・介護という「社会的使命」の強い事業であること

とする場合、「どこに通報すればよいか？」「通報を行った場合の通報者の保護はどうなっているか？」などを規定しています。

もちろん、保護要件にマッチしている場合は、解雇等の不利益な扱いから法的に保護されることになります。

安易にマスコミに頼るのは問題もあり。基本は行政機関

まず、通報先ですが、大きく分けて三つあります。

第一に事業者内部の**コンプライアンスをつかさどる窓口**です。中小事業所の場合、こうした窓口がないことも多く、結局事務局などになってしまいがちです。仮に組織ぐるみの不正が日常化している場合、告発段階で証拠隠滅などのおそれもあります。

最も現実的なのは、二つめの「処分又は

コンプライアンスをつかさどる窓口
コムスンによる大規模な不正事件を機に、介護事業を運営するすべての法人に対し、法令遵守等の業務管理整備が義務づけられた。一定規模以上の法人に対しては法令遵守マニュアルの策定も義務づけている。

勧告等をする権限を有する行政機関」でしょう。

管轄する行政機関には、不正等にかかわる通報があった場合、必要な調査を行い、通報対象となる事実があったと認めるときには法令に基づく措置を講じる義務があります。

行政機関に通報する場合でも、告発者が保護されるための要件は定められています。一つは「不正の目的で行われた通報でないこと」、もう一つは「通報内容が真実であると信ずる相当の理由があること」です。つまり、**証拠隠滅**などが図られてしまい、行政機関による調査が空振りとなった場合は、保護されない可能性もあるということです。

三つめの通報先として、事業者外部の諸団体があります。マスコミ、事業者団体、（不当労働行為などが絡んでいる場合）労働組合などがあげられます。

ただし、通報者が保護される場合として、行政機関などに通報すると、証拠隠滅のおそれが高まったり、その後に不当な解雇を受けるおそれがあるなどのケースにかぎられます。マスコミに通報して、最後まで確たる証拠が出なかったなどという場合は、逆に名誉棄損などで訴えられ、法廷の場で争わなければならないことも起こりえます。

そのあたりを考慮した場合、やはり二つめの通報先が妥当といえます。そうなると大切なのは、自分なりに相応の証拠を集め、同時に証拠隠滅などが行われないかを監視しつつ通報先の行政機関と密な連携をとっておくことが大切でしょう。

どんな証拠が考えられるかについては、あらかじめ行政機関のほか、弁護士による法律相談などの場でレクチャーを受けておくことをお勧めします。

証拠隠滅

証拠隠滅が図られるおそれがある場合、最初に通報先に対して「証拠保全を図る」にはどうすればよいかを相談したい。

内部告発の流れについて覚えておきたい

1.「公益通報者保護法」について勉強する

❶ 事業者内部の相談窓口

コンプライアンスを担当する部署など

そうした部署がない場合

❷ 管轄する行政機関

通報先の基本

市町村もしくは都道府県の
福祉担当窓口など

行政による調査の前に証拠隠滅
等のおそれがある場合など

❸ 事業者外部の諸団体

法律の専門家にも相談

事業者団体、運営協議会など
（最初からマスコミに頼るのは避けたい）

2. 相談から調査、告発までの流れ

❶ 見聞きした「事実」をメモしたり、録音する

（自分の思いすごしではないかどうかを確かめる意味でも）

❷ まず、電話で相談、足を運ぶ前に

必要なもの（さらに確かな証拠など）を確認

❸ 証拠を集める（被害者がいれば、その証言も）

・証拠集めの際、窃盗などの不法行為は絶対避ける
・むずかしい場合は、行政の調査に委ねよう
（報酬の不正請求などは、行政も神経質になっているので、
前向きな対応が期待できる）

ポイント！

- 不正が組織ぐるみになる前に、内部告発を行うことが自衛になる
- 不正を示す証拠集めについては、行政や専門家に相談したい

COLUMN

外出型イベントの際は特にモニタリング強化

花見や行楽のシーズンになると、外出型のイベントを企画することが増えます。介護保険ではサービス提供が難しい場合でも、自主事業としてニーズが高まることもあるでしょう。その際、非日常的な状況が利用者の状態、さらにスタッフの心などにどのような影響を与えるのか、しっかり見極めることが大切です。

1．映像によって利用者の言動を記録

見返すなかで、利用者の興味の方向性などがよく見えてきます。

2．スタッフが感じたことを担当全員に記させる

自分の気持ちの振り返りが、現場のケアを向上させる「気づき」に。

3．マップのコピー上に参加者の行動を記録

どの時間帯にどう動いたかを振り返り、今後の企画修正の参考に。

4．外食や水分摂取、排泄などは「頻度・量」をチェック

カロリー摂取上や脱水等のリスクが高まることを常に意識します。

5．イベント終了後の利用者の様子にも注目

それを機に何か変化がないか、それはなぜかを考察させます。

第7章

現場実務編

離職率を下げるための現場実務の進め方

07-01

「御説をうかがう」だけの会議にしないための仕掛け
ポイントとなる課題を抽出し、専門職ごとに意見を求める

現場実務の流れのなかで、スタッフのモチベーションを高め、離職率を低下させるにはどうすればよいのでしょうか。本章ではさらに実践的なポイントを紹介します。

まず、現場実務において「スタッフのやる気」を引き出せるかの分岐点となりやすいのが、**随所で行われる会議**です。そこで課題となるのが、「発言者が決まってしまう」、つまり「実質的に参加している人、していない人の差が大きく出てしまう」という点です。

実質「参加していない人」にとっては、その会議がケアの改善にどうつながるのかが見えなくなりがちです。本来は、情報共有を進めることで「**ケアの均質化**」を図ることが会議の目的の一つですが、逆にケアの質のばらつきを生む要因もはらんでいるといえます。

特定の専門職だけの発言が主導してしまう会議を見直す

ポイントは「会議の進め方」にあります。よく見られるパターンとして、❶報告者がケース等を発表する、❷❶に対して司会者が参加者に意見または質問を求める、❸特定の人や司会者だけが発言する、❹報告者がそれに応える、❺少数のやりとりでとりあえずまとまる、❻ほかに発言を求めても出ないので終了――という流れがあります。

随所で行われる会議
リハビリ系サービスで開催されるカンファレンスや、看取り加算を算定する際に必要となる「指針策定」のための会議など、医師を含めた多職種による会議の開催が加算要件となるケースが増えている。会議ごとの開催マニュアルなどを整えたい。

よくある会議のパターンをどう修正するか

報告者の話に
他の専門職だけ
が反応する
フラットな
関係にしたい
報告者の
「御説を伺う」だけに
なりがちな介護職
報告者に介護職に向けて
話すという意識が低い
介護職からの発信を
どう仕掛けていくか

これでは会議が「特定の人の話をうかがう」だけの場になってしまい、チーム全体の参加意識が高まるべくもありません。

会議の場というのは、それ自体、日々のケアに対する検証の場であり、チーム内のPDCAサイクルを機能させることが隠れた目的です。

司会者はまんべんなく発言を求めようとするのですが、なかなかそうはなりません。看護職や管理栄養士などの職種は、それぞれの立場からよく意見を述べています。しかしながら、介護職からの発言はほとんど聞かれないケースが目立ちます。看護職などが発言すると、介護職としては医療系知識が不十分なためにかえって畏縮してしまう傾向もあります。ある特養ホームでは、結果的に、「療養ケアカンファレンス」のような感じになっていたといいます。

ケアの均質化
チーム内の誰が手掛けても同じ質のケアが提供できる——この概念は、「私がいなければこの人の支援はできない」という風潮を改善するうえで重要。一人の職員に業務負担が集中するといった問題の解決にもつながる。

司会者
司会者は、現場リーダーやケアマネジャーだけが担当するのではなく、チーム全員がもち回りで担当するのが望ましい。司会者の立場を経験することで、自分が発言者になる際に「どのような情報提供が求められているか」が理解できる。

事前に課題を設定し、各専門職の視点から意見を求める

そこで、会議の進め方のルールを少し変えてみました。まず、司会者は事前にケース報告者と打ち合わせをし、ポイントとなる課題を**三つ抽出**します。

その課題に対して、かかわりの深い専門職に対し、会議当日までに自分なりの案を考えてもらいます。そして、当日は報告者の次に、課題ごとの発案者に発言してもらうのです。

さらに、それぞれの発案（この場合は三つ）に対し、「生活支援」「療養支援」「栄養改善」「機能訓練」という具合に、参加する専門職の分野ごとに「配慮・改善したい点は何か」と意見を求めます。それがひと通りすんだら、**フリーに意見を求める**という具合です。

これにより、参加している全員が、自分の専門性を意識しつつ発言しなければならないという緊張感をもつことができます。現場リーダーは、「おぜん立てしすぎという感はあったが、会議において自分の考えで発言するという習慣をつくりたかった。自分も参加するんだという意識が高まれば、もとの状態に戻してもよい」といいます。

この場合、最初に課題を抽出するなど、司会者に高いレベルが求められます。あえて、この司会役を持ち回りで担当させ、慣れない人は管理者が相談に乗りながら、という形で進める方法もあります。司会に慣れた人であれば、「あえて物議を醸す」という課題設定をする方法もあるでしょう。現場ごとにいろいろと工夫を加えたいものです。

三つ抽出
利用者の課題を探る場合、疾患・ADL等・生活状況という大きく分けて三つの視点が必要になることから、課題抽出の目安は三つとした。「利用者の生活を三次元的に見ながら、その人の実像に迫る」という意味もある。

フリーに意見を求める
その際には、例えば、看護師が生活支援の視点から発言しても構わない、など。

チーム全体での討議を仕掛けるには？

1. 会議前に「報告者」と打ち合わせ

ケース報告 → 課題A／課題B／課題C ｝基本三つを抽出する

2. 上記の各課題ごとに「発案者」を決める

課題A	課題B	課題C
（例）誤嚥リスクに関する課題	（例）家族との関係にかかる課題	（例）夜間の不眠についての課題
↓	↓	↓
発案者候補（ST、管理栄養士、看護師）	発案者候補（相談員、ケアマネジャー、介護職）	発案者候補（看護師、介護職）

3. 2の発案に対し、「異なる専門職」の視点から意見を述べる

Aの発案者がSTの場合	Bの発案者が相談員の場合	Cの発案者が看護師の場合
↕	↕	↕
管理栄養士、看護師	介護職、ケアマネジャー	介護職

ポイント！

- 司会と特定の人のやりとりだけになる状況をまず改善する
- 事前の課題設定と、専門職ごとに「発言を義務づける」機会をつくる

07-02

PDCAサイクルの実践をチーム内に浸透させる
メモを活かし、日々の業務に向かう思考の形をつくる

ここまで、現場業務を改善していくポイントとして「PDCAサイクル」をたびたび取り上げています。これを現場スタッフ全員の思考回路に叩き込むことが必要ですが、最初から全員がすんなりと身につけるのは難しいでしょう。

なぜなら、PDCAサイクルを機能させるには、それを意識した思考が必要であり、人間はそうした意識的な思考を長時間続けることはそもそも難しいからです。ある程度のコツをつかめないと、的確なタイミングでの**思考のON／OFF**は繰り返せません。

そこで、業務前に「今日はどんな『DO』を実践するか」をいくつか考えさせるようにします。限定したシーンでPDCAサイクルを発揮させ、まず自分の（業務に向かう）思考の形をつくります。それが固まったら、少しずつ事前に考える「DO」の数を増やしていき、サイクルのスピードもアップさせるわけです。

メモを活用して、気になることや浮かんだアイデアを記録

関東の中規模都市で小規模多機能型居宅介護を運営するU事業所では、スタッフ全員がチラシや使用済みのカレンダーを小さく切り、それを大きなクリップで閉じたメモを携帯

思考のON／OFF
常に思考回路をONにしておくのが理想だが、現実にはなかなか難しい。少なくとも、PDCAサイクルを発揮すべき瞬間はどこにあるかを見極める習慣を身につけたい。

「PDCAサイクル」の思考に慣れさせるには……

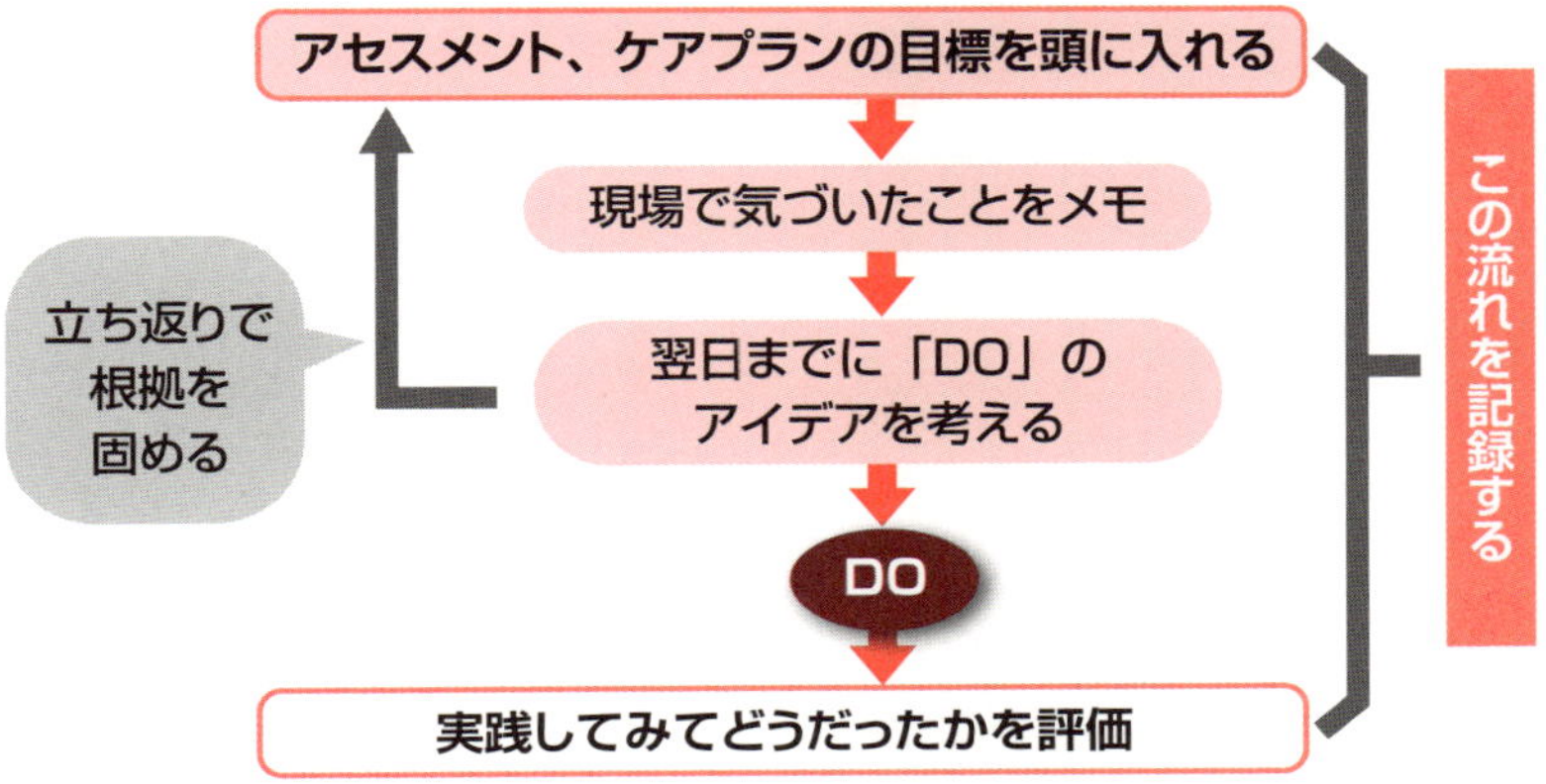
アセスメント、ケアプランの目標を頭に入れる
現場で気づいたことをメモ
翌日までに「DO」のアイデアを考える
DO
実践してみてどうだったかを評価
立ち返りで根拠を固める
この流れを記録する

しています。そして、業務中に個々の利用者の「気になったこと」はもちろん、「こういう対応をしてみたらどうだろう（PDCAサイクルが前提なので、もちろん「なぜそれをするのか」は明確にする）」という発想が浮かんだら、そのつどメモしていきます。

例えば、認知症の利用者で、フロアの観葉植物の葉をずっと触っているAさんという人がいました。その植物の葉はやや大きめ、表面がふんわりとしているのが特徴です。

スタッフは「Aさんが**独特の触感**によって落ち着くことがある」ということをケース検討会で聞いたことがあり、同じような質感のあるぬいぐるみを用意してみました（布の端切れを箱に詰めて置いておこうかとも考えましたが、異食行為もある人なの

独特の触感
認知症高齢者の場合、感性の豊かさは保たれているケースが多いので、五感に対する働きかけでBPSDが改善されることもある。ある通所事業所では、海辺に近い立地を活かし、天気のいい日に利用者と裸足で砂浜を散歩する。砂浜の感触がいい影響を与えることもあるという。

で今回は見送りました）。

それを「どうです？　かわいいでしょう」とその人に差し出したところ、最初は見ているだけでしたが、やがてずっとそれを手にするようになりました。

ところが、ほかの利用者であるBさんもそのぬいぐるみに関心をもち、横から触ろうとすると、Aさんはその手を払いのけようとします。Bさんには声をかけて、その場から誘導しましたが、「ぬいぐるみだとほかの人も関心をもつ」ことに気づいたのです。

スタッフはすぐにその点をメモし、翌日までに「ぬいぐるみ以外の方法（タペストリーなど）はどうか」という、新たな「DO」のアイデアを考えることにしました。

このように、気づいたことをその場でメモする習慣をつけさせ、翌日の業務前までに「今日はこれとこれをしてみよう」という目標を立てさせます。慣れてきたら、メモをとりつつ、その日のうちに「ACT（改善）」を図れるようにします。

もう一つ重要なのは、PDCAの流れを実践したら、メモをもとにその流れも記録に落とし込むことです。先のケースでいえば、AさんのBさんに対する「拒否」という心理がもともと強い可能性も考えられます。ここには「**利用者同士の大きなトラブル**」というリスクも予想されるわけで、こうした場合は口頭でもリーダーなどに報告します。

つまり、PDCAサイクルを機能させた場合、その成果はチーム全体の共有を通じて、ほかのスタッフのPDCAサイクルを活性化させる力になるかもしれません。成果の共有はそのままチーム全体の財産になることも、常々意識させる必要があります。

利用者同士の大きなトラブル
ある施設で、利用者が他の利用者の車いすを取り上げようとして転倒させた事故があった。被害者の家族は、「施設側のフォローが足りなかった」として訴訟を起こしている。

新人に実践させたい「PDCAサイクル」の習慣

1. アセスメント、ケアプラン、介護計画の読み方を教える

アセスメント	その人のこだわり、特有のリスクが現れている点は?
ケアプラン	どうなればその人の目標が達成できる?
介護計画	そのケアを行ううえで特に気づかいたい点は?

2. 1を頭に入れたうえで現場で気づいたことをメモ

ここでどのような支援を行えばプランの目標に近づけるか

3. 2のメモをもとに翌日どんなケアをすればよいかアイデアをあげる

違った種類の植木を用意する?

4. やってみてどうだったか? その検証結果を1～3の流れとともに記録する

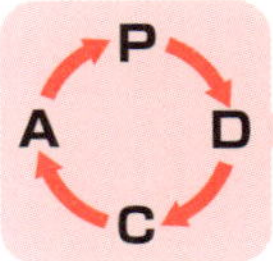

このサイクルをそのまま記録に

サイクルのなかでリスクが発生したら、口頭で管理者に報告

ポイント!

- 気になる出来事→ケースで振り返り→「DO」のアイデアを出す→やってみて検証
- PDCAサイクル実践の成果はチーム共有を通じて全体の「財産」となる

07-03

まずは質より量で「書くこと」への抵抗感を軽減
新人を中心に強いストレスとなる「文章作成」――その対処法

介護スタッフが常々「負担」と感じていることの一つに「記録」があります。

もちろん、「計画」や「記録」は介護業務の基本の一つではありますが、「文章を書くのが苦手」という人には大きなストレスになるようです。そのストレスが重なると「自分はこんなことをするために、この仕事に就いたわけではない」という意識も浮上します。頭では「記録は重要」と理解していても、ストレスがその思考を遮断してしまい、「こんな時間があったら利用者と接しているほうが大事」という思いが前面に出てしまうわけです。

都内でグループホームの管理者を務めるDさんは、「スタッフに『**記録を書くこと**』を好きにさせるのは本当に大変」といいます。記録を書くことで、どのようにケアの内容を改善していけばよいかという思考が働くわけですが、「文章を書く」こと自体のストレスは生活習慣の問題なので、その壁を乗り越えさせるのはなかなか難しいわけです。

最初は、情報の質は度外視。量をとにかく確保する

書くことを好きにさせるには、最初はできるだけ制約を設けないことが大切です。例えば、誰が読んでも理解できる文体や主観・客観の区別、あるいは5W1Hのような文章ル

記録を書くこと
記録において一つ注意したいのは、パソコンで記入するシステムの場合、「職場で書ききれないから」とUSBメモリなどに落としてこっそりともち帰ってしまうこと。これは重大な情報漏えいにつながるリスクがある。この点だけは、「発覚したら減俸などの重い処分を課す」という具合に、強く伝えたい。

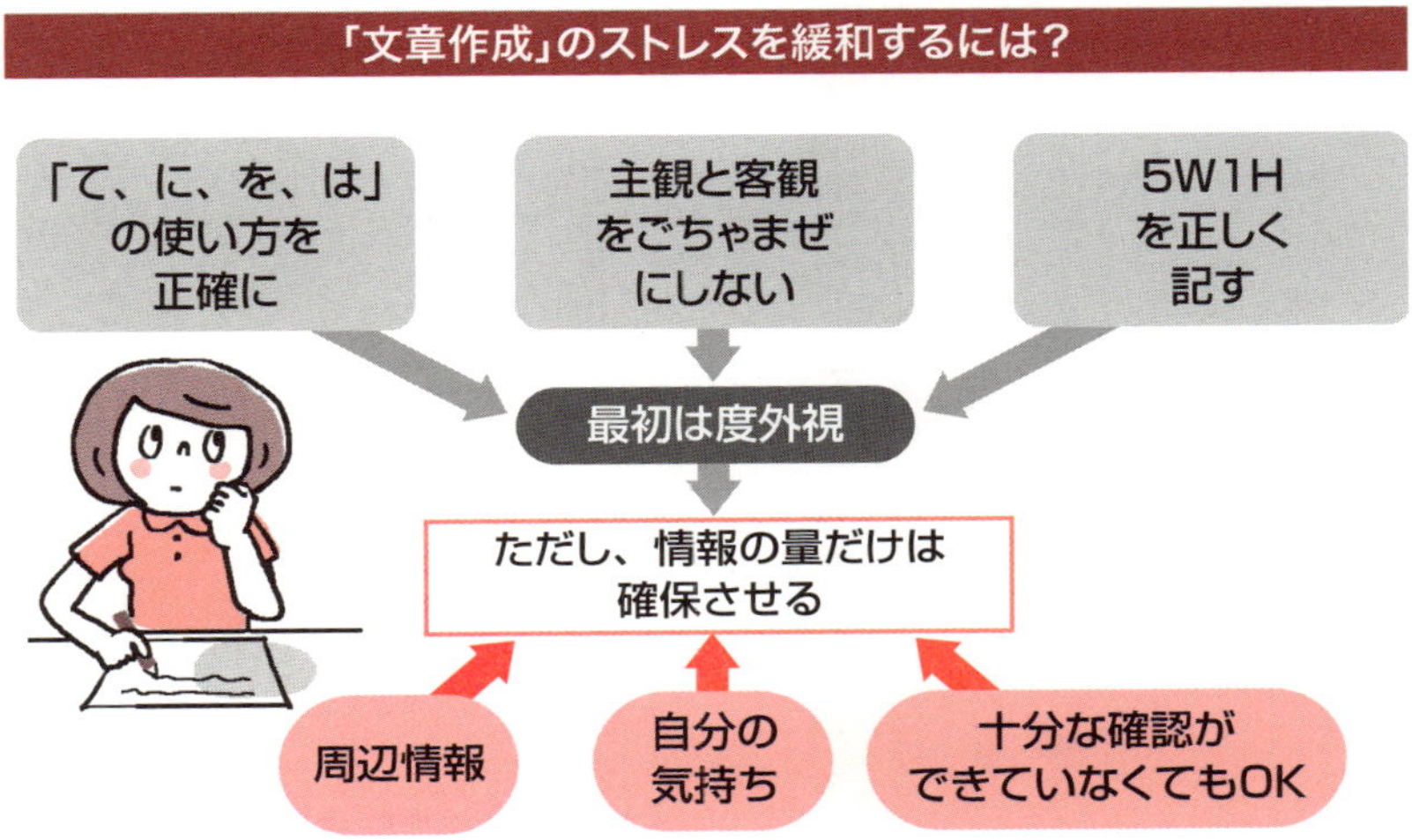

ールといった点について、あまり厳しくチェックしないことです。

もちろん、それを続けることで、チーム内の情報共有が進まなかったり、利用者のリスクの見落としがあってはいけません。

そこで、先のグループホームでは、「質はともかくとして、量だけは書かせる」としています。**口語体**でも、メモ書きのような名詞の積み重ねでもよし、「情報量」さえ確保できていれば、業務中のメモ書きをそのまま記録帳に切り張りするスタイルでも、文章作成に慣れるまでの一定期間はＯＫとしました。

とにかく情報量さえ確保できれば、管理者やリーダーが添削する余地があるということです。仮に一読しただけでは事実関係がまったくわからないという場合でも、情報量さえあれば、それらをピースとしてパ

口語体
ＬＩＮＥ等の普及で、「話し言葉」で文章を書く習慣が身についてしまっている人も多い。これをいきなり矯正するのも難しい。

ズルを組み立てることができます。

情報が足りなければ、ピース自体が不足してパズルは完成しないことになります。

どうしても「書くことがない」場合は、周辺情報で構わない

情報量がなかなか確保できない場合は、**利用者の周辺情報**をどんどん取り込んでいくことから始めてもよいでしょう。例えば、「テレビを見ていた」となれば、その番組は何か。仮に「相撲中継」であれば、どの力士が勝ったのか負けたのか――といった具合です。

実は、これも貴重な情報になる可能性があります。相撲中継を見ていた利用者のなかには、ごひいきの相撲取りが勝ったことで、その日の気分がよくなったかもしれません。

「今日は○○さんはご機嫌で、食事もよく進んだ」という事実があったとして、それを裏付ける情報になる可能性もあるわけです。

大切なのは、そのことを記録者にきちんと伝えることで、「自分が拾い出した情報の重要性」を意識させることです。この積み重ねは「何が重要なポイントなのか」を拾い出す能力をはぐくむとともに（結果としてではありますが）、「自分が拾い出した情報が役に立った」という成功体験につながり、その後の記録作成などのモチベーションを上げることにもつながります。

利用者の周辺情報

たとえば、季節の変わり目や極端に暑い・寒いなどの気候要因は、利用者の体調などにさまざまな影響をもたらす。気象庁の中長期予報などもチェックしながら、「どのようなリスクが高まるか」を見込んで先手を打った対策が必要になる。

情報量確保のための周辺情報も意外に重要!?

(例)

- 今日から大相撲開催! → 相撲の好きな利用者は?
- 天気がよい／降水確率10% → 天候によって利用者の変化は見られるか?
- 送迎の車が渋滞で遅れた!／角の道の工事がうるさい! → 利用者の心理状況は?
- 廊下で転んだ!（施設長が）／今日は眠い（自分が） → スタッフがみんな疲れている? ケアへの影響は?
- Aさんの衣服が1週間全部違う → Aさんの生活意欲に関係あり?

重要な情報はどこにあるのか?

↓

**管理職・リーダーが探り出し
スタッフ本人にリターン**

ポイント!

- 書くことに慣れさせるため、最初はメモ書き程度でもOKとする
- 貴重な情報が含まれていることを自覚させれば、意欲向上につながる

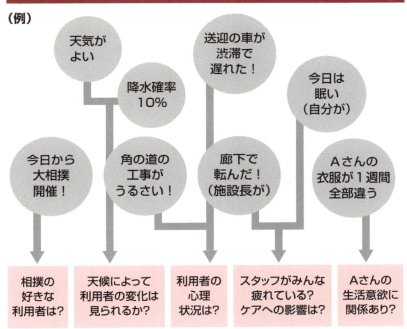

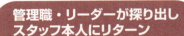

07-04

掲示板などを設け、ある程度自由に議論する場をつくる
委員会やプロジェクトについて「当事者意識」の醸成を

現場運営でどうしても必要になってくるものの一つに、日常業務とは別に立ち上げる委員会やプロジェクトなどがあります。これも、会議や記録と同様、スタッフ一人ひとりにとって「大切なもの」という実感をもたせないと、やはり「面倒なこと」で終わってしまいます。

大切なのは、そうした委員会活動などを行うことで、「現場の業務がどう改善されるのか」というつながりが見えることです。例えば、リスクマネジメント委員会や感染症対策委員会のように、「とりあえずつくっておかないと、行政や家族の視線も厳しくなる」という具合に、「とりあえず」感が先に立ってしまう――これでは意味がありません。

法人内ネットを活用して発案や議論を行わせる

中部地方にある老人保健施設では、パソコンによる**法人内イントラネット上**にスタッフ用の「掲示板」を設けています。そのなかに、「委員会・プロジェクトの設立を論議する」というスレッドがあります。こんな委員会があったほうがよいというアイデアがあれば、そこで誰でも提案でき、その必要性や具体的な中身について議論するというものです。

法人内イントラネット
例えば、介護記録などをスマホの専用アプリなどでイントラネット上に上げ、気づいた職員が上書きしながら、重層的な記録作成を進めているケースがある。ただし、個人情報が外に漏れないよう、セキュリティ管理も重要になる。

委員会・プロジェクト設立の流れについて

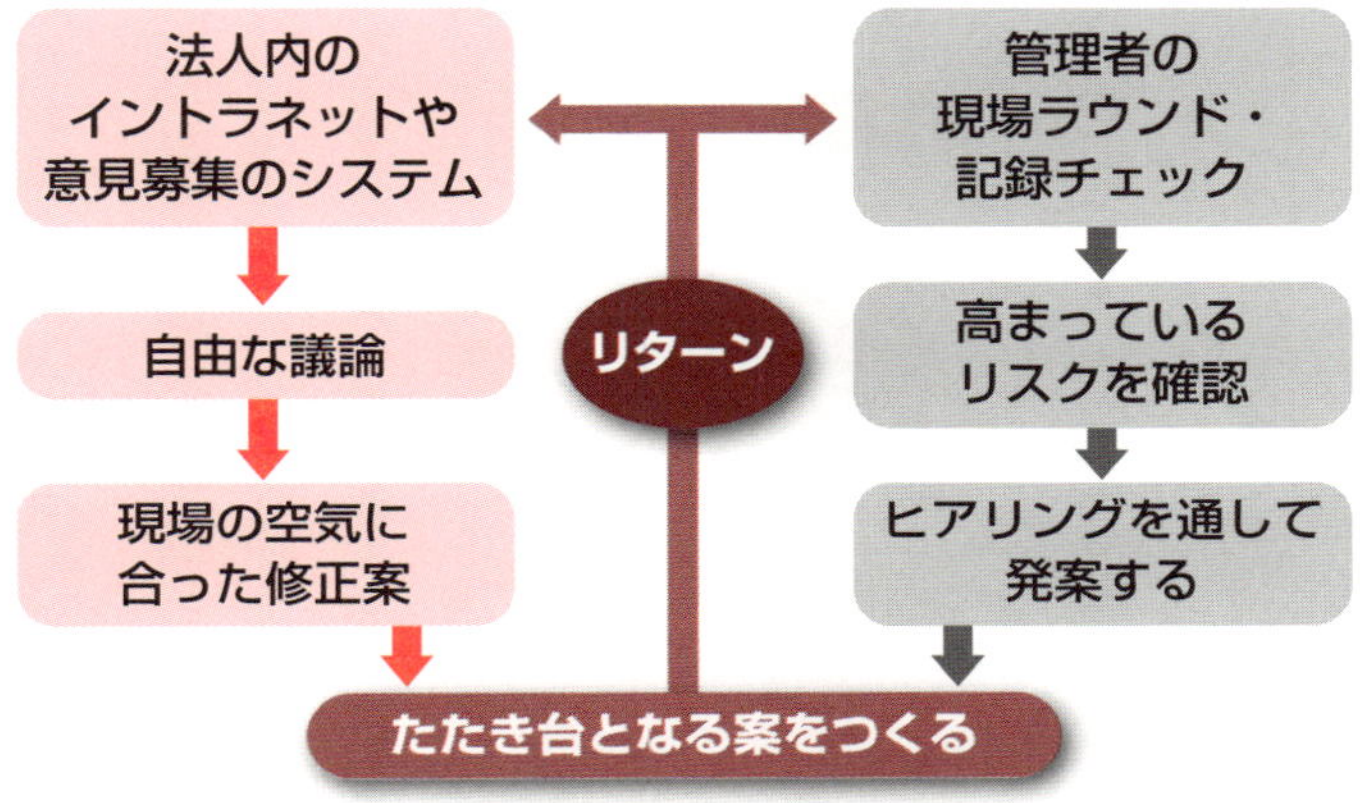

この掲示板は、現場スタッフのほか、事務方や管理者、施設長に至るまで書き込めるようになっており、例えば、「感染症対策委員会」のように時節柄立ち上げる必要性があるものは、事務方などから最初に提案があったりします。一方、現場スタッフからは、慰安を目的とした「忘年会プロジェクト」や「慰安旅行プロジェクト」などが発案されることもあります。

いずれにしても、こうした掲示板をつくることで、発案に対して「その必要性」や「具体的な運営」などを、あらゆる部署の視点で議論できるわけです。

書き込みは「**記名制**」なので、無責任な意見や批判などは排除できます。

この議論の流れを、マネジメントする者はきちんと記録しておき、委員会等の目標や理念、具体的な運営方法などを「たたき

記名制
「こんなプロジェクトを提案したら、ふざけていると思われないか?」という畏縮が生じることもあるので、事前に施設長クラスからフランクな提案を出したり、違反書き込みの規定——議論が白熱してきたときに起こりがちな他者への誹謗中傷などを厳禁にする——を明確にしておく。

台」としてまとめ、ネット上もしくは「事業所・施設内のリアルな掲示板」に張り出すなどして示します。そのうえで、再度意見を募集し、修正するという流れです。

確実に必要性が高まっているテーマは管理者が立案

一方、マネジメントする側としては、現場からは発案がないけれど、確実にリスクが高まっているテーマはないかということを常にチェックします。

例えば、同じ「リスクマネジメント委員会」でも、現場のヒヤリハット報告などから「明らかに特定のリスクが高まっている」という点が察知できれば、その旨を記しつつ「**特定のリスク**」についての対策プロジェクトなどを提案していく必要があります。

問題なのは執行部のメンバー構成と、運営の方法です。メンバーはできれば立候補制がよいのですが、現場が常に慌ただしいなかではなかなか名乗り出ない可能性もあります。

そこで、発案者はもちろんですが、そのテーマに最も適した人材を（いつも同じ人にならないように）もち回り制で抜擢します。ただし、執行部などでの活動も当然業務評価の一環になることをきちんと伝えることが大切です。

運営については、課題と目標を定め、終了後は必ず「評価」の機会を設けます。単なる「反省会」ではなく、客観的指標（例：感染症対策委員会であれば、そのシーズンの感染者数は前年に比べてどうだったか）をもって示させるようにします。

特定のリスク
例えば、震災や豪雨などの自然災害において、避難所の高齢者の「歩く機会」がなかなか設けにくいことにより、ADLの低下から転倒リスクが急速に高まった。ある避難所では、居住スペース間の通路を広げ、「歩きやすい」空間を設けたという。

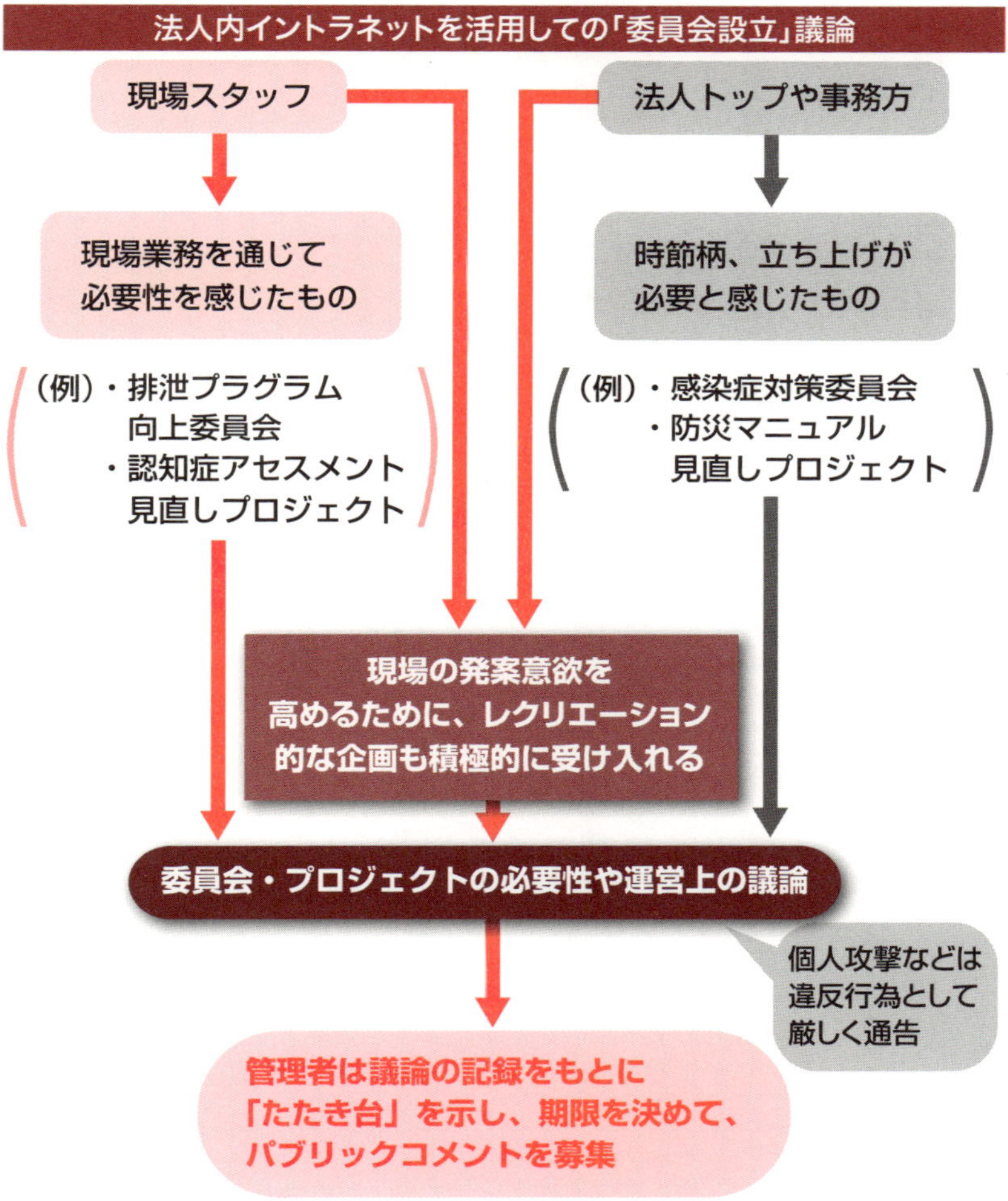

法人内イントラネットを活用しての「委員会設立」議論
現場スタッフ
法人トップや事務方
現場業務を通じて必要性を感じたもの
時節柄、立ち上げが必要と感じたもの
（例）・排泄プラグラム向上委員会
・認知症アセスメント見直しプロジェクト
（例）・感染症対策委員会
・防災マニュアル見直しプロジェクト
現場の発案意欲を高めるために、レクリエーション的な企画も積極的に受け入れる
委員会・プロジェクトの必要性や運営上の議論
個人攻撃などは違反行為として厳しく通告
管理者は議論の記録をもとに「たたき台」を示し、期限を決めて、パブリックコメントを募集

ポイント！

- 委員会などの必要性について、法人全体で自由闊達に議論させる機会が必要
- 執行部はもち回りで。運営は課題と目標を定め、終了後は客観的指標での評価が必要

07-05

ヒヤリハット報告の提出を人事評価に組み込む

業務を大きく寸断する「介護事故」の防ぎ方

現場のモチベーションを大きく下げてしまう事柄の一つに「介護事故」があります。いったん大きな事故が起こると、❶その対処に一時的に大きなエネルギーを費やさなければならない、❷責任を強く感じてその後の業務に積極的になれなくなる、❸今までやってきたことを**無駄と考えてしまうといったリスク**が高まります。

事故を防ぐための基本としては、第4章2で紹介したハインリッヒの法則を頭に入れ、「重大事故に至らない裾野部分」を一つひとつつぶしていくことが基本です。

問題なのは、ヒヤリハットや軽微な事故の記録がなかなか上がってこないことです。ほかの記録と同様、「書くのが面倒」という動機もさることながら、「それがヒヤリハットに当たるとは気づかなかった」というケースも見られます。

何がヒヤリハットに当たるのかを、まず明確にしておく

筆者は「介護事故防止」をテーマとした講演などを何回か行っていますが、その場で必ず出てくる相談が「現場スタッフがヒヤリハット報告を上げてくれない」という点です。

ここで紹介するハインリッヒの法則を使って、ヒヤリハット報告の重要性を説いたとし

無駄と考えてしまうといったリスク

①による「職員の燃え尽きリスク」や②の「トラウマを生じさせるリスク」については注意している現場も多いが、③は意外に見落とされがち。いわゆる無力感というのは自発的な思考を鈍らせ、「指示待ち」の風土をつくるなど、人づくりそのものを瓦解させかねないリスクがあることを頭に入れたい。

介護事故を防ぐための基本とは？

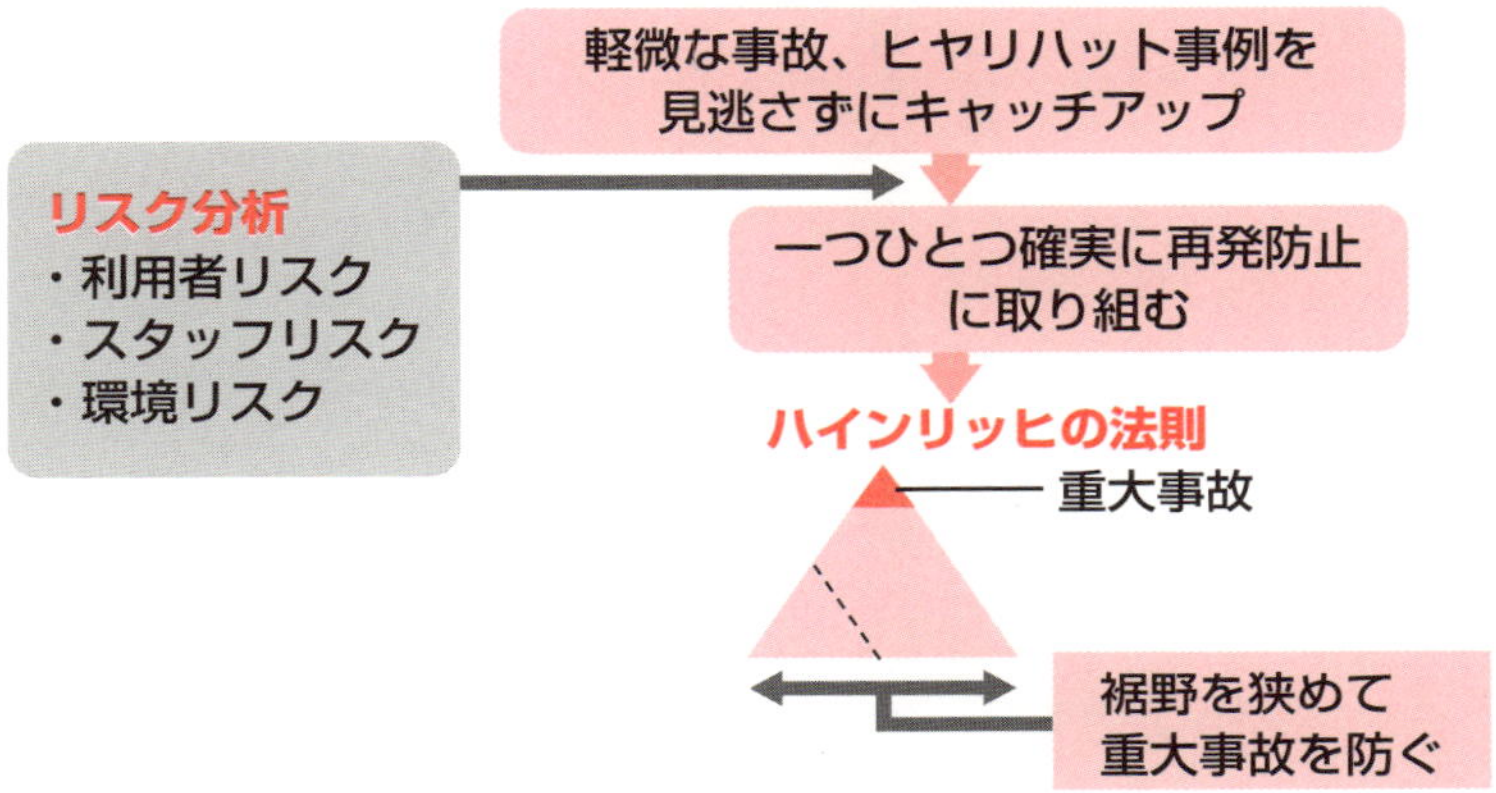

軽微な事故、ヒヤリハット事例を
見逃さずにキャッチアップ
リスク分析
・利用者リスク
・スタッフリスク
・環境リスク
一つひとつ確実に再発防止
に取り組む
ハインリッヒの法則
重大事故
裾野を狭めて
重大事故を防ぐ

ても、あまり結果が変わらないケースもあります。

必要になるのは、❶**何がヒヤリハットに当たるのか**を事例を交えガイドラインで示す、❷ヒヤリハット報告は日常のケアの向上にも必要であることを理解させることです。そのうえで、❸ヒヤリハット報告の提出を人事評価に組み込む方策を考えます。

ある施設では、❶のガイドライン作成委員会を設け、筆者がアドバイザーを依頼されました。そこで提言したのは「その場の事象だけを基準にしない」ことです。

まず立ち返ったのは、どんなときに「ひやり」としたり「はっと」するかということです。それは、「自分が予測したり、安心だと判断したこと」とはズレた状況が発生したときでしょう。この場合、予測や判断の根拠は、事前にもたらされるアセスメ

何がヒヤリハットに当たるのか
報告でよく見られるケースとして、「転倒したがケガはなかった」という事例をヒヤリハットと認識していたりする。これは転倒という事実があることで、明らかな「事故」に分類する必要がある。

ント情報などです。つまり、この事前情報との照らし合わせがポイントなのです。

ヒヤリハット報告を人事評価に反映させることも重要

前提として、組織内でもたらされる情報をきちんと熟知させることです。その情報では予測・判断できない状況が生じたら、すべて「ヒヤリハット」として報告させます。

もちろん、利用者情報が事前に頭に入っていても、自分の落度から「ひやり」としたり「はっと」することもあるでしょう。しかし、それは「自分の落度が発生する」というリスクがアセスメントできていないことから生じています。アセスメントというのは、利用者側だけでなく、**自己管理アセスメント**も必要であり、このことを、ヒヤリハット報告を通じて理解させることが、それ自体、大きな事故を防ぐ力になっていくわけです。

その流れでいえば、❷については、利用者だけでなく自分のことについてもきちんと把握することで、ケアの向上が図れるという理解がすんなり入ってくるはずです。

❸については、ヒヤリハット報告がきちんと書けないことは、事前情報の理解が甘いという点で評価を下げる対象になってくるという理屈になります。

管理職としては、現場把握の段階で「ヒヤリハット」発生の可能性をある程度見極めておき、あまりに報告が少ないスタッフに対しては、面談でリスクアセスメントの把握状況をチェックし、その結果を人事評価に反映させるという流れでもっていくとよいでしょう。

自己管理アセスメント
例えば、その日の自分自身の体調はどうなのか、集中力が低下している様子はないかということを、自らが振り返ることを習慣づけたい。リスクは利用者サイドだけでなく、サービス提供者のなかにもあることを意識させることが重要。

ヒヤリハット報告を現場に上げさせるためには

1. 何がヒヤリハットに当たるのかをガイドラインで示す

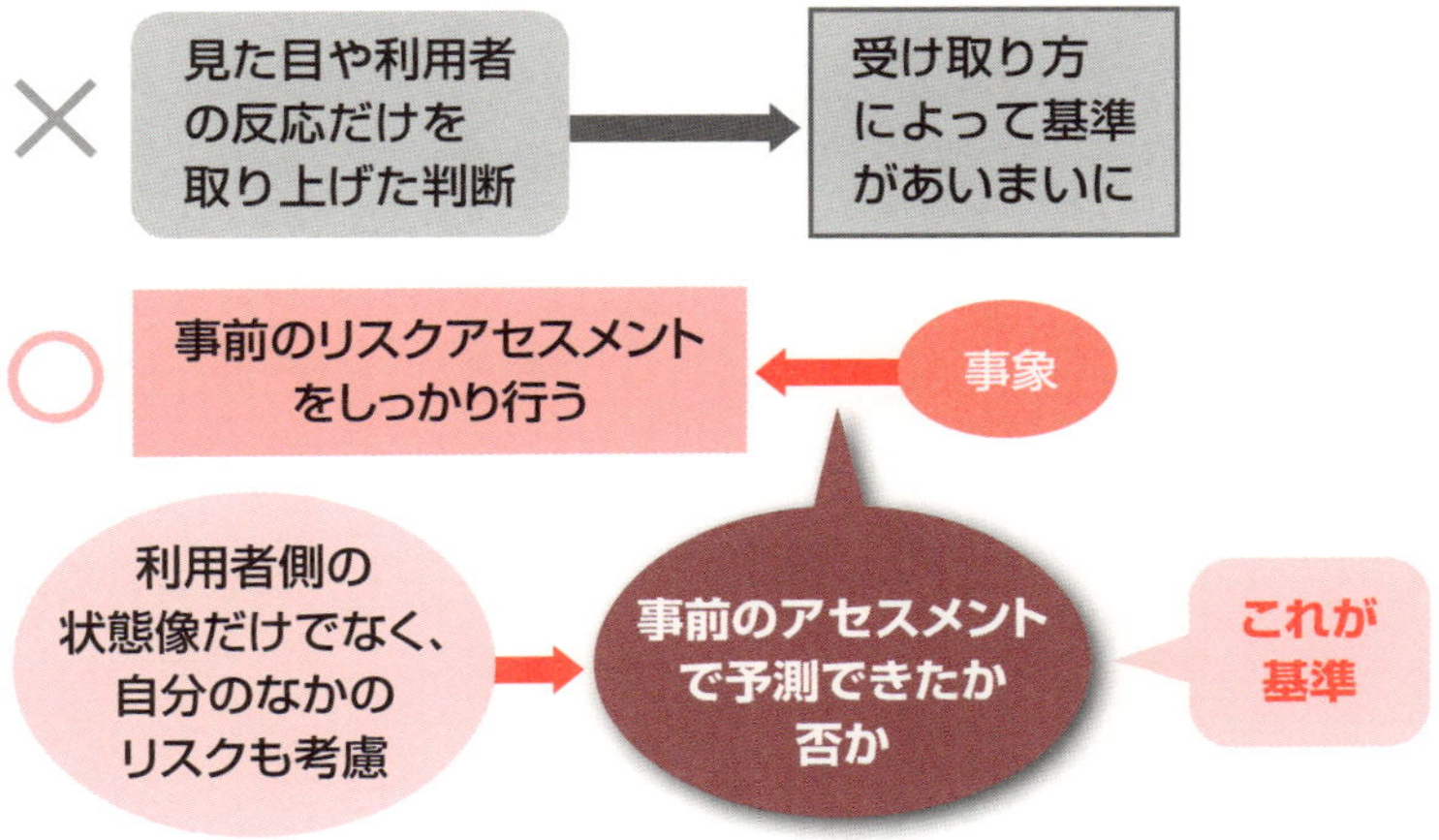

2. 事前のリスクアセスメントをしっかり行わせる

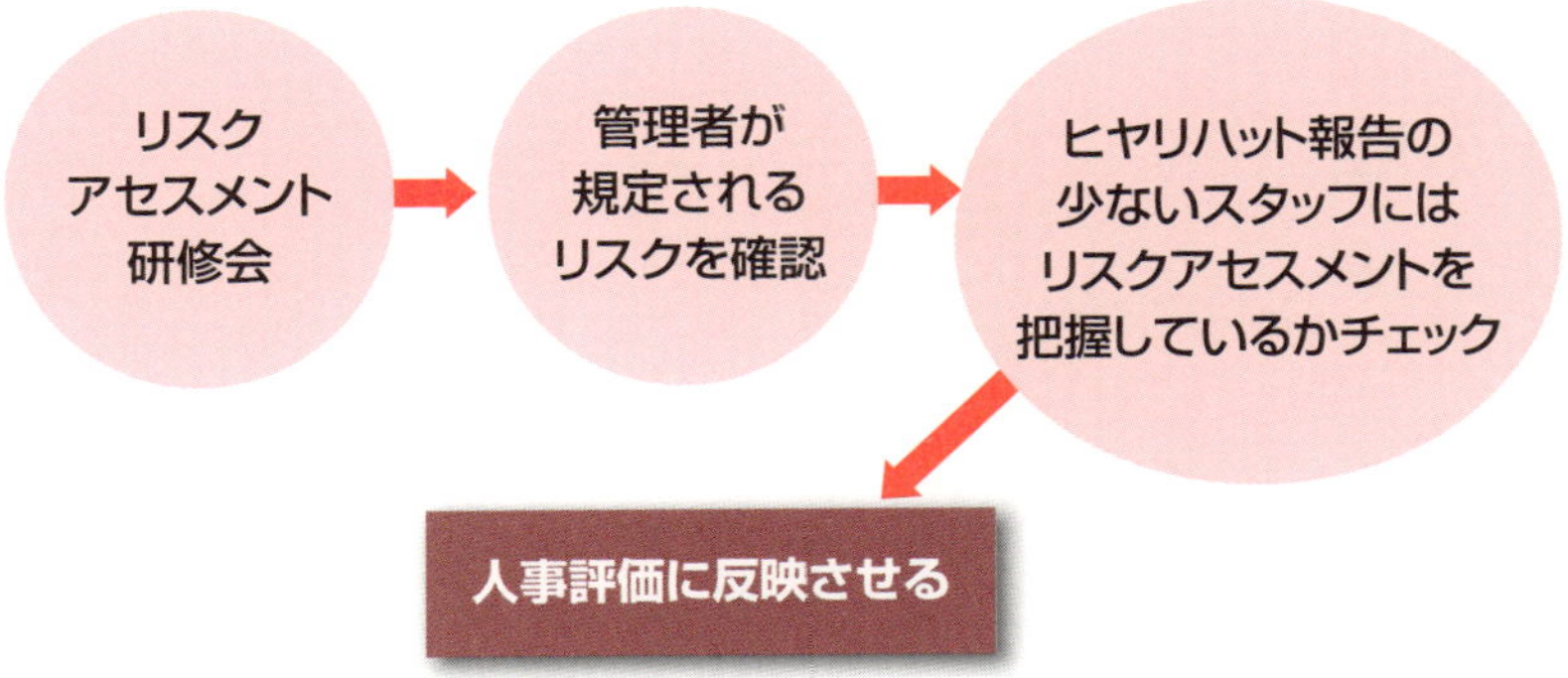

ポイント!

- 事前の予測や判断を基準にしながら、ヒヤリハットを定義する
- 人事評価への反映は「リスクアセスメントの把握状況」をポイントとして押さえる

07-
06

汎用性の高いフローの作成
災害や感染症など、緊張感を高める事態に対処するカギ

介護現場を脅かす出来事のなかで、特に緊張感を高めるのが、一瞬にして多くの利用者の安全を脅かす事態です。例えば、火災や自然災害による被害、インフルエンザやノロウイルスによる感染症などがあげられます。また、グループホームなどの小規模拠点における火災で多くの利用者が亡くなった事件は、社会に衝撃を与えたものです。

平成23年に発生した東日本大震災では、多くの介護施設も被災しました。この震災では、地震による被害もさることながら、その後の**電力不足**で介護現場に大きな緊張と混乱が生じています。在宅において人工呼吸器などを使用している場合、停電時の補助電源バッテリーが確保されているのかなど、さまざまな深刻な事態が引き起こされています。

北関東にある居宅介護支援事業所では、震災によるがけ崩れで道路が寸断されるなかを、安否確認のため、ケアマネジャーが自転車で利用者宅を巡ったそうです。

平成22年に九州で発生した口蹄疫は、人体への被害はなかったものの、家畜農家の多い地域では介護現場を巻き込む状況も見られました。感染拡大を防ぐためにデイサービスが休みとなったり、訪問がままならない事態も初期には生じていました。

未曾有の状況も多いなかで、過去の体験や情報をもとに対応マニュアルの作成などが難しいケースも見られます。しかし、介護事業の社会的責任を考えれば、たとえ予測が難し

電力不足
震災後の停電により、人工呼吸器だけでなく、生活上のさまざまなリスクを高めることになった。例えば、電力不足が著しい夏場に停電が行われることで、熱中症リスクのほか、冷蔵庫が停止することによる食中毒のリスクなども高まる。

い事態であっても短い時間で対応を図り、被害を最小限に食い止めることが求められます。見方を変えれば、どんな事態が生じても、「同じフローを機能させる」ことができれば、不測の事態に対する現場の緊張感と無力感をやわらげることも可能です。

何が起きても応用できる「汎用性の高いフロー」を作成

例えば、火災時の避難誘導マニュアルやインフルエンザ対策マニュアルなどは、どの現場でも策定は進めているでしょう。この場合、一つひとつの状況を取り上げて、「さあどうしようか」とゼロからスタートするのでは、現場の負担感を大きく高めます。むしろ、「どんな事態でも共通する対応は何か」を日ごろからピックアップし、それを多様な対策に応用していくというシステムが構築できれば、たとえ不測の事態が生じても、「現場として何をすべきか」というビジョンを見失うことはありません。

具体的には、「二重三重のバックアップ体制まで想定した緊急連絡網の整備」、あるいは「多くの利用者を短時間で効率的に誘導する方策」などです。

在宅系サービスの事業所であるなら、「利用者宅への巡回安否確認を行うためのフロー（例：電話確認から実際の訪問にかかる分担や、多くの利用者宅を巡回しなければならないときの順番など）を整えておくことが、右往左往する状況を最小限にとどめるカギとなります。

ポイント！

- 「どんな事態でも共通することの多い対応は何か」をまず整理する
- 共通対応マニュアルを作成し、不測の事態の対応に応用していく

07-07 新システムを導入するだけでは、現場改革は図れない ICT・介護ロボット導入のマネジメント

令和3年に予定される介護保険制度の見直しに向けて、大きなテーマが一つ浮上しています。それは、「ICTや介護ロボットの活用（以下、介護ロボット等）」と「人員・設備・運営基準（以下、人員基準等）の緩和」をセット化するという案です。

具体的には、**介護ロボット等の導入**に応じて、人員基準等やさらには介護報酬にも差を設けるというもの。介護ロボット等の活用を加速させることで現場業務を効率化し、介護人材不足の解消につなげようというねらいがあります。

もっとも効率よく導入するには何が必要か？

しかし、介護ロボット等の導入がそのまま現場業務の効率化につながり、人材不足の現状を埋めることができるのかといえば、そう簡単な話ではありません。

厚労省の調査によれば、**介護ロボット導入の目的**として「職員の負担軽減」をあげる事業所・施設が目立ちます。効果としても、たとえば移乗支援ロボットで、「職員の身体の痛み等（腰痛など）が軽減できた」という回答も非装着型で約7割となっています。

問題は、**導入予算**との兼ね合いで大量導入が依然として難しいことです。となれば、現

介護ロボット等の導入
介護労働安定センターが平成28年度に実施した調査によれば、主要な介護ロボットについて「いずれも導入していない」が約8割におよぶ。その理由としては「導入する予算がない」が約6割を占める。

介護ロボット導入の目的
職員の負担軽減のほかにも、センサー等の見守り機器では「ヒヤリハット・介護事故の防止」、入浴支援機器では「業務効率化」を目的と

介護ロボットにはどのようなものがあるか？

移乗支援	介助者のパワーアシストを行う。介助者が装着するタイプと非装着で移乗支援を行うものがある
移動支援	利用者の屋内外の移動や立ち座り、姿勢保持をロボット技術（※）の活用でサポートする
排せつ支援	排泄物の処理にロボット技術（※）を用いた設置位置の調整が可能なトイレなど
見守り	各種センサーで危険を検知し、外部通信機器を通じてプラットフォームに伝えるしくみ
入浴支援	ロボット技術（※）を用いて、浴槽に出入りする際の一連の動作を支援する機器

この他、認知症の人のBPSD緩和等を目的としたコミュニケーションロボットなどがある。ICTについては、タブレットや携帯端末とプラットフォーム間の通信により、介護記録作成の手間を軽減しつつ、リアルタイムで情報共有を図ることを目的としたシステムなどがある。

※ロボット技術とは…センサー系により情報を感知し、知能・制御系によって判断したうえで駆動系による動作につなげる一連の技術をいう。

場の課題をきちんと分析したうえで、もっとも効率よく導入するノウハウが必要です。

その他にも、メンテナンスやロボットの保管スペースの確保、導入に際しての従事者への研修など、さまざまなマネジメントが必要になるでしょう。

特に現場の課題について、法人トップでの分析が十分にできていないと、以下のようなことも起こり得ます。それは、「導入して使ってみたら効果があった」→「法人トップとしては満足」→「しかし、現場の隅々まではメリットが浸透しない」という流れです。

する傾向が高い。ただし、全体を通して「費用対効果」を目的とする割合は極めて低い。

導入予算　公的な支援としては、地域医療介護総合確保基金を活用した導入支援事業がメインとなっている。自治体によって補助金上限に差はあるが、たとえば宮城県（平成31年度）では、導入に要する対象経費の2分の1（1台あたり上限30万円）で、利用定員を10で除した数まで補助対象となる（施設・居住系の場合）。

そうなると、メンテナンス費用や耐久年数なども考慮した場合に、費用対効果がかえって悪化し、人材確保に必要な人件費が確保できなくなる懸念も生じます。

ここで人員基準の緩和策などが導入されれば、現場にかかる新たな負担などお構いなしに、人員配置を減らすといった流れに引きずられかねません。

関東にあるサ高住（特定施設入居者生活介護の指定を受けている）では、「介護ロボット」に限定するのではなく、あくまで「現場にやさしいシステムの構築」をテーマとした集中的な課題分析を行いました。法人の事務局によるプロジェクトチームが、一定期間現場をラウンドし、職員に「今、何が課題なのか」を詳細にヒアリングするというものです。

この結果から、（事故や従事者のケガ等に結びつきやすい）リスクに優先順位をつけ、課題解決のために必要なシステム改革を検討しました。その検討会には、現場リーダークラスも参加し、各現場で取りまとめた改革案を提示することにしました。

もちろん、現場の改革案では、いきなりＩＣＴやロボット導入という話はなかなか出てきません。ただ、事務局と現場の双方が感じている課題をすり合わせるなかで、「介護ロボット等の活用」などを含めた最新システムを事務局側から提示しやすくなります。

そのうえで、メーカー等と連携して（モニター応募などで）**試験的に導入**します。メーカー側も現場データが欲しいので、協力は惜しみません。試験導入に協力する職員には、モニターとして特別手当を支給するなどインセンティブもほどこしました。結局、使うのは現場であり、その目線で地道にＰＤＣＡサイクルを積み上げていくことが重要です。

試験的に導入
地域によっては、自治体とのタイアップで「体験導入」などを進めているケースもある。法人としては、「その場の使い勝手」だけ量るのではなく、現場で継続的に使いこなすための研修の必要性やメンテナンスのしくみなども確認したい。

ICTや介護ロボットを「現場に浸透させる」ためのチャート

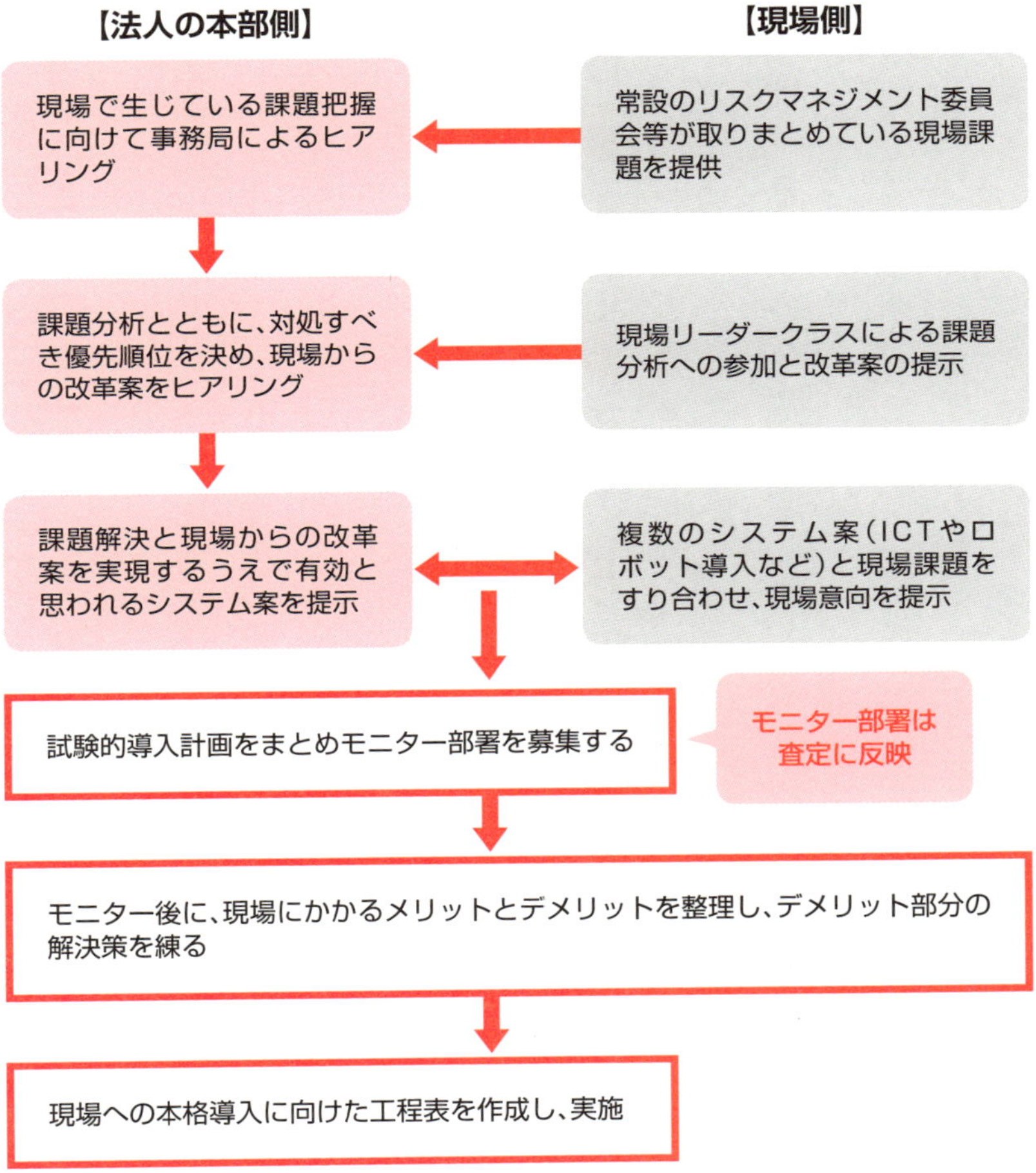

【法人の本部側】
【現場側】
現場で生じている課題把握に向けて事務局によるヒアリング
常設のリスクマネジメント委員会等が取りまとめている現場課題を提供
課題分析とともに、対処すべき優先順位を決め、現場からの改革案をヒアリング
現場リーダークラスによる課題分析への参加と改革案の提示
課題解決と現場からの改革案を実現するうえで有効と思われるシステム案を提示
複数のシステム案（ICTやロボット導入など）と現場課題をすり合わせ、現場意向を提示
試験的導入計画をまとめモニター部署を募集する
モニター部署は査定に反映
モニター後に、現場にかかるメリットとデメリットを整理し、デメリット部分の解決策を練る
現場への本格導入に向けた工程表を作成し、実施

ポイント!

- **介護ロボット等は「導入ありき」ではなく、「課題解決ありき」のフローを基本とする**
- **「使ってみて良かった」ではなく、付随する課題なども重層的に検討することが重要**

07-08

重度化防止インセンティブ等がさらに強化されるなかで
令和3年の改正までにらみ、サービス現場の未来を展望

近年、介護報酬・基準の改定のみならず、介護保険をめぐる**法改正**も3年に一度のペースとなり、介護サービスをめぐるしくみそのものが急速な変革にさらされています。サービスを運営する側としては、制度変更のつど対応するだけでは、現場の体制整備はなかなか追いつきません。大切なのは、制度が正式に変わってから動き出すのではなく、「今のしくみ」をチェックしつつ「それを国は次にどう変えてくるのか」を予測することです。予測に沿い現場改革の準備をしておくことが、スムーズな離陸に不可欠となります。

自立支援・重度化防止にかかるインセンティブが拡大!?

たとえば、平成30年度の制度変更、報酬・基準改定で何が変わったかをチェックしつつ、次の令和3年に予定される改革で何が行われるのかを予測してみましょう。ポイントはいくつかありますが、キーワードの一つは「インセンティブ」です。言い換えれば、国が進めようとしている施策に関連し、定められた指標をクリアすることで加算や基準緩和などの「恩恵」が受けられるしくみです。もちろん、従来の加算等も一定の体制を築いたり、プロセスのクリアを要件とした「インセンティブ」は働いていました。ただし、平成30年

法改正
平成29年の法改正では、65歳以上の利用者への3割負担導入のほか、介護医療院や共生型サービスの創設などサービスの枠組みにも変化がもたらされた。

生活機能向上連携加算に見られる「しくみの変遷」

平成24年度改定
訪問介護に生活機能向上連携加算が誕生

訪問介護のサ責が訪問リハビリのPT・OT・STと共同アセスメントを行ったうえで訪問介護計画を立てた場合に算定。月あたり100単位

↓

平成27年度改定
訪問介護と連携する対象リハビリサービスを拡大

訪問介護と訪問リハビリを併用する利用者は3.7%に過ぎないため、訪問リハビリだけでなく、通所リハビリも連携対象に

↓

平成30年度改定
生活機能向上連携加算の対象サービスを拡大

訪問介護に加え、通所介護や特養ホーム、短期入所生活介護、居住系サービスにも拡大

度の報酬・基準改定では、体制やプロセスだけでなく、「結果」を問う部分での指標（アウトカム指標）が拡充されました。テーマは、利用者の自立支援・重度化防止です。

　自立支援・重度化防止にかかるアウトカム指標を導入した加算として、通所介護（地域密着型含む）の**ADL維持等加算**があげられます。これは、リハビリ系サービスでよく使われる「バーセル・インデックス」という指標を使い、利用者のADL・IADLが一定以上改善した場合に加算がつくというものです。その測定作業や対象利用者のスクリーニング（抽出）にはかなりの手間がかかり、しかも加算単位は決して大きいものではありません。現場からは、「かかる手間と加算の関係

ADL維持等加算
加算単位は最大で月6単位。クリームスキミング（ADLの維持・改善が期待できる利用者ばかりを集めること）を防ぐために、評価対象者のサービス利用期間のほか一定の重度者割合なども要件としている。平成30年までの算定および算定予定事業所は3・7％（福祉医療機構調査より）

を考えれば、取得する事業所は少ないだろう」という声も聞かれました。

ここで注意したいのは、厚労省がよく使う手法です。それは、一つのしくみを「小さく生んだ」後、現場の状況を見ながら「順次、拡大していく」というものです。

たとえば、平成24年度改定で、最初は訪問介護だけを対象に設けられた**生活機能向上連携加算**。これが、平成30年度改定では通所系や特養ホーム、居住系サービス等にまで一気に拡大となりました。同様のことが、先のＡＤＬ維持等加算でも想定されるわけです。

ＩＣＴや介護ロボット普及に向けた新施策も想定したい

自立支援・重度化防止以外では、労働力人口の減少にともなう介護人材不足に対し、ＩＣＴや介護ロボット導入によって業務の効率化を図るというテーマがあげられます。

平成30年度の改定では、特養ホームと短期入所生活介護において、夜間の見守り機器（センサー等）の導入を図った場合に、夜勤職員配置加算の要件を緩和するしくみが導入されました。これも、夜勤職員を「＋1人」を「＋0・9人」とするという具合に、はっきり言えば「微妙な緩和」に過ぎません。しかし、先の「小さく生んで、順次拡大」という法則に従えば、次の令和3年では、介護ロボット等の導入でさらなる**基準緩和**を進める施策が想定されます。平成30年度↓令和3年度の「線」をたどることで、現場として今からどのような体制整備が求められるのか。一例を図にまとめたので参照してください。

生活機能向上連携加算
リハビリ系サービスと連携しての共同アセスメントや計画作成、モニタリングなどを実施することが要件。通所介護や特養ホームなどでは、個別機能訓練加算とのダブル算定も認めた（ただし、加算単位は低くなる）。

基準緩和
令和3年の改定に向けて、すでに財務省や与党のプロジェクトチームなどが、介護ロボット等の活用と人員・運営基準の緩和をセット化することを提言。厚労省も、この改革テーマに向けて検討会を開いている。

平成30年度の見直しポイントと令和3年の見直しに向けた対応

テーマ1 自立支援・重度化防止

平成30年度		令和3年度（予測と必要な体制整備）
アウトカム評価によるADL維持等加算を通所介護に創設	➡	・取得しやすいような要件の緩和？ ・対象サービスの拡大？（施設・居住系） ・たとえば、加算対象外でもバーセルインデックスを現場で活用してみる
口腔衛生管理や栄養改善の取り組み評価を多様なサービスで拡充（通所系や居住系など）	➡	・訪問系（訪問介護）にも拡大？ ・加算の区分等を拡充？ ・加算対象外でも、自事業所・施設内で栄養スクリーニングを実施してみる
特養ホームと老健で褥そうマネジメント加算を創設	➡	・居住系サービスにも拡大？ ・加算取得に際して使用するモニタリング指標を、加算対象外でも使ってみる

テーマ2 現場の生産性向上

平成30年度		令和3年度（予測と必要な体制整備）
夜間の見守り機器（センサー等）の活用で夜勤職員配置加算の要件を緩和（特養ホーム、短期入所生活介護）	➡	・見守り機器以外の多様な介護ロボットの導入による人員・運営基準緩和の拡大？ ・自事業所・施設における介護ロボット等の導入計画を立案。安易な人員基準の緩和に陥らないよう、現場ヒアリングも徹底
リハビリマネジメント加算の要件であるリハビリ会議において、医師の参加にテレビ電話等の活用を可能に	➡	・居宅のサ担会議にも準用？ ・診療報酬上の会議での活用拡大もにらみながら、OJTやモニタリング機会などでテレビ電話を試験的に活用してみる

テーマ3 介護サービスの適正化

平成30年度		令和3年度（予測と必要な体制整備）
訪問介護の生活援助に月あたり利用回数の制限を設定	➡	・要介護1・2の生活援助を総合事業へ？ ・生活援助独自の区分支給限度額設定？ ・混合介護の拡大もにらみながら、介護保険外サービスで生活援助ニーズを満たすしくみを模索してみる、など

ポイント！

- **平成30年度改定で誕生したしくみが、次期改定でどうなるかを予測しておく**
- **特に自立支援・重度化防止、ICT・ロボット等活用に向けた体制整備を加速したい**

07-09

働き方改革関連法で行政の監視も厳しくなる 労働法規と現場の現実とのギャップを埋めるための「入口」

介護保険法では、介護保険サービス事業の指定に際し、「労働法規に違反した者（法人）」については、罰金刑の執行が終わるまで指定を行わないことが明文化されています。

また、たびたび拡充されている「介護職員処遇改善加算」については、さまざまな算定要件の一つとして、やはり労働法規の遵守が求められています。

従事者を雇用する事業としては、当然といえば当然でしょう。平成31年4月から「**働き方改革関連法**」が順次施行され、残業時間の上限がはじめて法律で規制されるなどの動きも強まるなかでは、さらに行政の監視も厳しくなることが予想されます。

利用者側としても、「労働法規を遵守しているかどうか」が、質の高いサービスに向けた指標の一つとして認識される傾向も高まってくると思われます。

労働法規を軽視しがちな「業界風土」

問題なのは、法人トップが労働法規に関する知識や見識が浅く、収益改善に焦るあまり、労働法規を軽視したトップダウンの指示を出してしまうなどの懸念です。

実際、過去には特養ホームの施設長が、現場スタッフへのサービス残業の強要で逮捕さ

働き方改革関連法
今回の法改正では、労働時間法制の見直しだけでなく、「正規職員と非正規職員（非常勤職員など）の間の不合理な待遇差をなくす」ことも軸となっている。介護人材のすそ野拡大のなかで、介護業界においては、こちらの遵守も重要なポイントとなる。特に職責があいまいになりがちな職場では、今後法令違反を指摘されるケースも増える可能性がある。

押さえておきたい労働法規の種類

- **労働基準法**：労働条件の最低基準を定め、基準の遵守を使用者に義務づけ
- **労働安全衛生法**：労災防止のための基準を定め労働者の安全と健康を確保
- **最低賃金法**：地域別、産業別の最低賃金を示している（除外規定もあり）

その他に、雇用保険法、労働者派遣法など

れるという事件がありました。労働法規上の違反で「逮捕される」というのは極めて異例なのですが、調査に際して証拠隠滅を図るおそれがあるなど、極めて悪質な状況があったことが「逮捕」につながったといえます。この事件は、介護業界がいかに労働法規を軽視してきたかという、業界の特質を社会的に示すものとなりました。

そういう業界風土があるなかで、現場をマネジメントする者としては、労働法規についての知識をより深め、随時**法人トップを啓蒙**していくことも必要になるでしょう。

労働法規の基本といえば、労働基準法、労働安全衛生法、最低賃金法、雇用保険法などがあげられます。これらをまずきちんと勉強したうえで、法人トップや現場スタッフの相談にのるという習慣づくりから始めることが大切です。

法人トップを啓蒙
現場の待遇改善というテーマは、現場と法人トップの間の対立構造を最も生みやすい課題である。問題が表面化する以前から、幹部会議などの場で「労働法遵守についての規制が厳しくなる」といった名目で、勉強会を提案するなどのアクションを起こしていきたい。

現場からの相談を受けることで、高まるリスクを予測

現場スタッフの立場から見て、特に「相談したい」という案件が多いものは、「夜勤を含めた労働時間が適切であるのかどうか」「残業をしなければならない場合の残業手当などはどのようになっているのか」「業務内で腰痛もしくはうつ病などになった場合、どこまで**労災**として認められるのか」といったあたりでしょう。

現場をマネジメントする者としては、法律の専門家ではありませんので、どこまで的確なアドバイスができるかという点は不安が残ることもあるでしょう。しかし、現場スタッフの相談を受け付けるなかで、「この現場では、労働条件に関してどのような不満が高まっているのか」という傾向を知ることはできます。

この相談事例をきちんとストックしていくと、今後、離職率が高まるといったリスクが生じるのではないかという予測もたてやすくなり、法人トップを説得していくための糸口とすることも可能です。また、スタッフのなかには「とりあえず（労働法規がわからないということで）もやもやした気持ちを整理したい」というニーズもあります。

つまり、スタッフからの相談に耳を傾けること自体が、一種のガス抜きとなり、「いきなり労働基準監督署に通報されてしまった」などという事態を避けつつ、不満が高まらないように対策を練っていく猶予をつくることができます。

労災
例えば、介護労働者の職業病ともいえる腰痛は労災になるのか。平成23年12月に厚労省は労災認定の判断基準について資料を示している。そのなかでは、日々の業務負担の蓄積による腰痛についても、労災認定される可能性があるとしている。

介護現場でよく出される労働法規上の課題

例1

「一定以上の残業は認めない」
といっているが、記録作成などで
どうしても超過業務になる……。
オーバーした分の手当はどうなる?

例2

人手不足で夜勤明けにも
日勤に入らなければならない。
これって法律違反では?

例3

訪問サービスにおける
移動時間、待機時間って、
時給に換算されているの?

例4

職場でのセクハラ、パワハラ
に困っている。どうすればいい?
腰痛もつらい。これって
労災になるのだろうか?

ポイント!

- 現場で起こりがちな「労働法規関連の問題」を事前に勉強しておく
- どんな不満が多いかを知ることが、法人トップ説得の糸口にもなる

07-
10

入管法改正等で海外からの人材増が想定される時代に
外国人人材を円滑に現場になじませるには？

平成31年4月から改正入国管理法等（以下、入管法等）が施行され、介護現場への外国人人材を受け入れる新たなしくみとして**在留資格「特定技能1号」**が定められました。国が見込む受け入れ人数は、5年間で最大6万人としています。

これ以前にも受け入れのしくみは、少しずつ拡大されてきました。①平成20年度からスタートしている**EPA（経済連携協定）**による受け入れ（インドネシア・フィリピン・ベトナム）、②平成29年9月に定められた**在留資格「介護」**での受け入れ、③同じく平成29年11月から**外国人技能実習枠**に「介護」が定められたことによる受け入れ、となります。

本人のキャリア志向をしっかり理解する

外国人人材の当事者から見た場合に一つの到達点となるのが先の②です。

これは、**留学生**として入国し、国家資格である介護福祉士を取得することが要件となります。この在留資格を得れば、在留期間更新の回数制限がなく、家族（配偶者・子）の帯同も可能です（なお、①でも介護福祉士を取得すれば、同じ条件で在留できます）。

これに対し、今回の「特定技能1号」や③の「技能実習」は、在留期間が限られていま

在留資格「特定技能1号」
国籍を問わず、技能・日本語能力の水準を母国で行われる試験等で確認して入国。介護施設などで通算5年間就労できる。

EPA（経済連携協定）
特定の2国間の経済連携の強化が目的。介護施設等で4年間就労・研修にのぞんだ後に介護福祉士を受験。不合格でも、一定の条件を満たせば滞在を1年間延長して再受験できる。

入国からの在留資格ごとの流れを整理

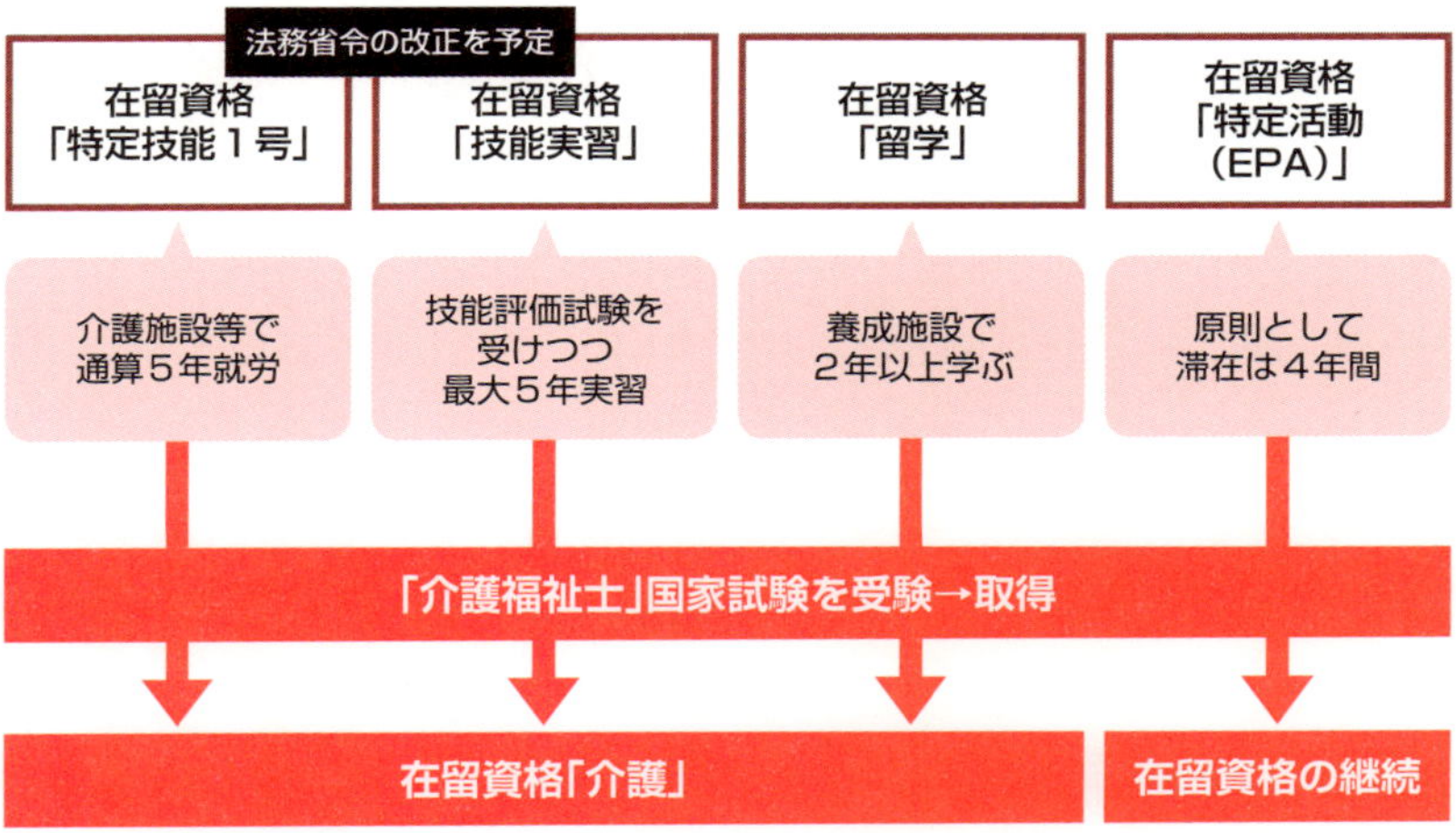

す。しかし、その間に介護福祉士の受験資格（3年以上の実務経験＋**実務者研修の受講**）を得て、国家試験に合格すれば、先の②に移行できる可能性があります。

　この点を考えたとき、在留資格「介護」を目指すための日本でのキャリア志向は、法人側が考える以上に強いという可能性を頭に入れておきましょう。つまり、入職時からの定期的な面談を通じて、「日本でのキャリアアップのために、どうしたいか・どうしてほしいか」を意識してすり合わせていくことが求められるわけです。

　さて、受け入れのしくみが拡大し、自法人の現場でも外国人人材が働く可能性が高まりそうな場合、

在留資格「介護」 平成31年4月時点では、養成施設ルートでの在留「留学」からの切り替えのみだが、実務経験ルートでもOKとなるよう法務省令の改正が予定。この資格の場合、訪問系サービスにも就労可能。

外国人技能実習 入国後、実習実施者として指定されている介護施設等で実習（雇用関係あり）。1年、3年、5年で実技試験等を受けることが必須。最大5年で帰国。

特にどのような点に配慮すべきでしょうか。

介護労働安定センターが平成29年度に実施した調査によれば、「外国人労働者を活用するうえでの課題」として、「**日本語能力**」に関するものが上位を占めています。

具体的には、三つに分けられます。それは、①利用者との意思疎通、②日本人職員との意思疎通、③介護記録の作成です。特に①については、擬音・擬態語（「胸がドキドキする」など）や方言などが絡んでくると、意思疎通には大きな壁となりがちです。

また。②や③について、受け入れ前に日本人職員に対して「外国人人材とのコミュニケーションの心得」などの研修を催すケースが見られます。しかし、本当のコミュニケーションというのは、受け入れる側に「相手を理解したい」という主体的な気持ちを起こさせることです。実務的な特定の場面だけを想定しても、チームケアは日常的に動いていることを考えれば、双方に「見えにくいストレス」が蓄積する恐れがあります。

例えば、これから受け入れる人材の母国の話だけでなく、その人の出身地はどんなところなのかを住む人や風景の写真といったビジュアルなどで見せる方法もあるでしょう。「国」や「広域の文化・風習・宗教」だけでは、その人への理解はどうしてもステレオタイプになってしまうからです。

新たな仲間への先入観を取り除くことは、人の多様性を理解する風土を築くことにもつながります。これは対利用者理解においても、必要なスキルです。外国人人材の受け入れは、職員の人間性を一段高めていくことにつながるというビジョンが大切になります。

留学生
在留資格「留学」をもって滞在。受入れ養成校・施設に対して、奨学金の支給・貸与の経費を助成するしくみもある。

実務者研修の受講
実務経験ルートでは、平成28年度（29年1月実施）の受験から最大450時間の実務者研修を受講することが要件となっている。

日本語能力
受け入れのしくみによって求められる日本語能力の水準は異なるが、おおむねN3もしくはN4で現場入職となるケースが多い。

外国人介護人材の「日本語」にどう対応するか？

特定技能1号ではおおむねN3	技能実習生ではおおむねN4
●日常的な場面で使われる日本語をある程度理解できる 【読む】 ・日常的な話題について書かれた**具体的な内容**の文章を、読んで理解できる ・日常的な場面で目にするやや難易度の高い文章は、**いい換え表現**が与えられれば、要旨を理解することができる 【聞く】 ・日常的な場面で、やや自然に近いスピードの**まとまりのある会話**を聞いて、話の具体的な内容を登場人物の関係などと合わせてほぼ理解できる。	●基本的な日本語を理解することができる 【読む】 **基本的な語彙や漢字**を使って書かれた、日常生活のなかでも**身近な話題の文章**を読んで、理解することができる。 【聞く】 ・日常的な場面で**ややゆっくりと話される会話**であれば、内容がほぼ理解できる

（※N３、N４の能力の目安はJLPTのホームページをもとに作成。難易度N1＞N5）

日本人職員側の配慮点

【書く】
・基本的な用語を正しく使うことを心掛ける。抽象的な表現はできるだけ避ける
・利用者の訴えはそのまま記すことが望ましいが、擬音・擬態語・方言が入ってくる場合は、「どういう意味か」について注釈をつける習慣が求められる。
➡よく使われる擬音・擬態語などは、注釈集のようなものをつくっておきたい

【聞く】
・できる限りゆっくりと、平易な言葉を選んで話すことを心掛ける

❶外国人人材のことを「理解したい」という思いを培う事前研修を
❷平易な言葉で「わかりやすく」は、日本人同士の情報共有でも大切なスキルであり、それを向上させるという目的を常に意識する

ポイント！

- **相手のキャリア志向をしっかり話し合い、理解し、意識をすり合わせる**
- **わかりやすい言葉を選ぶなど、情報共有できる環境づくりを意識する**

■ 著者紹介

田中 元（たなか・はじめ）

昭和37年群馬県出身。介護福祉ジャーナリスト。立教大学法学部卒業。出版社勤務後、雑誌・書籍の編集業務を経てフリーに。主に高齢者の自立・介護等をテーマとした取材、執筆、ラジオ・テレビ出演、講演等の活動を精力的におこなっている。『おはよう21』『ケアマネジャー』（中央法規出版）などに寄稿するほか、著書に『2018年度 改正介護保険のポイントがひと目でわかる本』『介護リーダーの問題解決マップ』（ぱる出版）、『介護の事故・トラブルを防ぐ70のポイント』『サービス付き高齢者向け住宅開設・運営ガイド』（自由国民社）、『現場で使えるケアマネ新実務便利帖』（翔泳社）など多数。

スタッフに「辞める!」と言わせない
介護現場のマネジメント

発行　2019年５月31日　第３版第１刷発行

著　者　田中　元
発行者　伊藤　滋
発行所　株式会社自由国民社
〒171-0033　東京都豊島区高田3-10-11
TEL　03（6233）0781（営業部）
TEL　03（6233）0786（編集部）
http://www.jiyu.co.jp/
印刷所　大日本印刷株式会社
製本所　新風製本株式会社

本文イラスト　植木美江
カバーデザイン　吉村朋子